商业银行经营管理人员阅读经典译丛

MICROFINANCE FOR
BANKERS
& INVESTORS

UNDERSTANDING THE OPPORTUNITIES
AND CHALLENGES OF THE MARKET AT
THE BOTTOM OF THE PYRAMID

从小额信贷到普惠金融
——基于银行家和投资者视角的分析

伊丽莎白·拉尼（Elisabeth Rhyne）◎著

李百兴◎译

 中国金融出版社

作者简介

　　伊丽莎白·赖恩（Elisabeth Rhyne）是美国国际行动组织普惠金融中心的总经理，她负责监督客户保护项目、小额信贷投资和新兴金融产品。从2000年到2008年，作为美国国际行动组织的高级副总裁，赖恩女士领导美国国际行动组织进入非洲和印度，并且指导组织的研究工作。

　　赖恩女士曾就小额信贷发表过很多著作，包括主流小额信贷（Mainstreaming Microfinance）（Kumarian 出版社，2011）。从1994年到1998年，她是美国国际开发署（USAID）微型企业发展的办公室主任，并且发起了美国国际开发署的微型企业的倡议。赖恩女士在非洲生活了8年（肯尼亚和莫桑比克），为有关小额信贷的政策和操作等问题提供咨询。她拥有哈佛大学公共政策硕士学位、博士学位和斯坦福大学的学士学位。

译者简介

李百兴，1976年5月出生于河北承德，教授，博士，硕士研究生导师。现为首都经济贸易大学会计学院副院长、学院党委委员。

主要研究领域为内部控制、环境会计、价值链会计。主持和参与各类纵向和横向课题20余项，出版专著两部，主编和主译教材六部。在《南开管理评论》、《经济与管理研究》、《财务与会计》等学术期刊发表学术论文40余篇。

全国会计后备领军（学术类）人才，现为中国会计学会会计史专业委员会委员、中国对外经济贸易会计学会常务理事、北京高等学校会计学类专业群教学协作委员会委员。

中文版序言

博闻广志 虚心若愚
促进中国银行业持续变革

中国人民银行副行长 潘功胜

在新的发展阶段，面对国内外经济金融形势严峻复杂、利率市场化快速推进、金融脱媒不断加剧、监管要求日趋严格等新情况和新问题，中国银行业面临的挑战愈加复杂化、多元化。这要求中国银行业在全面深入推进自身战略转型的同时，也要加强对全球银行业科学发展规律的认识，加强对国际领先同业先进经验的学习，从而为中国银行业的持续变革和稳步发展，探寻出行之有效的发展战略和实施路径。

一、中国银行业步于崭新的历史发展起点

经过多年卓有成效的改革与发展，中国银行业发生了前所未有的制度变迁，取得的成就有目共睹。但是，回顾改革开放三十多年来的改革历程，中国银行业的发展之路并不平坦。20 世纪 70 年代末期，中国启动了从计划经济体制向市场经济体制的历史性转型。由

于经济转轨的成本缺乏有效的制度性安排，加上外部环境及自身管理水平等诸多原因，中国银行业积累了巨大的风险。脆弱的银行体系困扰着中国经济发展，成为金融稳定与经济增长的潜在威胁和重要瓶颈。尤其是经历了20世纪90年代末的亚洲金融危机之后，中国的经济增长和银行业发展受到严重冲击，银行业积累了大量不良资产。对此，西方媒体曾经悲观地认为，中国银行业在技术上已经破产。

面对严峻的形势和挑战，国家下定决心对银行业进行改革，破解银行业发展难题和挑战，提高银行体系的竞争能力。经过多年的努力，中国银行业经历了成功的管理改革与战略转型，实现了跨越式的发展：商业银行的体制机制改革和公司治理建设取得突破，风险内控管理水平和风险抵御能力得到明显改善，转变增长方式取得进步，行业综合竞争实力获得显著提升。尤其是，多年来改革发展积淀的实力与力量，让中国银行业成功经受了本次国际金融危机的严峻考验，这不仅维护了中国经济的稳定，更提振了亚洲乃至世界的信心。

"要把银行真正办成银行"，这是改革开放之初小平同志对银行业改革发展提出的期望和要求。毫无疑问，经过改革开放三十多年来艰苦卓绝的改革发展历程，从被海外认为已经技术性破产，到现在综合竞争实力显著提升，中国银行业正在稳步向真正的银行转变，正在走出一条具有中国特色、符合自身实际的科学发展道路，正处于一个新的历史发展起点。

二、中国银行业未来发展仍然任重道远

虽然中国银行业改革发展取得的成就令世人瞩目，但与我们的目标相比，与实体经济对银行业的巨大需求相比，与国际领先同业

的标杆相比，中国银行业仍需要保持快速稳健发展。我们必须清醒地认识到时代赋予了中国银行业前所未有的机遇，也提出了更加严峻的挑战，我们也必须正视中国银行业与国际先进银行存在的差距，中国银行业的未来发展依旧任重道远。

首先，中国银行业发展仍面临诸多严峻的挑战。国际金融危机导致中国商业银行的经营管理面临前所未有的复杂环境。从宏观经济环境看，经济下行风险加大，经济结构调整迫在眉睫，经济转型任重道远，中国银行业的改革发展将面临诸多难以预见的风险，这对商业银行强化风险管理和提高盈利能力提出了高要求，未来的经营管理难度加大。从金融改革与行业变革看，随着金融市场改革开放不断深入，金融脱媒趋势加剧和利率市场化改革加速对商业银行的经营模式带来冲击。前者导致"银行主导型"的市场格局正在发生根本改变，银行业面临存款与客户流失、流动性风险管理难度加大等经营压力；后者导致商业银行存贷款利差空间缩小，风险定价能力、产品创新能力和盈利水平面临巨大考验，发展模式急需转型。从监管要求看，金融危机爆发后，二十国集团（G20）主导推出了全球金融监管新框架，对全球银行业发展提出了更加严格的监管要求，我国也不断完善金融监管体系，推出了新资本管理办法，市场化监管力度不断加大，这不仅对商业银行资本管理能力提出严峻挑战，也对公司治理、风险管理、内部控制、金融创新等提出更高要求。

其次，中国银行业与国际先进银行相比仍存在一定的差距。与国际先进银行相比，中国银行业的差距仍是多方面的，有管理工具方面的，有人员素质方面的，有体制机制方面的，但追溯经营管理中存在问题的根源，这种差距更多、更直接地体现为经营管理理念上的不足。这些经营管理理念上的不足集中反映为两个方面：一是片面追求规模扩张的粗放式增长理念仍然存在；二是资本约束理念尚未真正确立，对资本必须覆盖风险，进而限制银行"规模冲动"和"速度情结"的认识仍不充分。这种理念上的"软肋"导致商业银行的发展模式和增长方式存在缺陷，导致商业银行的发展速度、规模、质量、效益难以协调统一，风险与收益、短期利益与长期价值难以统筹平衡，从而直接影响商业银行的市场竞争力和可持续发展能力。

内外部经营环境的剧变，推动中国商业银行的经营管理步入了一个大变革时代。适应新形势，探索新道路，成为中国银行业必须思考的重大课题。

三、通过学习和借鉴促进中国银行业持续变革

在未来前进的道路上，我们还会面临这样或那样的情况和问题，还会遇到这样或那样的风险和挑战。未来永远是不确定的，变化本身却是永恒的，而学习则是从中寻找到确定性规律的唯一渠道。站在新的历史起点上，面对一个全球经济体系和金融格局迅速变化的时代，在探索和选择中国银行业持续变革的战略与路径时，我们迫切需要学习，需要客观评价自身的能力和不足。我们需要用开放的态度和辩证的思维，去了解和把握全球银行业理论与实践的最新进展和动向，去学习和借鉴国际银行业经营管理方面的先进理念和领先实践，去洞悉和领悟国外先进同业在经历危机沉淀后形成的一切有价值的经验和方法。我们需要在实践中学习，在学习中借鉴，在借鉴中把握未来，有效促进中国银行业的持续变革和稳步发展。

在这种背景下，中国金融出版社组织发起出版商业银行经营管理人员阅读经典译丛，我觉得这是一件非常有意义的工作。译丛精选的大多是国外近年来最新的商业银行经营管理理论和实务的经典著作，这些著作及时、动态、全面地反映了当前国际银行业经营管

理的理论前沿和实践动向，能够让我们看到经历危机的西方商业银行是如何思考、如何行动、如何调整的，这有助于我国银行业经营管理人员更好地开拓国际视野和提升专业素养，也是正处于改革和发展新起点的中国银行业从业人员十分需要的。

"博学之，审问之，慎思之，明辨之，笃行之。"伴随着经济发展和科技进步，银行业的发展也日新月异，知识理论的更新更是一日千里，借此商业银行经营管理人员阅读经典译丛出版之际，我衷心希望中国商业银行的经营管理者们能够进一步博闻广志，求真务实，求知若饥，虚心若愚，既要深植于中国经济土壤之中，又要吸收借鉴他人之经验教训，强化战略思维，树立世界眼光，提高对银行业科学发展的规律性认识，在科学发展观的指引下迎难而上，奋勇向前，共同开创中国银行业基业常青之事业。

序　言

　　在我办公室的墙上挂着一张泽维尔的照片，他是莫桑比克马普托郊区一个尘土飞扬的十字路口卖冻鱼等食品的摊老板。照片上，他身着一件轻薄的白衬衫，打着一条领带，站在食品摊上的打字机前。这张照片上的一切，包括他看着镜头那骄傲的神情，都反映了他为成为一个成功商人所做的努力。在那个午后，泽维尔告诉我他的故事，我了解到，大型的社会机构要么是拒绝了他，要么是忽视了他，只有可口可乐经销商给了他几箱软饮去销售。为了他的家庭，泽维尔独自将这些微小的利益拼凑起来组成了他自己的生意。他从小额信贷合作社贷款，但是贷款金额很少，只能增购很少的商品。

　　对于许多其他的金融服务项目来说，泽维尔都很有可能成为一个忠实客户，比如用储蓄账户筹划未来，设立一个家庭改善计划或者进行固定资产贷款，投资医疗保险或者通过汇款服务寄钱给南非的亲人们。只要有机构愿意针对他的需求而设计一套金融服务，就能够帮助他为自己和他的家人创造更美好的生活。

　　小额信贷机构为像泽维尔一样的人们提供小额贷款而取得了成功，这已经在全球金融领域掀起了一场革命。随之而来的是媒体对于小额信贷的关注，这使得商业团体去思考，在将金融服务推广至早前被忽视的群体中他们的作用。通过泽维尔金融需求与得到满足的差距中，我们可以看到，许许多多的机会正在等待着准备进入低收入市场的企业。

美国行动国际与私营企业

美国行动国际（ACCION International）是一家致力于通过小额信贷抵抗全球贫困的非营利组织，近二十年间它一直提倡私营企业的参与。现在，我们终于看见了一个转折点。

但在20世纪70年代，当美国行动国际开始致力于小额信贷之初，只有非营利组织愿意为美国行动国际想要支持的人们提供服务。数百万人涌入拉丁美洲迅速发展的城市以寻求更好的生活。没有人可能为他们提供工作，因此为了生存，他们创办了微型企业。美国行动国际的合伙人学会了如何提供信贷以支持他们的街角杂货店和裁缝店。到了20世纪70年代初，小额信贷模式达到了显著的规模并且实现了经济上的可行性。这为非营利组织转变为金融机构开辟了道路，玻利维亚阳光银行是美国行动国际最初的旗舰机构，也是第一个致力于小额信贷的私人商业银行。

当时，美国行动国际的玛利亚·奥特罗（Maria Otero）和当时就职于美国国际开发署的我开始共同设想小额信贷如何发展以至于改变整个金融系统。玛利亚努力扩大美国行动国际的规模，而我，作为一家捐赠机构的成员，正极力促进小额信贷团体的建立。我们开发了"金融体系方法"，自此以后这种方法指导着美国行动国际的思想并且影响着小额信贷团体。[①] 我们发现，只有得到私营企业的支持，金融系统才会由盛行的服务于精英人群转而服务于普通民众。事实上，私营企业需要成为主角。

首先，美国行动国际通过阳光银行及其姐妹组织，诸如秘鲁的自助银行和厄瓜多尔的团结银行证明了其扩大规模的潜力以及小额

---

① María Otero and Elisabeth Rhyne, (eds.), *The New World of Microenterprise Finance：Building Healthy Financial Institutions for the Poor* (West Hartford：Kumarian Press, 1994), Chapter 1.

信贷的盈利能力。一旦这些机构成为商业银行，它们会赶超其国家的许多主流银行。基于资产收益率、股权、投资组合质量和其他重要财务指标的评估，阳光银行多次荣获玻利维亚"年度最佳银行"称号。虽然这种成功吸引了私营企业的注意力，但却还未为私营企业进入小额信贷领域提供一种方式。

其次，美国行动国际为私营企业投资小额信贷创造了一些媒介物，比如桥梁基金（一种担保基金）和美国行动国际投资（一种股权基金），正是它们使得华尔街投资者与穷苦大众之间的联系变为可能。

下一步行动更加积极地使私营企业作为直接服务供应商参与进来。美国行动国际与诸如像海地的索日银行和厄瓜多尔的皮钦查（Pichincha）银行等具有开创精神的商业银行合作，它们决定直接为低收入市场提供服务。在其他银行犹豫不决的时候，这些杰出的当地银行在各自的国家起到了领头作用。现在，在这个细分市场中，这两家银行都拥有成千上万的忠实客户。

随着金融系统方法发展到一个新的阶段，我们经常感觉像在推动一个不情愿的私营企业。大多数商业领袖就是不愿意相信低收入群体可以成为有利可图的客户。事实上，这很令人沮丧！但是，在我们的合作机构中总有一些坚定的拥护者使我们有信心继续前进。

对小额信贷产生兴趣

如今，美国行动国际和整个小额信贷团体终于感受到了来自私营企业强烈的吸引力，尽管在2008—2009年当这本书付印之时，国际金融危机使得这股吸引力有所下降。直到危机爆发之前，私营企业对普惠金融的兴趣飙升，这是由于许多因素共同作用的结果。这种增长和与日俱增的来自巨大的低收入人群的全球市场的购买力吸

3

引了私营企业跨行业的关注。在金融方面，小额信贷运动的成功证明了为穷人提供金融服务的商业可行性。现在这个小额信贷"产业"为0.6亿～1.3亿借款人提供服务，这个是数字取决于谁在起作用，[①]这些借款人中很多是由营利机构服务的。新技术承诺降低成本，这使得小额交易和账户变得能够创造利润。当世界经济摆脱放缓状态之时，我们期待这一势头反弹。我们有信心，全球普惠金融的愿景可以实现。

项目：从小额信贷到普惠金融

普惠金融预示着为穷人带去金融服务的努力到达了一个新的阶段，普惠金融基于小额信贷，却又高于小额信贷。联合国定义普惠金融为"为所有阶层的人们提供合适的金融产品和服务的金融机构"。[②] 像为小公司提供小额贷款这样的单一产品已远远不再足够。穷人们需要一系列的金融服务。虽然小额信贷是由志同道合的机构组成的紧密的团体，普惠金融对所有金融领域的参与者能否发挥作用提出了挑战。

这本书是关于私营企业如何能够参与到普惠金融的。它是由联合国顾问组的私营企业成员就普惠金融产业提出的一个项目。联合国顾问组是为促进政府、私营企业和其他机构采取更积极的行动去扩大金融服务的范围而成立的高级团体。维萨公司和美国行动国际分别代表联合国顾问组的一方，接受了与私营企业——银行家、投资者和支持的银行沟通机遇这一问题的挑战。维萨公司和美国行动

---

① The estimate of 77 million comes from Adrian Gonzalez, "How Many MFIs and Borrowers Exist?" Microfinance Information Exchange, September 2007, www. themix. org; the larger estimate is from the Microcredit Summit, www. microcreditsummit. org. See Chapter 2.

② "UNCDF's Vision for Building Inclusive Financial Sectors," United Nations Capital Development Fund, www. uncdf. org/english/microfinance.

国际提供金融支持，同时普惠金融的中心，即美国行动国际的负责实施工作。

我们知道说服企业相信普惠金融存在机会的最好方法是告诉他们已经涉足普惠金融的公司的案例。首先，我们着手调查普惠金融存在的机遇，去解释谁在为谁提供服务。然后，我们深入研究那些私营企业可以有力改变格局的特定领域。私营企业有潜力以新产品满足客户需求，去开发有创意的运输通道以完成最后一英里的配送，并且有潜力运用技术去降低为穷人服务的成本。投资者可以向小额信贷机构提供财务支持。在这本书的后半部分，我们用16个已经涉足包容性金融的全球知名品牌及知名度较低的公司的案例分析来阐述所有的可能性。

普惠金融与全球金融危机

当这本书即将完稿之时，世界经历了由于金融业戏剧性的萎缩而导致的经济衰退。我们引用的许多在2008年上半年继续快速增长的趋势，都已大幅放缓，在将来只能慢慢恢复。然而，即使在这种情况下，普惠金融仍然是有意义的，甚至比以往更具有意义。金融业开始接受这一观念：一个有弹性的金融体系需要更加信赖分散在行业中的小的金融参与者而不是处于行业中心的少数金融参与者。普惠金融将会成为更强大、更公正的金融体系的一个重要组成部分。

尽管普惠金融旨在服务低收入人群，就像引发了金融危机的次级抵押贷款市场做得那样，但是许多最优秀的普惠金融的提供者，比如主要的小额信贷机构，它们的行为在根本方面和恢复方面都与次级抵押不同。

首先，在发展中国家，面向低收入人群提供的贷款——尤其是面向微型企业的贷款都是基于对当前还债能力的评估，而不是基于对其资产未来价值的预估。在这方面，给我们的教训是与无法遵循合理的消费者保护实践伴随而来的风险。小额信贷产业越来越意识到客户保护对于长期的商业成功的价值。

其次，很少有参与普惠金融的金融机构涉足出售和倒卖资产的业务。在金融崩溃中，这种做法分离出那些对由于错误判断而导致的经营风险负有责任的行为。并且，非正式部门中，许多普惠金融客户操作的地方有一些反周期性。当经济萎缩之时，许多人被迫进入这个起着缓冲作用的部门。在过去的经济衰退中，在印度尼西亚、玻利维亚等国中，小额信贷机构证明了其比主流银行更强的弹性。投资分析家称小额信贷反周期性的特点使它成为很好的风险分散战略的一部分。这些说法将在全球经济衰退之时得到验证。

我们相信，为世界贫困人口提供金融服务是一个合理的商业提议，并且，当金融行业再次寻找新的服务线时，普惠金融将成为其中之一。我们希望这本书能够开阔私营业主的眼界，看到数以亿计的像泽维尔一样的人们所代表的巨大机遇，并引领他们决定他们的企业应如何去把握这个机遇。

伊丽莎白·拉尼以及普惠金融项目组中心

参考文献

［1］Otero, María, and Elisabeth Rhyne（eds.），*The New World of Microenterprise Finance：Building Healthy Financial Institutions for the Poor*（West Hartford：Kumarian Press，1994）.

［2］"UNCDF's Vision for Building Inclusive Financial Sectors," United Nations Capital Development Fund, www. uncdf. org.

前　言

想象一个这样的世界：尼亚加瓜高地上的一对农场夫妻为度过他们的晚年攒下足够的钱；一个生病的孟买贫民窟居民能够不需用尽她毕生的积蓄而得到治疗；还有一个乌干达的食品商能够借到资金去开一个小餐馆。

想象一下这些例子并非特殊情况，而是世界各地发生的数以亿计事件中的一小部分。

现在，想象一下这些幸运的事情都是因为私营企业提供的金融服务而成为现实。这些公司不仅在高端商业圈中是优秀而成功的，而且深得低收入消费者的忠实和信任。最后，想象一下对于这些公司来说，减少全球贫穷、获得商业利润与拥有很高的市场估价是可同时兼得的。

本书认为，通过普惠金融，公司不仅能够盈利，而且可以为解决全球贫困问题作出贡献。普惠金融，我们意指对每一个需要金融服务的人开放，特别是针对那些低收入和之前被排除在外的人们开放。我们还讨论，普惠金融，一个最近刚刚才由提供小额信贷的金融机构联合起来组成的小而紧密的团体，是如何发展成全球金融体系的重要组成部分，并且如何与新的私营企业参与者共生存的。

我和在美国行动国际普惠金融中心的其他同事认为，这一愿景不是一个遥不可及的梦想。我们相信它近在咫尺。今天，也许世界上只有一小部分低收入人群享有这种保障生命的金融服务。但是为构建全球金融服务的许多基础部分都已建立起来。金融服务交付的盈利模式现已形成，私营企业可以模仿它们并将之推广。

十年以前，当我们第一次与主流公司谈及它们在普惠金融中的作用时，只有公司慈善部门的人愿意聆听。花旗银行基金会，是最有远见的公司之一，它从 20 世纪 80 年代就开始与包括美国行动国际在内的小额信贷组织合作。虽然这种支持对小额信贷的增长是非常宝贵的，但是这与真正挖掘出花旗银行对小额信贷的贡献还相距甚远。还有，尽管基金会的工作提高了花旗银行企业公民的声誉，但它却并未为花旗的盈利作出直接贡献。花旗银行了解这一情况并采取了一定措施，但这是后话。

什么已经发生变化？

直到最近，进入壁垒仍然将大部分私营企业者拒之于普惠金融的大门外。这些壁垒都是真实存在的 —— 比如处理小交易的高成本；同时这些壁垒也都是想象出来的 —— 比如低收入人群是不可靠消费者的想法。什么已经发生了变化？现在，几个因素融合在一起，创造出了一个更引人注目的为低收入市场服务的业务。越来越多的国家拥有有利于普惠金融的环境：稳定的政治和经济，逐渐完善的监管框架，还有随着购买力不断增强而扩大的国内市场。新技术和交付渠道改善了处理穷人的小额交易的成本等式。主要的小额信贷机构不仅证明了低收入人群能够成为忠实的客户，而且它们还展示了如何为这些客户盈利。

密歇根大学商学院的 C. K. 普拉哈拉德教授和斯图尔特·L. 哈特教授总结了当商业运营在"金字塔底部"[①] 时会给商业和社会带来的利益。

---

① The phrase "bottom of the pyramid" was used by Franklin D. Roosevelt in his April 7, 1932, radio address, "The Forgotten Man." See "bottom of the pyramid," *Wikipedia*, www. wikipedia. org.

"这是跨国公司通过普惠资本主义新角度审视全球化战略的一次机会。对于许多有资源、有持久性在世界经济金字塔底部竞争的公司来说，未来的回报包括增长、利润以及对人类不可估量的贡献。跨国公司在"金字塔底部 [the bottom of the pyramid（BOP）]"的投资意味着将数十亿人口从贫困和绝望中拯救出来，避免社会溃败、政治混乱、恐怖主义和环境危机。如果富国与穷国之间的差距继续扩大，这些问题一定会继续下去。"[①]

当提及到这个每人每年生活费不到 3 000 美元的 40 亿人口和他们所代表的经济机遇的市场时，缩略词 BOP 已经成为一种流行方式。在这里我们把这个术语当做人们普惠金融目标的方便简写。事实上，我们对于普拉哈拉德提醒商业领袖们关注金字塔底部市场机遇感到感激。我们注意到，这越来越多地包括了发展中国家的企业，比如墨西哥的西麦斯公司和印度工业信贷投资银行，它们都正在成为区域性的或全球性的参与者。同时，我们要强调那些更小的、为它们自己的市场服务的当地企业的重要性。

私营企业参与普惠金融的好处

对私营企业的好处

现在，当我和企业高管坐下来时，我听到他们希望通过普惠金融实现的目标：

● **短期利润**。低收入人群是优质客户，他们会购买优质的金融服务。墨西哥零售商伊莱克萨（Grupo Elektra）成功开办阿兹台克银行的案例证明了公司可以利用现有的专有技术来为这个产业创造盈

① C. K. Prahalad and Stuart L. Hart, "The Fortune at the Bottom of the Pyramid," *Strategy + Business*, no. 26, 2002.

利的业务。

- **长期增长与市场份额**。手机制造商诺基亚认为世界下一个十亿手机用户的大部分人将来自新兴市场。[①] 这可能对下一个十亿的银行客户也适用。与世界多数人口有联系的公司在将来会拥有更强大的基础。

- **学习创新**。接触低收入客户的创新性解决方案也许会与其他行业有关。比如，一些公司学习团体贷款的动力和小额信贷领域的同行压力，以解决在其他领域的付款问题。[②]

这些观点显示了普惠金融代表的尚未开发出来的市场机会——"蓝海"机遇。吉米（Kim）和莫博涅（Mauborgne）在他们有影响力的哈佛商业评论文章"蓝海战略"中写道，"蓝海代表的是所有当今还不存在的产业，即未被竞争玷污的、未知的市场空间"[③]。他们认为当新的需求出现时，由于很少竞争者持有市场份额，快速增长的利润将成为可能。通常情况下，当一个既有的产业界限发生变化时，以及普惠金融包含了从未发生过的金融体系界限的根本转变时，蓝海机遇就会出现。

此外，企业可以从与普惠金融有关的社会价值中获得额外的好处。

- **商誉**。创造社会价值能够提升公司的品牌和声誉。这能与越来越多的具有社会意识的利益相关者建立商誉，比如股东、政府部门还有社会活动家。

- **员工的忠诚度和满意度**。员工会因为自己是一个有影响的企

---

① Jack Ewing, "Extreme Telecom: Mobile Networks in Africa," *BusinessWeek*, September 18, 2007.

② Christopher P. Beshouri, "A Grassroots Approach to Emerging-Market Consumers," *McKinsey Quarterly*, November 2006.

③ W. Chan Kim and Renee Mauborgne, "Blue Ocean Strategy," *Harvard Business Review*, October 2004.

业的一员而感到自豪。

　　当然，企业还可以根据自身情况找到其他的好处。比如，厄瓜多尔的皮钦查银行发起的小额贷款在某种程度上是为了利用其未充分利用的分支机构，以从它过剩的流动资产中赚取更多收入。

　　建立一个普惠金融业务要求深入研究每个企业在这条路上将会遇到的挑战。这些挑战与利润同等重要，需要考虑清楚。在这本书中，我们会详尽地探索这两个方面。为低收入市场提供金融服务，需要对熟悉的业务对象元素，如市场、产品设计、技术、金融和联盟等提供良好的解决方案，通常是创新的解决方案。我们不会声称普惠金融很容易；但是，很少有成功的新兴企业能够不付出努力。

来自私营企业的好处

　　私营企业涉足普惠金融为社会带来了很多好处，从为客户生活带去影响重大的直接明显的好处开始。当人们成为金融服务业的客户时，他们与社会和经济解放就更近一步。许多人利用金融服务使他们的家庭摆脱贫穷或者建立他们自己的事业。

　　只要金融服务能够带来商业成功，那么它的人为影响可以成为商人进入金融服务领域的巨大动力。

　　但是，难道非营利机构和政府部门不能做这样的事吗？事实上，许多非营利机构和政府部门在提供金融服务方面做得很出色，特别是（我们将会看到）在接触更有难度的细分市场方面。然而，当私营企业介入时，还有巨大的经济利益，从私营市场具有接触到所有需要服务的人们的更大的潜力开始。此外，当商业规模成为普惠金融的主导时，就释放了慈善和公共资源去解决其他领域尚未解决的问题。

　　同样重要的是，竞争市场的活力提高了创新和奖励的效率。带来的结果是更高的服务质量和更低的成本，这在玻利维亚和秘鲁一些竞争激烈的小额贷款市场已成明显的事实。在那里利率已经下降，产品范围已经扩大。企业和非营利组织之间在小额信贷方面的紧密互动可能也会对用既有的商业办法和商业模式帮助非营利组织变得更高效、可靠、持久产生间接影响。

普惠金融之路

这本书为企业高管和投资者思考更多涉足普惠金融提供了路线图。这个路线图是这样的。首先，我们以三个来自不同大洲的客户为例近距离了解市场，然后，我们回头讨论全球市场的规模及其购买力。我们讲述了谁在为市场服务，而谁没有。这个梗概引起了下一个话题：如何利用机遇。第三、第四、第五章探讨了为低收入人群提供金融服务所面临的特殊挑战以及公司如何在住房集资、小额保险和汇款等产品设计中应对这些挑战。

第二章探讨了战略入口点。我们强调了企业用来进入金融服务的三个商业模式：银行推出自己的小额信贷操作（降尺度）；为使服务更贴近客户而建立的银行与零售网络的合作关系；还有投资者将债券和股票放入小额信贷机构。

第三章探讨了普惠金融体系的构建模块，在那里有一些最激动人心的新发展，比如以卡支付的突破、手机银行和信用评分。这一部分探究资本市场和政府的支持作用。

在第四章，我们将目光转向了社会责任。我们认为，如果企业能够创造性地将社会问题融入企业战略，那么，普惠金融为这些企业将社会价值与长期的企业成功结合起来提供了很好的机会。明确将社会目标融入企业战略已经成为小额信贷的显著特点之一，并且同样成为成功的普惠金融的标志。在这一部分，我们也会讨论跌价

风险 —— 对客户、供应商和整个产业 —— 不能保护客户免于伤害。这一部分将以衡量社会底线的挑战作为结尾。

证据：真实的企业，真实的案例

这个项目的核心部分是一些案例分析。这些案例是由来自美国行动国际普惠金融中心的普惠金融项目组成员研究并撰写的，这个团队致力于产业发展。我们的团队从全球选取了 16 个案例，在这些案例中，私营企业都对普惠金融有重大影响或在创新方面有影响。这些案例中涉及的公司从著名的跨国公司（花旗银行）到重要的地方公司（肯尼亚公平银行），并且，这些公司中许多都不是金融机构，而是做市商（维萨公司）、投资者（红杉资本）和更令人惊奇的来自其他产业的竞争者（墨西哥伊莱克萨集团和阿兹台克银行）。

这些案例既展示了普惠金融的机遇，也包括带来的挑战。这些案例描述了吸引企业进入普惠金融的动力，它们遇到的机遇与阻碍，还有它们至今已经经历过的结果。我们本可以写更多的案例（我们也确实在这本书中写了许多案例），但我们将范围限制在那些经过长期测试能够说明结果的案例上。我们找出那些能够证明规模、盈利能力、可复制和对客户有影响的案例。不是每家公司在所有方面都表现很好，但是至少每个案例都有一些成功的重要因素。

在这个项目中有几个案例之前也被用过，通常是为了描述或强调重大的创新。在这本书中，我们试图去理解大公司抓住机遇的原因与做法。

我觉得有几个案例很引人注意。阿兹台克银行用 5 年时间打造了一个为 800 万名借款人服务的金融帝国。这个案例强调了零售商改变金融产业现状的潜力。这对每一个以为客户规模都是数以千计而不是数以百万计的人来说都是一记警钟。

印度红杉资本和 SKS 小额信贷公司的案例帮助我们理解了精明的投资者是如何评估重要的小额信贷机构的增长前景。红杉资本在谷歌还未盈利前就进行投资；时间会证明当 SKS 刚刚开始盈利时，红杉资本是否会有相似的市场灵敏度投资于它？

我最喜欢的一个案例是肯尼亚公平银行，他们创造了一系列与教育相关的产品，用以资助那些低收入家庭的学生们，还有这些学生的家庭、老师以及学校。公平银行找到一种方法来帮助肯尼亚人通过盈利服务去满足很有意义的社会需求，这是承担社会责任的一个很好的例子。

由私营企业解决普惠金融的这一进步的时机已经成熟。技术能够为削减成本和那些近来似乎不能克服的基础设施障碍的解决提供希望。经济增长正使得低收入人群的钱越来越多，这证明了这个市场有着大量的机会。如果私营企业响应普惠金融，那么未来十年很可能会看到普惠金融大规模地争夺市场并且取得胜利。

参考文献

［1］Beshouri, Christopher P. , "A Grassroots Approach to Emerging – Market Consumers," McKinsey Quarterly, November 2006.

［2］Ewing, Jack, "Extreme Telecom: Mobile Networks in Africa," *Business Week*, September 18, 2007, www. businessweek. com.

［3］Kim, W. Chan, and Renee Mauborgne, "Blue Ocean Strategy," *Harvard Business Review*, October 2004.

［4］Prahalad, C. K. , *The Fortune at the Bottom of the Pyramid* (Upper Saddle River, N. J. : Wharton School Publishing, 2005).

［5］Prahalad, C. K. , and Stuart L. Hart, "The Fortune at the Bottom of the Pyramid," *Strategy + Business*, no. 26, 2002.

目　录

第一部分

了解客户、市场与机遇

第一章　近距离接触金字塔底部市场

价值 5 万亿美元的无形市场

世界资源研究所一个名为"下一个 40 亿"的项目,已经在金字塔的底层接受了量化机遇的挑战。[①] 它的目标是,估计的那些每人年均收入低于 3 000 美元的 40 亿人口,他们实际上占世界人口的绝大多数。这个项目宣布这些人口组成了价值约为 5 万亿美元的全球消费者市场,分解如下:

* 亚洲的金字塔底部市场包括了全部消费力(3.5 万亿美元)的 70%。拉丁美洲、非洲和东欧大约各占总额的 10%。

* 在非洲,尽管最近中产阶级的市场有所增长,但是金字塔底部市场仍然占据主导地位,它包括了 95% 的人口和 71% 的购买力。

* 即使在拉丁美洲,金字塔底部市场也包括了 70% 的人口和 28% 的购买力。

* 东欧和中亚的金字塔底部市场价值接近每年 5 000 亿欧元。

尽管整个市场包含了许多生活水平略高于贫困线的人,一个重要的部分是那些每天生活费不足 1 美元的 10 亿人口,他们是人类当中最贫穷的。当高端的金字塔底部市场接受更多服务时,如果不把这个群体继续排除掉,那么他们就需要特别的关注,许多的金字塔

---

① Allen Hammond et al., "The Next Four Billion: Market Size and Business Strategy at the Base of the Pyramid," World Resources Institute, March 2007, www. wri. org/thenext4billion.

底部市场是农村的，特别是低收入这部分，因此这也带来了特别的挑战。

穷忙族的生活

全球的事实和数据在最大程度上显示了这个市场的潜力。我们现在转到人文关怀层面去试着了解牵涉其中的人们。以下的三个故事给了我们来自金字塔底部的人们的真实写照。了解这些人对我们学习有效服务这个市场是极其重要的。在你转到这本书的其他部分时，请确保你已经读过此部分。

迪莉娅

秘鲁，利马，普韦布洛约文（新城）

早晨，迪莉娅打开一个挂锁，拉开晚上用来保护商店的铁门。这个商店出售一些杂货和其他一些小东西。迪莉娅的商店在一个密集的市场中间，一个充满混凝土和金属的环境。这里的节奏和从道路两旁收音机和音箱中传出来的拉丁乐节奏一样快。迪莉娅问候着隔壁市场摊位的朋友们，还有她建在商店之上的三层楼的租户们。她花一天的时间采购存货，和特殊的客户聊天还有小心提防着她的雇员。

迪莉娅是膨胀的安第斯首都数以百万计城市居民的一员：利马、拉巴斯、基多、波哥大、加拉加斯。尽管只是从上一代才离开"草原"，迪莉娅除了认识秘鲁城市的"非正式产业"，一个估计包括秘鲁城市劳动力总数一半以上的产业中的人，她并不知道其他人。① 这个非正式产业包括了那些所有靠经营小微企业生存的人们。非正式产业中的绝大多数企业都有一个独立工作的小企业主，他或她的家人还有几个雇员。夫妻店和小农场主都是非正式产业的一部分。他们的企业通常没有在政府部门正式注册过。他们的存在是为了满足直接的经济需求。

一些经济学家认为非正式是一种选择。他们认为，人们可以选择正式，记录准确的账目，注册登记他们的业务，并支付税金。如果他们"决定"非正式经营，那么他们的动机就是为了避免正式经营导致的成本。在这种观点中，非正式经营者被看做是逃避者，他们没有努力在社会中尽到自己的职责，而且他们用不公平的手段与正直的正式经营者竞争。如果迪莉娅听到像这样的言论，她会既生气又困惑。因为对她来说，非正式经营就是她所知道的生活。

今天，迪莉娅认为她是一个成功的女商人。但是几年以前，她发现自己带着三个孩子，没有生活来源，没有办法谋生，也没人帮助她。她的丈夫早已为了另一个女人抛弃了她，还带走了变卖他们的市场摊位换回的钱。

迪莉娅和一些女性朋友成立了一个团体，向现在已成为秘鲁最大的小额信贷银行—— 自助银行贷款。她们尽可能多地借钱，除了能提供比别的团体更多的团结，她们一无所有。迪莉娅第一个也可能是最大的障碍就是存下足够多的钱去开一家新的摊位。她投资，改善她的生意和家庭条件，几次发展她的摊位，在她的房子上建新房间用来出租，并且教育她的三个女儿。许多年过去了，她已经将100 美元或 200 美元的团体贷款升级至 3 000 美元的个人贷款。

---

① Douglas Marcouiller, Veronica Ruiz de Castilla, and Christopher Woodruff, "Formal Measures of the Informal Sector Wage Gap in Mexico, El Salvador, and Peru," Economic Development and Cultural Change, vol. 45, no. 2, March 28, 1995, 4.

迪莉娅建立她的小企业的第一步迈得很小，也似乎希望渺茫。当她起步时，架子上只有几样商品。许多像她一样的零售商聚集在市场中，因此她不得不把价格压得很低。那个时候，很难获得一大笔资金作出重大改进。而现在，货架已经从地面修到天花板，每一寸空间都用来储存更多的货物。

在小额贷款之前，迪莉娅从来不与银行打交道。那时，如果她需要一大笔钱，她有几个选择，但是没有一个是好的。她可以向当地放债者借钱，她和她的朋友们将其称之为吸血鬼（chupasangre）。她可以从为她提供货物的批发商赊购，但是他们会提高价格，压榨她的利润。她也可以向她的朋友们借钱，但她们几乎都和她处境相同。

当迪莉娅第一次借钱时，发生了几件重要的事情。第一件事，也有可能是最重要的事情是，通过集体担保，她将众多的朋友从社会资本转变成了真正的钱。第二件事，她从放债者，也就是她们所说的"吸血鬼"那里获得了独立，并且在与供货商讨价还价的过程中占据主动地位。第三件事，她的贷款利息相比于非正式贷款利息已大幅度减少。第四件事，她获得了进入金融领域的永久资格，这给了她勇气和计划去投资，因为只要她能够如期如数归还借款，在她需要的时候她就可以贷到款项。最后一件事，她已经有了被正式机构信任和忠实的经历，她已经从无形市场走向了普惠金融。

泽维尔

莫桑比克，马普托边缘的胡利思（Hulene），一个甘蔗镇

泽维尔，我们已经在序言中提及过，他是他这一代莫桑比克人中极少数受过中学教育的人之一。在莫桑比克长期内战中服了几年兵役之后，他学习了基本的记账法，并在一个非政府组织（NGO）的会计部门找到了一份工作。这个非政府组织是战后协助莫桑比克重建的巨大重建工作的一部分。有了一份办公室工作和稳定的薪水，泽维尔成为了这个少数莫桑比克专业人士阶层的一分子。他成功了。

当然，他也没完全成功。几年之后，赞助基金耗费殆尽，那个非政府组织也离开了。泽维尔又回到了原来的状态。他从莫桑比克军队获得的微薄的养老金根本不足以支撑他的生活。因此，他开始贩卖一些冷冻鱼肉和一些其他商品。当他别无选择之时，他转向了微型企业。

泽维尔从混凝土砖砌起来的两间屋子开始卖起。这两间屋子位于两条宽阔的红土路的十字路口，这里连接着胡利思的聚居区——一个融合城市密集感和传统非洲部落农村感觉的郊区。胡利思的每个家庭都住在由篱笆或栅栏围起来的一块空地后面，空地上可能有一棵树或者一些灌木丛，还有一到两个小屋，绝大多数泥土和茅草房都已被水泥房取代。孩子们和小鸡在打扫干净的泥土院子中玩耍。大部分的生活和几乎所有的烹饪仍是在屋外进行。给人整体的印象就是无规则、无计划、无组织。

泽维尔是个身材矮小、性格活泼的人。如果他再年长一些，很有可能被形容为精神抖擞。在他的商店上方是用葡萄牙语写成的标语：O PEIXE DA MAMA（母亲的鱼）。他参加了一个卖 Carapao 的特许经营，那是一种便宜的冻鱼，也是马普托穷人们摄入蛋白质的主要来源。Carpao 有一种腐烂的味道，如果人们能够消费得起更好的，是绝对不会吃它的。泽维尔认为这是一桩好生意。

每天傍晚，当胡利思的居民从 Chapa（一种破旧的通勤公交车）下车走上主路后，都会在他们回家的路上经过泽维尔的商店。泽维尔希望他的小店所在的小路能成为一条公路，但是这条路太凹凸不平以至于一辆普通轿车在干旱的天气条件下都行驶困难，并且，即使是笨重的可口可乐分销商的卡车在雨天也会遇到麻烦。泽维尔的客户在酷暑中站着，等着昏暗商店里的服务员把鱼从冰柜中拿出来，在一个老式秤上称重，然后把它装进塑料袋中。

初玛（Tchuma）是一个 1998 年成立的信贷公司，泽维尔已经从那儿贷过两三次款。当小偷闯入他的商店后，他借了第一笔钱用来整修屋顶。他目前的贷款是 500 万梅蒂卡尔，约合 260 美元。"可以贷款很好，但是数额太小了，"泽维尔说道，"我想帮助我的妻子开一家美容院，那样她也可以做生意了，但是钱还不够。"[①] 他的岳母是从南非搬到莫桑比克的移民，泽维尔已经在街对面帮她开了小的零售商店和苏打水店。她也一样，从英语老师，一个相对专业的工作，因为与慢性病斗争，后退到现在的状态，这给泽维尔和他的家庭带来了经济负担。

索纳莉

荷尔沃迪（Kherwadi），印度孟买的一个贫民窟

索纳莉的房子位于一条破旧的小巷上，在这条小巷的中间有一个开放的下水道穿行而过，很多捆管道杂乱地堆放在人行道上。许多人家的大门是敞开着的，为了在潮湿闷热的天气里通通风，屋内昏暗的光线下，一些妇女坐在地上，索纳莉就是其中之一。索纳莉是一个纤弱的年轻女子，有两个孩子，年长她许多的丈夫后来由于心脏问题不得不停工待在家中。

索纳莉有一项技能：做珠饰。她可以把小的金属串联起来制成项链或脚镯。她坐在那里，腿上有一个托盘，手中有一副尖嘴钳，连续地扭弯铁丝。荷尔沃迪地区的许多妇女都做珠饰或者一些类似的手工，比如裁剪或工艺品刺绣。这类工作符合当地要求妇女待在家中的习俗，并允许她们照顾孩子。然而，这并不是真正意义上的

---

① Xavier Boaventura, discussion with the author, 2001.

微型企业。索纳莉实际上是为一个中间人工作，这个中间人每周来一次，带给她一些原材料并把成品拿走，计件付款。长时间的弯腰和眼睛干涩只能换来几卢比，她的大部分作品都是低质量的，并被销往孟买的小商店。但是毫无疑问地，荷尔沃迪的一些居民缝制的产品最终会销往世界各地的手工品市场。

索纳莉的赚钱能力是由她能工作几小时决定的。她的一个主要经济需要就是经济学家所谓的"消费平滑"：处理好她的高收入和低收入。索纳莉用她的第一笔小额贷款帮助支付了她丈夫在当地卫生所的意外的费用支出。除非她继续工作，否则还贷是很困难的，但即使这样，她现在的状态也比她去找高利贷借款好得多。许多当地的高利贷只收取利息，而不让人们分期归还本金。这使得债务人陷入了永久的债务中。如果一个债务人不能筹得一大笔足够的钱一次性归还本金，她将会永远都要支付利息。如果她又碰上另一件急事，不得不再次借钱，那么她的债务负担又会增加。

我们可以从迪莉娅、泽维尔、索纳莉的故事中学到什么？

即使简单地看一下那些穷忙族的人生故事，都能很好地观察到他们的金融需求并判断他们能成为哪类消费者。

在正式部门没有稳定的工作，没有或仅有一点政府提供的安全保障——事实上，与任何大的机构几乎没有联系——大量穷忙族都是靠经营微型企业谋生。在埃及和印度尼西亚，只有10%的人在正式产业工作，在墨西哥只有20%。[①] 这些企业包括零售商店、家庭农场和手工制造。每个家庭经常将几份工作所得收入拼凑起来：迪莉娅经营商店并且出租房屋；泽维尔经营两个独立的微型企业，并

---

① Kerry A. Dolan, "A New Kind of Entitlement," Forbes, December 23, 2002.

试图开第三家；索纳莉用做珠饰补充她丈夫的劳动收入。

许多这样的家庭都有着巨大的脆弱性，以至于我们可以将脆弱性看做是贫穷不可分割的一部分。在这里提及的三个人物，两个曾经经历过战争，一个多次经历过被盗窃，还有两个因为健康危机削弱了他们的经济。金融服务能够帮助他们克服这些脆弱性。没有普惠金融机构的时候，他们只能向非正式资源寻求帮助——朋友、家人、放贷者和供应商。当出现需求时，这些非正式来源能够迅速做出反应，但是他们有许多缺点。这些客户不情愿地向放贷者借钱去解决问题，因为利息太高。其他一些非正式来源，特别是家人和朋友，经常被看做更有帮助，但是他们的资源有限。

穷忙族不得不面对这些残酷的现实，包括贫穷的生活条件和暴露于风险之下。这些现实使得企业家在思考如何服务低收入市场时看到了一幅令人气馁的画面。如果得出他们的团体是没有希望的结论，那将会十分轻松。然而，如果透过表层现象探究，就会发现另一幅截然不同的画面，这个画面让我们感受到他们的心理素质，诸如适应力、决心、愿望和自力更生。

这些工作的穷人拥有许多资产，但是缺乏机制来利用这些资产。这是由秘鲁经济学家埃尔南多·德·索托（Hernando de Soto）在他的著作《资本的秘密》中提出的重要见解，指出了普惠金融的重要作用。德·索托指出，穷人实际上控制着惊人数量的实物资产，包括房屋、商用处所和其他物质财富。仅在秘鲁，德·索托估计这些资产总计约 900 亿美元，大约是利马证券交易所价值的 11 倍。在世界范围内，德·索托估计，在 2001 年，在贫民区，有来自非正式资产和企业大约 9.3 万亿美元的不生息资本等待着非正式资产和企业去利用。[1]

---

[1] Hernando de Soto, The Mystery of Capital: Why Capitalism Triumphs in the West and Fails Everywhere Else (New York: Basic Books, 2003).

　　与这些尚未被开发的物质资产同等重要，甚至更重要的是穷人的人力资产和社会资产，这些资产至今仍未被充分重视。迪莉娅和泽维尔是足智多谋的商人，尽管经历许多困难，他们还是找到了维持生计的办法。迪莉娅有她的朋友们帮助她，而泽维尔支持着他大家庭的成员们。通过多年经验，他们俩都已经成为专业的资本经营者。他们想要改善生活环境的愿望使他们重视得到的机会，比如贷款。这种重视可以被看做愿意为得到的服务付钱并按时偿还贷款。对于包容性金融产品来说，迪莉娅和泽维尔是理想的、有利益的客户。索纳莉面临着极度贫穷，只有极少的资产可以利用。但是，索纳莉也是一位客户。这也许很令人惊讶，但是，索纳莉曾经通过印度工业信贷投资银行与小额信贷机构 Swadhaar FinAcess 的联系，在印度工业信贷投资银行开立了一个储蓄账户。

　　对于未能充分利用杠杆这一问题，德·索托提出的解决办法包括土地赋权和其他官方的正式认证。因为这些办法可以使基层的劳动成果和投资合法化。另一个思想家，C. K . 普拉哈拉提出了另一个不同的解决方法——一个商业办法。普拉哈拉向世界上最大的公司发出挑战，要这些公司找到自己的刺激最低端市场的办法。普拉哈拉主张，与新兴团体做生意的潜在回报值得他们作出改变。对于建立一个金字塔底部市场的商业基础设施，他建议有四个必要的组成部分：

- 通过网络和通信系统改善金融服务；
- 创造与资金取得和工薪阶层有关的购买力；
- 通过有针对性的研究与开发和基层创新制定当地的解决方案；
- 通过消费者教育和可持续发展形成愿望。

　　无论是普拉哈拉还是德·索托一开始都没有对金融服务产生兴趣，但是他们都十分认同普惠金融对发挥底端市场潜力十分重要。

金融服务使人们利用隐性资产（德·索托），它们是使得商业在底端市场运行有效的中心环节（普拉哈拉德）。

普拉哈拉德的建议要求我们重新思考做生意的每一个方面，无论是价格、性能模型、品牌管理、市场建设、产品设计、包装还是资本效率。通过这本书，我们将探索这种调整是如何在金融服务业发挥作用的。

参考文献

［1］Boaventura, Xavier, discussions with ACCION. 2001.

［2］de Soto, Hernando, *The Mystery of Capital: Why Capitalism Triumphs in the West and Fails Everywhere Else* (New York: Basic Books, 2000).

［3］Dolan, Kerry A, "A New Kind of Entitlement," *Forbes*, December 23, 2002.

［4］Hammond, Allen, et al., "The Next Four Billion: Market Size and Business Strategy at the Base of the Pyramid," World Resources Institute, March 2007.

［5］Marcouiller, Douglas, Veronica Ruiz de Castilla, and Christopher Woodruff, "Formal Measures of the Informal Sector Wage Gap in Mexico, El Salvador, and Peru," March 28, 1995, Economic Development and Cultural Change, vol. 45, no. 2, 1995.

第二章　谁在服务于金字塔底部市场而谁没有

在这一章中，我们将探究金字塔底部市场中金融服务的供给方面，去观察谁在为这个市场服务，又是怎样服务的，以便更好地理解供给缺口。但是，首先我们先来看一下已经存在于这个市场中与金字塔底部市场客户做生意的两种截然不同的参与者。

主要的公司：洗发露公司和手机公司

很多正式企业或者跨国公司不向金字塔底部市场客户提供服务；金字塔底部市场的基本特点之一就是它与主要机构的相对分离。首先踏入这个领域的是一些消费品制造商，比如利华兄弟公司和宝洁，它们在市场营销和从穷人市场通过分销赚取丰厚收入方面实现创新。针对可支配的小额收入，它们开发了小口袋营销——为即使收入极低的消费者提供小袋独立包装的产品——这种模式为其他工业，比如移动电话业务提供了有用的模型。

移动手机制造商和无线服务供应商已经认识到，以极快的速度使整个国家进入无线通讯存在巨大潜力。据报道，尼日利亚在过去的 30 年间仅连接了 450 000 条地上通讯线，但是自从 2001 年开始，已经有 3 200 万名移动手机用户注册。[①] 事实上，移动通讯提供了一

---

① Steve Barth, "Give a Village a Phone... How Mobility Is Revolutionizing Microfinance," Mobile Enterprise, December 2007.

个巨大的生产力的猛增。最近，伦敦商学院确定，在经济发展中，手机族人数每增长 10% 就会使国内生产总值有 0.6% 的额外增长。[①]技术公司也都竞相发明金字塔底部市场消费者能够支付得起的产品，无论是"学童人手一本笔记本电脑"项目的价值 100 美元的笔记本电脑，还是通用电气医疗集团的价值 1 500 美元的心电图仪器。[②] 这些产业在低收入市场的成功不仅指明了道路，而且在一些情况下，它们还铺平了道路。

非正规金融供应商：放贷者和旋转储蓄

在没有正规金融机构的情况下，低收入人群只能向非正规金融来源寻求帮助，这种情况持续了几个世纪。不是所有的放贷者都是凶残的、罪恶的放高利贷者。美国行动国际小组成员史蒂夫·巴斯（Steve Barth）从他在泰国的经历中注意到，放贷者经常是一些开着小型美容院的阿姨。同时，最普通的非正规金融的形式起始于家人和朋友之间，像是在每个大洲都存在的旋转储蓄和信贷组织〔在非洲的不同地方有不同称呼，比如，唐提式养老金制、苏苏人、旋转木马、集资互助组（tontines，susus，meny‐go‐rounds，and stokvels）〕。

非正规金融放贷者看似是"敌人"，可以不予考虑是很简单的，但是从他们身上我们可以了解到：

- 他们的存在显示了市场的潜力。高利贷者证明在基层市场是可以谋取利益的。
- 他们实际上也是竞争者。金字塔底部市场消费者经常同时从

---

① Leonard Waverman, Meloria Meschi, and Melvyn Fuss, "The Impact of Telecoms on Economic Growth in Developing Countries," Telecommunications Policy, vol. 29, issues 9 – 10, October – November 2005, 685 – 86.

② One Laptop Per Child, www. laptop. org. And Jena McGregor, "GE: Reinventing Tech for the Emerging World," BusinessWeek, April 17, 2008.

正式银行和放贷者那里借钱。

- 他们甚至可以成为分销商或者代理商。在加纳，巴克莱银行是通过苏苏人工作的，这些人是游走于街头市场的传统的、独立的储蓄代理人。
- 他们的实践指向了成功的产品设计。小额信贷集团贷款技术是从非正式信贷模型引入而来的。

消费品制造商和高利贷者的实践都说明在金字塔底部做生意是可行的。

正规金融供应商：银行、小额信贷机构和消费贷款人

只有一部分金字塔底部的人们能够享受到正规金融机构提供的金融服务。这个细分市场十分不受重视，以至于几乎连一点有关金融服务如何供给的全面的资料都没有。只有几个关键的证据会对我们抓住要点有所帮助。我们将会分别探究几个主要的提供者，从银行开始。

银行

总的来说，发展中国家的商业银行仍然让大多数人失望，尽管我们在第二部分介绍的一些银行正试图改变这种局面。储蓄账户数量、银行贷款、分支账户和各国人口之间的一个简单对比就可以证明上述观点。

在西班牙，一个银行很多的国家，每个成年人就有 2 个储蓄账户，在奥地利每个人有 3 个。但是在菲律宾，每个成年人才有 1 个储蓄账户，在肯尼亚这一比例是每 14 人有 1 个。大概这也解释了为什么旋转储蓄——小群体女性当中的非正式的储蓄团体——能够在肯尼亚如此受欢迎。

15

在西班牙，每两名成年人有一笔贷款余额，在厄瓜多尔每13名成年人有一笔贷款余额，而在孟加拉国每18名成年人有一笔贷款余额。

在西班牙，银行网点与成年人的比例是1:1 000。实际上，一些欧洲政府开始声称在中心城市，更少的银行分支能够创造更有活力的邻里氛围。斐济、孟加拉国还有南非都将会愿意面对同样的问题：这些国家中，银行网点与成年人的比例接近于1:2 000。（见表2.1）。甚至即使在富裕的国家，低收入人群也是享受不到金融服务的。

这些模式适用于许多国家。在墨西哥、哥伦比亚还有巴西，研究表明65%到85%的城镇居民在正规的金融机构没有任何储蓄账户。[①] 相比可言，美国和西班牙的比例分别是10%和2%。

表2.1　　　　　　　　　所选国家普惠金融指标

国家	银行网点 每100 000人	自动取款机 每100 000人	贷款账户 每1 000个成年人	存款账户 每1 000个成年人
肯尼亚	1.3	1.0	n/a	70
孟加拉国	4.5	0.06	55	229
斐济	5.5	12.5	67	444
南非	6.0	17.5	n/a	n/a
印度	6.3	n/a	n/a	n/a
墨西哥	7.6	16.6	n/a	310
菲律宾	7.8	5.3	n/a	302
厄瓜多尔	9.3	6.3	77	420
西班牙	96	127	556	2 076

资料来源：Thorsten Beck，Asli Demirguc - Kunt，and Maria Soledad Martinez Peria，"Reaching Out：Access to and Use of Banking Services Across Countries，" draft，March 2006.

（可选择另类的）金融机构

尽管主流商业银行还在大规模绕过金字塔底部市场，但是一些

---

① Tova Solo，"The High Cost of Being Unbanked，" Access Finance 3，World Bank，February 2005.

特殊的提供者,比如小额信贷机构、合作社、消费金融公司和某些"人民银行"的公众部门已经取得了长足发展。

在一个可供选择的研究金融机构的案例中——为经济水平低于传统商业银行服务范围的客户提供服务的机构——扶贫协商小组,一个捐赠联盟,确认了有3 000个机构在为1.52亿人提供服务。[①] 扶贫协商小组发现,全球有5.73亿储蓄账户,只有略过一半的是政府邮政储蓄银行的账户。

这些优秀的其他金融银行展示了如何在金字塔底部市场赚取利润并发展到一定规模。它们中最好的银行在抓住了先发优势的同时,也为那些可以快速复制他们创新的后动者降低了进入壁垒。

让我们仔细看一下两种可供选择的金融机构:小额信贷机构和消费贷款机构。这本书将会不断提及到小额信贷和消费贷款的创新、优点及缺点。现在,值得花一点时间来介绍一下它们。在许多方面,它们都是通往普惠金融之路的指路人。一旦它们在不同领域运作,有着大不相同的动机,很快这两种参与者就会展开针锋相对的竞争。

小额信贷机构

从19世纪70年代到80年代的小型非营利组织开始,小额信贷作为金融行业运作的一部分已经成为一个重要的全球性力量。根据小额信贷信息交换所(MIX)——小额信贷行业的信息管理者称,有1 330家小额信贷机构[②]为全球5 700万人提供贷款。小额信贷峰会是一个促进组织,它统计的范围更加广泛,包括像自助团体运动和公共部门发展银行等的准正式组织。在2007年的报告中该机构

---

① "Financial Institutions with a 'Double Bottom Line': Implications for the Future of Microfinance," CGAP Occasional Paper, no. 8, July 2004, 4 – 5.

② Microfinance Information Exchange, www. themix. org.

称，在3 316家小额信贷机构中有1.33亿活跃借款人。①

作为小额信贷机构的开发者和推广者，美国行动国际已经通过小额信贷运动关注到普惠金融。撇开小额信贷现在已拥有数千万的客户这一事实，我们相信人们仍有许多充分的理由去了解小额信贷并与之联系。

首先，领先的小额信贷机构已经展示了普惠金融是可以赚取利益的。以秘鲁的自助银行（Mibanco）为例。这家银行250 000的客户中绝大部分是女性，包括迪莉娅，我们在之前的章节中提到过她。对于像迪莉娅这样的客户，自助银行提供了一系列的服务，包括Mi-capital（为她的商店提供运作资金），Micasa（帮她建造出租的房屋），还有Chasqui（以印加帝国迅疾使者的名字命名的快速现金贷款）。在2007年，Mibanco有价值5亿美元的贷款组合，平均每一笔贷款接近1 700美元。其股权回报率是37%，使得它成为秘鲁较有盈利能力的银行之一。②

公平银行是肯尼亚的一家关注小额信贷的商业银行。它拥有超过100万个小额储户。③ 在2006年，公平银行成功向公众发行股票，在2007年，《欧元》杂志将其列为肯尼亚最好的银行。④ 现在，私人股本投资者正争相购买它新发行的股票。

考虑小额信贷机构的第二个原因是它们与私营企业合作的潜力。小额信贷组织具有有关低端市场的知识储备库，并懂得如何为这个市场服务，由于客户群休的需求和分支机构的设立，它们提供给客户进入市场的机会。此外，小额信贷机构通常是热情的试验者，随时准备好尝试新方法以使客户收益。

---

① "The State of the Microcredit Summit Campaign Report," 2007, www.microcreditsummit.org.

② Mibanco profile, Microfinance Information Exchange, www.themix.org.

③ Equity Bank pro fi le, Micro fi nance Information Exchange, www.themix.org.

④ Equity Bank, www.equitybank.co.ke.

消费贷款人

与绝大多数小额信贷机构不同，消费者贷款从另一个不同的角度进入金字塔底部市场。小额信贷以为小型非正式企业主提供贷款为起点，而消费者贷款以帮助工薪族购买东西为起点。今天，尤其是在拉丁美洲，这两种方法相遇并开始竞争。

消费者贷款的客户多数来自于金字塔底部市场中的上层阶级，特别是受雇于稳定的大型公司的人们。渐增地，融资购买仅仅只是一个起点。在墨西哥，零售商巨头伊莱克萨（Elektra）和沃尔玛公司从融资购买开始，但很快就扩张为整个零售银行服务。为了这个目的，伊莱克萨在 2001 年创立了阿兹台克银行，比沃尔玛公司领先一大步，并于 2007 年在墨西哥获得了银行许可证。

尽管消费贷款人和小额信贷机构可能是从完全不同的动机和哲学思想开始的，但是他们却越来越为同类型的消费者开始竞争。消费者贷款往往是积极地商业化，强烈关注规模和利润。消费者贷款中的增长率通常都是极高的，并且市场很快就变得非常有竞争力。消费者贷款并不总是被整个社会所认可。美国的高利贷发放行业经常因为高利息率和缺少透明度而遭受媒体的诋毁。并且，消费者贷款发生的危机也表明这个产业有过热的危险倾向。几年之前，玻利维亚经历了消费者信贷的繁荣与萧条，且至今未能完全恢复；还有南非过度的消费者贷款使得其建立了一个专注于消费者保护的监管机构。

相比之下，小额信贷机构从社会最底层做起。他们比消费者贷款更接近贫穷的客户，尤其是那些自由职业者。他们的目标是为客户创造更好的生活。金融回报是最受重视的，因为它能够扩大规模并保持持久力。小额信贷机构没有把利润本身作为一个终结。一些有着强烈反贫穷倾向的小额信贷机构将利率与盈亏平衡水平基本保持接近，正像格莱珉银行创始人穆罕默德·尤努斯（Muhammad Yunus）所倡导的那样。①

由于以非营利开始，小额信贷至今还未拥有那种已经使消费者信贷形成规模的先进技术。尽管如此，小额信贷机构对金字塔底部市场的消费者具有深刻的理解，并且能够用小额信贷产品来去满足他们的需求。这种专门技术支撑了令人印象深刻的遍布全球的小额信贷机构，包括一些吸引了投资者极大兴趣的商业小额信贷银行和金融公司。举例来说，墨西哥的康帕多银行和肯尼亚的公平银行都已经成功公开募股。

许多小额信贷的领导者担心如何与主流金融产业竞争。他们想要私营企业能够带来的技术和资金支持，但同时也想要确保其在交技术或客户时，不会牺牲掉一直以来推动、激励他们的社会责任。

消费者贷款和小额信贷在这一点上不同的观点构成了在普惠金融参与的最有趣的动力之一。尤其是在拉丁美洲，消费者贷款特别针对核心的小额信贷客户——非正式小微企业主——而一些（尽管不是全部）小额信贷机构正在开发消费者贷款产品。对一个客户来说，这些供应商可能看起来没有太大差异。他们都能提供数额、期限和利率相近的贷款。

这样的竞争还尚未在其他地区出现，但是很快就将发生。在印度，最近针对穷人的小额信贷和针对中产阶级的消费者金融都有了惊人的增长。之前这两个细分市场清晰的界限很快就会变得模糊，直至消失。

潜在的进入普惠金融产业的新进入者，在采取行动之前，将需要评估小额信贷和消费者贷款在其国家的次级细分市场中的行为和

---

① Muhammad Yunus and Karl Weber, *Creating a World Without Poverty：Social Business and the Future of Capitalism*（New York：Public Affairs, 2008）.

定位。当我考虑到普惠金融的未来时，我在想能源、资源还有消费者贷款掌握的技术如何能够与对低收入消费者的关心与深刻了解结合起来。我很愿意成为这种联合的媒人。

参考文献

［1］Barth, Steve, "Give a Village a Phone . . . How Mobility Is Revolutionizing Microfinance," *Mobile Enterprise*, December 2007.

［2］de Soto, Hernando, *The Mystery of Capital: Why Capitalism Triumphs in the West and Fails Everywhere Else* (New York: Basic Books, 2000).

［3］Equity Bank, www. equitybank. co. ke.

［4］"Financial Institutions with a 'Double Bottom Line': Implications for the Future of Microfinance," CGAP Occasional Paper, no. 8, July 2004.

［5］McGregor, Jena, "GE: Reinventing Tech for the Emerging World," Business Week, April 17, 2008, www. businessweek. com.

［6］The Microfinance Information Exchange, www. themix. org.

［7］One Laptop Per Child, www. laptop. org.

［8］Solo, Tova, "The High Cost of Being Unbanked," *Access Finance* 3, World Bank, February 2005.

［9］"The State of the Microcredit Summit Campaign Report," 2007, www. microcredit summit. org.

［10］Waverman, Leonard, Meloria Meschi, and Melvyn Fuss, "The Impact of Telecoms on Economic Growth in Developing Countries," *Telecommunications Policy*, vol. 29, issues 9 – 10, October – November 2005, 685 – 86.

［11］Yunus, Muhammad, and Karl Weber, *Creating a World Without Poverty: Social Business and the Future of Capitalism* (New York: Public Affairs, 2008).

第三章 金字塔底部市场的四个主要挑战

"如果穷人都不能有充足的食物，他们又怎么能够存钱？他们怎么能够支付得起高额的—— 或者任何的—— 利息呢？"

"难道非正式的经营者不是有风险的客户吗？难道他们不会违约或者干脆消失在贫民窟吗？"

"一个不识字的妇女能够学会使用自动取款机吗？"

我们有时听到这些来自那些很少接触金字塔底部市场的生意人提出的这样的问题。尽管这些问题可能揭示了他们对于金字塔底部市场的不了解和一些政治上的不正确的观点，但这些问题却是重要的。事实上，他们应对了想在服务于低收入人群的市场取得成功的固有的挑战。他们需要答案。

为了使更多潜在的疑虑和犹豫显现出来，我们也可以问如下这些问题：

与其他市场相比，低收入市场有什么不同？他们和中产阶级想要的产品一样吗？

我们如何减少发放小额贷款、进行小额交易产生的成本？技术是解决办法吗？

接触农村地区和城镇贫民窟客户的最好办法是什么？我们如何才能减少具体的成本呢？

低收入客户是否和我们害怕的一样具有风险呢？这些风险又具体存在于哪里呢？小额信贷机构是如何管理风险的？私营企业也能使用相同的技术吗？

在过去，许多私营企业都有很好的理由避免服务金字塔底部市场，因为它们对上述问题得不到很好的答案。这种情况已不复存在。因为根据我们的经验，我们知道有很好的答案，并且，如果企业能够根据市场需求调整其业务模式，那么针对上述问题的解决措施就能够有效地应用。技术、金融创新方面的进步和对市场更深刻的理解，为这些金字塔底部市场的主要挑战提供了潜在的解决方案。最重要的是，基于近二十年有关商业小额信贷和早期进入低收入金融市场的私营企业的经验积累，已经找到了成功的方法。

四个主要挑战

我们可以将以上提到的所有问题归纳为四个挑战，这四个挑战是存在于为低端市场客户提供金融服务的固有挑战。

1. **了解客户**。一般来说，穷人需要与中产阶级客户一样的金融服务。然而，把提供给穷人的产品简单地看做是高收入客户产品的缩略版是一个典型的错误。对任何一个市场而言，为了使产品设计正确，对特定需求的深刻理解是必要的。当地的风俗和经济、文化、性别角色、宗教禁忌或者种族歧视可能都需要关注。举例来说，在中东地区的小额信贷机构已经学会如何与那些担心支付利息可能是罪恶的穆斯林客户沟通。一些银行，尤其是巴克莱银行，已经学会如何涉足许多西非人参与的非正式借贷圈——唐提式养老金制和苏苏人有关的生意。

2. **降低成本**。与穷人有关的小额账户和交易是对创造力利润的根本挑战。对于许多极其贫穷的客户和生活在农村偏远地区的客户来说，成本障碍是极高的。相比于努力压缩成本，严肃的反思是必要的。彻底的产品简化是一个办法，技术也许是另一个办法。当一个尼泊尔的女人能够不离开村子，就收到她在德里工作的丈夫寄回的钱，那一定是技术和创造性的分销渠道使之变为可能。

3. **非正式性与风险管理**。金字塔底部客户因为他们经济的脆弱和运作的非正式使得他们看起来具有风险。大部分的风险只是一种感知，可是，真正的风险是可以通过正确的技术管理控制的。小额信贷机构通过这些最好的行动不断地证明了高还款的执行，例子如此之多以至于在 2008 年的一项关于风险的调查排名中，小额信贷提供者和投资者信用风险仅仅排名第十，远低于成本（排名第四）和一系列的机构管理问题。[1]

4. **建设产业**。少数的供应商有勇气和能力去独自开创或者进入一个尚未被开发的市场。其他供应商则帮助开发市场，吸引支持的企业（例如，信息技术供应商或者是支付网络），还有在监管部门面前保持一致意见。在产业构建过程中企业的渠道需要统一。

应对挑战

许多私人企业已经找到应对上述四种挑战的办法。我们的案例包括了国际银行、地区银行和国家银行（花旗银行、南太平洋的澳新银行和肯尼亚的公平银行）。它们包括了消费者放贷者（阿兹台克银行）还有小额信贷机构（墨西哥康帕多银行），电信和科技公司（沃达丰、visa. inc、Temenos），投资商（红杉资本），还有投资银行（瑞士信贷）。简而言之，许多在不同方面运作的参与者都在普惠金融找到了一个有利可图的市场。下面让我们具体探究一下这些挑战。

---

① Centre for the Study of Financial Innovation, "Microfinance Banana Skins 2008: Risk in a Booming Industry," special issue, no. 80, March 2008.

这本书余下的部分将会展示企业是如何解决这些问题的。

挑战之一：了解客户

穷人从良好的金融服务中可以收获甚多，因此，他们可能重视自己并按照客户的标准做事。客户从更好的服务中获取的经济收益会使得他们愿意支付这项服务并且创造供应商需要的收入来源。但是，只有当产品设计是紧密切合消费者需求的时候，这种良性的关系才会起作用。供应商应该考虑的一些因素包括以下几点：

- 金字塔底部市场的大部分生意都是个体经营的，客户必须在家庭需要和生意需要之间分配他们稀少的金融资源。个人和企业金融产品并没有明确的界限，并且信用分析必须同时评估客户的生意和家庭生活。

- 一些富人可以直接付钱购买的东西，低收入的人可能需要借款才能购买，这就使得像消费者贷款或者学费贷款这样的产品对穷人来说十分重要。

- 脆弱性和缺少经济安全网是低收入人群生活的特点。自然灾害、失业或者业务不景气、盗窃还有健康危机对他们来说都有可能是毁灭性的。储蓄，当然还有保险是极其重要的产品。

- 金字塔底部市场的客户经常害怕或者误解银行——这是营销战略家们必须尽早应对的现实。解决的办法，包括从与客户相同的社区中招聘员工，还有派员工深入市场，而不是等待客户自己出现在分支机构。厄瓜多尔的皮钦查（Pichincha）银行为它的小额信贷部门成立了一个独立的品牌——Credife，就是为了更加接近金字塔底部市场客户。

对于小额信贷来说，重要的产品领域包括储蓄、转账还有保险，但是这些只是有利于增长的广泛领域，还需要更多的创造力去明确客户需求的具体范围。肯尼亚的公平银行发现一个机会，利用学校作为交付节点，建立了为家长、老师和学生提供的可盈利的一条龙服务。有关创造性的产品设计会在第四章和第五章给出更多例子。

在进行市场调研时，应该从客户的家中或是他们的工作场所近距离地倾听他们的需求开始，就像当澳新银行决定接触斐济农村地区时做的那样。澳新银行发现，对于自然灾害的脆弱性是它的潜在客户群的一个主要问题，因此它专注于以这一之前未被认识的需要为中心提供产品。已经于金字塔底部市场客户有所接触的企业，比如有着大量客户数据的零售业，具有很大优势。通过从艾丽卡集团零售商店的得来的客户信息，墨西哥的阿兹台克银行快速从单一的消费者贷款发展为全方位的金融服务，迅速超过了金字塔底部市场的其他供应商。不能接触到客户信息的企业可能会想要与像小额信贷机构这样拥有客户信息的组织合作。

挑战之二：降低小额和分散交易成本

不允许犯任何错误的小额交易的算术直接打击了金字塔底部市场的商业案例。一个玻利维亚店主可能只需要 300 美元翻新她的市场摊位，但是如果一个放贷者的保本最低贷款是 1 000 美元，那么这个玻利维亚店主就不会得到她需要的钱，尤其是当她的商店是在人口稀少的高原地区的一个偏远小镇上时。小额信贷产生的收入必须能够在负担成本的同时，对客户来说是可负担得起的。当基础设施十分薄弱，比如在贫穷的城镇社区时，或是当客户分散在山区时，小额算数变得更加不可取代。正是因为普惠金融正在发展，这些挑战越来越容易被解决。

产品和过程的简单化是解决办法的重要部分，就像是雇用一个低薪酬、高效率的员工一样。传统上，小额信贷机构和存款互助会都已经做到这样，这使得他们早期就能够进入金字塔底部市场。

最有前景的新发展正发生在"最后一英里"。在这里，供应商可以与客户面对面。在这一点上，技术可以使避开具体的无分支银行模式变为可能。成功的金字塔底部市场供应商必须接近客户，因为这"最后一英里"无论对于客户还是对于供应商来说都是昂贵的。我曾经在乌干达的高地采访过一个种植咖啡豆的农民，因为在山区中没有银行的分支机构，他为了收取现金支付的种植款，要去到姆巴莱（Mbale）的集镇。在回家的狭窄的山区小路上，这些农民要面临着拦路抢劫，而他们的社区中已经有一两个人为此而失去生命。即使让旅途变得安全些也要耗费掉这些农民数天的生产力。很难再想出一个比这个例子更能说明"最后一英里"重要性的事情了。

"最后一英里"可能由一家金融机构、一个大型零售商、一家电子支付公司或是任何一个有能够深入农村或低收入城镇地区的人"买单"。非金融零售商已经有了可以使它们进行支付交易的地点和客户关系。可能，从那里到银行服务只是一步之遥。在现有的基础设施上建设，能够极大地降低新开服务点的成本，因为费用由几家服务供应商共同分担。在巴西，通过伙伴关系（比如一家银行和一家零售商）获得一个新客户的成本低于 20 美元，相较于在一个完整的银行分支中要耗费超过 100 美元。[①]

在这个项目中所展示的所有案例中，增长最快的，也可能是盈利最多属于利用现有的零售商店得出的模型。墨西哥阿兹台克银行以艾丽卡集团近 800 家的零售店的基础设施为基础建成，巴西布拉德斯科银行通过与邮政银行的合作把客户交易外包给邮局。同样，正如印度银行的相关条例预想的那样，小额信贷机构也能处理好这"最后一英里"，这使得小额信贷机构能够为银行收集储蓄和处理付款交易。

---

① Alexandre J. Sawaya, "Financing Latin America's Low - Income Consumers," *McKinsey Quarterly*, 2007, special edition, 59 - 69.

无分支银行是技术驱动型的。卡类产品让人们看到了巨大的希望，它能够在降低提供金融服务成本的同时极大地提高客户使用的便利性和安全性。尽管卡类产品已经深入到发达国家市场和一些发展中国家的中产阶级市场，它们还未实现其在低端市场的承诺。除了一些例外，许多在金字塔底部市场和卡类产品的尝试还未取得真正的规模，也未被客户接受。

例如，南非政府为它的社会支付，例如养老金，发行了可偿付的维萨卡，这不仅降低了成本而且简化了政府的行政。然而，接受者通常将卡里的钱取出，很少用卡去买东西或者进行账户管理。为什么？在一些情况下，接受者不知道怎样使用这些卡，因此金融教育是必要的。更重要的是，在商人参与的信用卡系统中，信用卡的使用陷入了一种鸡生蛋、蛋生鸡的困境当中。在非正式产业的客户不使用信用卡是因为他们购买商品的卖家不接受信用卡；而卖家不接受信用卡（部分）是因为极少有客户想用信用卡付款。迄今为止，卡类产品在金字塔底部市场取得的最大成功就是为那些相对富足的信用卡客户，像是阿兹台克银行的客户提供基本信用卡。对于可偿付的信用卡（不需要银行账户的那种）能够在这些市场中取得主要进展的期望是很高的。

手机银行是可以降低具体风险同时极大提高客户便利的另一种可行办法。由于许多尝试正在进行中，在未来五年将很可能出现巨幅增长。时至今日，所有的著名的金字塔底部市场案例——菲律宾的 G 资金（G – Cash），南非的 Wizzit 和肯尼亚的 M – pesa（沃达丰）——仍然十分年轻。

挑战之三：管理非正式风险

银行家们传统上就误认为非正式是有风险的，并且把它当成一个排除客户的标准。他们可能认为不能保证自己温饱的人是无法偿还债款的，或者他们可能担心没有正式的记录，客户会隐瞒重要信息。对这类顾虑的一个直观反应就是将文件、费用和担保要求收集起来，但这会提高贷款成本并且把更多预期客户排除在外。

小额信贷从业人员早期发现，非正式的客户比那些较富裕的客户风险更低。他们知道最好的方法不是强制客户正式化，而是调整他们自己管理风险的方法。在早期的时候，美国行动国际的员工与市场供应商见面，这些供应商把做生意的钱与生活的钱分开的方法不过是把家庭的钱放入左口袋，而生意的钱放入右口袋。起初，美国行动国际要求客户参加记账的培训，但事实证明，培训在还贷方面没有起到任何作用，而且客户们不喜欢参加培训，他们把培训看做是挡在他们和贷款之间的一个障碍。美国行动国际的员工最终认识到客户们已经是专业的资金管理者了。今天，美国行动国际的合作者贷款给数以百万计的客户，这些客户很少有甚至没有书面账户。

对于理解如何管理低端市场金融服务的风险，有两个重要的见解。第一个见解与客户有关。因为知道自身的脆弱性，客户重视与一个金融机构的关系所代表的生命线。持续的使用权对他们来说很重要。这就意味着激励客户还贷对于风险管理是核心战略。放贷者可以通过利用社会压力，就像同行业的其他放贷者做的那样（见第四章），或者提供更好的服务来增加对客户的激励。

没有什么比中断使用权更阻止激励措施了。我最近得知一个非洲银行，它开展了一个小型的小额信贷试点项目。贷款被归还后，就不会再被更新，因为为穷人们预留的贷款应该尽可能地让更多人使用到——一个典型的慈善机构的做法。客户们知道第一笔贷款就是唯一的一笔贷款。偿还回去的钱很少，银行最终关闭了这个试点。①

第二个见解有关成本效益的风险管理。因为贷款数额小，因此一个人拖欠欠款无关紧要。这种观念使得贷款只需要非常简单的评估和记录程序，降低了承保费用。重要的是拖欠的模式。消费者借贷不用担心借款给中产阶级，因为他们相信中产阶级最终会还款（而且可能从滞纳金中获得利益）。但是与此不同，小额信贷借款给非正式生意人则对行为不良的要求很严格。他们知道，如果客户认为行为不良是被允许的，那么拖欠欠款的风险就会像病毒一样在客户群中传播开来。小额放贷者积极地管理着这个风险。他们使用有效的信息系统，并且对每一笔迟交的还款都会有及时的跟进。

对于银行家来说，非正式性另一个麻烦的方面是缺少证明文件和记录保存。对于客户所声称的自己是谁、住在哪里、拥有一块土地等信息，银行家们需要一份明明白白的证据。如果一个客户甚至连他交给银行的文件都不会读，他们应该怎么办呢？

对于解决文件缺口问题有许多办法，只需要一点小智慧去实现。生物识别设备的可行性同时解决了身份证明和识字问题。印度工业信贷投资银行在它的代理银行，比如 Swadhaar 和孟买的 MFI 等处，设置了带有指纹识别功能的销售点设备。这些设备不仅弥补了印度国民身份证的缺点，而且弥补了客户文化水平低的不足。与此同时，不论 Swadhaar 的员工走到哪里，他们都要带着印度工业信贷投资银行的吸收存款服务，这样不仅将印度工业信贷投资银行的推广延伸到"最后一英里"，甚至是"最后一米"。在与 Swadhaar 的客户谈话的过程中，我发现相对于孟买公共银行要办的那些繁琐的文件和手续，客户们对于 Swadhaar 程序的简化感到十分高兴。

---

① I am indebted to Marguerite Robinson for telling me about this incident.

挑战之四：产业建设

一个繁荣的普惠金融产业需要参与者的支持与合作。直接的供应商——银行、金融公司、保险公司——更愿意进入已经有一定产业"基础设施"的市场。支持性的框架包括执行辅助服务的企业和管理行业的政策和规则。对于企业来说，有许多正在源源不断出现的机会，比如支付网络、信用机构还有帮助创建健康市场的信息技术供应商。

信息技术提供让金融机构高效率处理大量客户和交易变为可能。小额信贷领域已经开始吸引核心的银行系统的供应商，如 Temenos，因为小额信贷机构已经充分成熟到需要并重视更复杂的系统。与此同时，在主流金融产业已经非常先进的后勤部门外包趋势，当一些像塔塔咨询公司和 IBM 等公司开始为金字塔底部市场银行家设计产品时，这种趋势在普惠金融领域才刚刚出现。在接下来的几年里，外包可能在普惠金融产业结构方面创造出巨大的变化，这会将金融机构从成为具有先进技术的信息技术专家的负担中解脱出米。

信用评分与信用机构能够支撑起发达国家一大批消费者贷款业务。然而在发展中国家，这一块仍是缺失的，尤其是针对金字塔底部市场。想要在信用评分中找到有关非正式客户的相关信息很困难，甚至连哪些信息是最具相关性的都没有明确标准。

主流的信用评分与信用机构公司，比如 Licim 和益百利，已经与小额信贷供应商寻求合作。在许多信用机构还尚未发展的国家，金融机构仍然受困于不合作与自我挫败的行为中，互不分享信息，而分享信息本可以使发放贷款变得更简单、更安全。在某些情况下，监管障碍阻碍了信息的分享。在第十一章中，我们会探究信用评分被应用于低端市场的前景，捕捉过去成千上万笔贷款的智慧以便更快、更精准地判断风险。成功的信用评分模型能够帮助解决在此讨论的成本和非正式风险的挑战。

监管对于塑造新兴产业的重要性说明，金融机构之间需要合作才能促进法律和规则的变化。在一项有关产业参与者对风险看法的调查中，"小额信贷香蕉皮"研究将不恰当的监管和政治干预列为最高和上升最快的风险。①

监管活动急切需要与快速发展的科技和无分支银行模式保持同步发展。巴西的代理银行已经在整个拉丁美洲进行试验。印度还有非洲的部分地区吸引了政府的注意。如果监管者根据技术的可能性修订规则，这会为私营企业在许多国家帮助成功应用提供机会。如果私营企业能够用清晰的、统一的声音说话，政府可能会制定出更好的决策。

我们以上探究的四个挑战代表了进入金融市场的壁垒，这些壁垒已经阻碍了一个从金字塔底部发展起来的有竞争力的市场。跨过这些壁垒已不像从前艰难，对每一个愿意调整企业模式找到办法的公司来说，机会是平等的。在整本书中，我们都会提到四个挑战，每次都会进一步探究企业是如何克服它们的。下一章将会重点关注第一个挑战：如何将对金字塔底部市场客户的理解转变为成功的产品设计。

参考文献

[1] "Microfinance Banana Skins 2008：Risk in a Booming Industry," Centre for the Study of Financial Innovation, special issue, no. 80, March 2008.

[2] Sawaya, Alexandre J. , "Financing Latin America's Low – Income Consumers," *McKinsey Quarterly*, March 2007.

---

① "Microfinance Banana Skins," Centre for the Study of Financial Innovation, 2008.

第四章 金字塔底部市场的产品

低收入人群需要全方位的金融服务——通常是这本书的读者认为理所当然的服务。更重要的是，这些服务会对他们的生活质量产生重要影响。有些令人惊奇的是，穷人除了得到提供的基本贷款或储蓄账户服务外，几乎没有得到任何其他扩展的服务。

在我们开始探究为金字塔底部客户提供的产品设计的关键时，我们想先请读者们思考一下金融产品对于人们的生活有何意义。这些产品不是奢侈品，它们是与深层次的人类需求紧密相关的：如安全、住所还有家庭。没有好的金融服务，人们要么会发现非正式的解决办法不尽如人意，要么就是根本没有解决办法。没有健康保险，他们可能不会得到医疗救治。如果没有住房金融，他们可能要等很多年才能得到一套像样的住房。当他们使用非正式的金钱转账服务时，这些钱经常丢失。想象一下，开发出来这一系列产品用来填补这个领域的未满足的需求。

正是因为这些产品满足的需求具有普遍性和基本性，它们的市场潜力非常巨大，会得到世界各地数以亿计的家庭的重视，也因此被购买。

设计有效产品

次级谬误

私人企业能够为新产品的研究、开发和市场测试带来深厚的专业知识及充裕的资金，但是针对金字塔底部市场成功的产品设计也同样需要新的视角。尽管对于这些客户来说，一套金融服务听起来像是一个标准的银行混合服务——保险、储蓄账户、租赁——表面之下，它们的运作方式非常不同。

金字塔底部市场金融服务设计者的第一课是这样的：针对低收入群体的产品不仅仅是给中产阶级产品的缩略版。我们将这个称之为次级谬误。在美国行动国际，我们经常会遇见犯次级谬误的银行家，特别是那些曾经在美国工作过的银行家。我们试图说服他们这种次级观点会妨碍他们找到发展中国家金字塔底部市场的正确解决办法。对客户的经济生活有着深刻、感同身受的理解，发展中国家的产品设计师就能避免次级谬误。美国次贷市场失败之后，发达市场也在寻求一种新的办法。

在美国和欧洲市场，次级贷款看起来很像优级贷款，只不过更糟糕。次级贷款是标准贷款的缩小版本，但是因为它们额度小且客户的信用等级低，它们更加危险。为了弥补这个不足，次级贷款定价较高，且通常带有固定的费用，尤其是针对逾期付款或提前还款。这种次级项目通常归于几乎没有产品调整的风险、成本、收益计算。

基于团体的小额信贷为次级谬误提供了一个答案。团体贷款的先锋——孟加拉乡村银行和多米尼亚共和国的美国行动国际——针对当地风俗习惯设计了它们的产品。它们观察到，穷人，特别是妇女，形成团体互相帮助存款、借款，甚至为一个遇到短期困难的成员垫付欠款。他们发现人们更喜欢小额地、频繁地还款。现在，全世界数以百万计的妇女使用的团体贷款接融合了这些特点。这种贷款往往比商业银行的标准贷款费用更高（因为它们很小），但是它们更安全——通常恰恰相反。

住房小额信贷

安第斯国家的住房小额信贷展示了另一种避免次级谬误的方法。住房小额信贷满足了客户切身的需求，而不是银行希望客户有的需求。

在波哥大、利马、基多，来自乡村的移民对城市边缘空置的土地十分不满。随着时间的推移，他们从锡棚屋升级到小砖屋，最终改进都更大的房子，这些都是在这块相同的土地上，在这里他们逐渐获得了自己的权利。他们要么自己建造房屋，要么从当地社区雇用熟练的、非正式的建筑工人建造。这种模式已经成为拉丁美洲城镇文化不可或缺的一部分。

传统的抵押贷款放贷者经常忽视这些移民（数以百万计）的住房贷款需求。这些放贷者既不愿意缩减抵押产品使其变得可支付，也不愿意贷款给那些有准正式地契和非正式建成结构的客户。这就是典型的次级思维。

自助银行，我们在迪莉娅案例中提到过的秘鲁小额信贷银行，有一个更好的解决办法。自助银行设计了一个家庭改善产品——Micasa——根据利马贫民窟居民循序渐进的建筑模式设立一至三年贷款，每一个贷款都针对特定的家庭升级项目。Micasa 是自助银行小额企业贷款的改良版，而不是单纯的缩减抵押产品；它基于现金流而不是资产价值。由于 Micasa 这种产品的推广，自助银行已经取得了很好的成绩，保持了这个产品占到整个 3.2 亿美元贷款投资组合的 15%。[①]

---

① Warren Brown, "Building the Homes of the Poor—One Brick at a Time," ACCION International InSight, no. 4, January 2003.

彻底简单化

只有简单的产品才能以可负担得起的价格提供给低收入人群。简单的产品不仅符合金字塔底部市场客户的生活环境，甚至能够减少心理障碍。一些研究人员指出，复杂的过程可能会加剧客户对于银行的恐惧，因为这些过程是不信任的信号，并且会降低交易的透明度。[①] 同时，简化的产品必须以创造性的方式将风险降低。

团体小额贷款符合了简单化的需求和风险控制测试：它们通过同伴担保而省略了复杂的业务分析并降低了风险。Micasa 住房小额信贷很简单：它不用注册正式的房屋抵押贷款；相反，即使借款人缺乏正式的地契，它也确保了借款人对其房屋有长期的、被当地承认的使用权。

在保险业中，对简单化的需求是十分明显的，因为保险业索赔过程必须计算到它所能支付得起的最后一点东西。例如，一些针对金字塔底部市场客户的医疗保险项目省略了对先前存在的疾病昂贵的筛查。这可能意味着政策没有完全覆盖，但是在金字塔底部，有足够高覆盖率的选择通常是不存在的。

产品设计的合作

产品设计也许会需要创立先前并不存在的关系，特别是使供应商更贴近客户的合作伙伴关系。许多这种合作关系涉及交付渠道，但是一些还涉及专家，比如学校、医院、住宅建造商或者能源公司。在本书中，我们会谈论许多企业与小额信贷机构之间的合作关系，

---

① Marianne Bertrand, Sendhil Mullainathan, and Eldar Shafir, "A Behavioral – Economics View of Poverty," American Economic Review 94, no. 2, May 2004, 419 – 23.

比如在下一章将会谈及医疗保险的例子。在加纳，巴克莱银行甚至与土著的苏苏人体系产生了联系。传统的苏苏收集者充当赤脚出纳员。他们游走于市场间，从客户那儿收取存款，然后在每天结束时将钱款存入银行。这些收集者在没有与银行有正式连接的情况下，存在了数十年甚至数百年。巴克莱银行的项目为这些收集者的客户提高了存款的安全性，甚至扩大了它的客户基础。[①]

提高市场研究的标准

当然，市场研究、收集和提炼客户的有关信息是产品设计的起点。主流的市场调研公司也许不善于了解金字塔底部市场客户的需求，这就使得联系专注于这个市场的机构变得十分必要，比如 MicroSave，它是对非洲和南亚的低收入人群的金融服务进行市场研究的先锋。[②]

警示：破坏性的进入者

当主流金融服务供应商忽视大市场的时候，他们为其他参与者提供了一个机会。来自非金融业的"破坏性的"进入者可能进入，因为他们需要确保他们的客户有渠道去购买他们的产品。消费品零售商就是一个典型的例子，在下一章中，我们将会探讨为了这个原因进入金融领域的一个水泥公司（CEMEX）和一个土地开发商（ARGOZ）。

因为非金融公司已经与客户打交道，并能够将他们的基础设施、客户知识和品牌转变为显著的市场优势，所以非金融公司也许会进

[①]　William Derban，"Becoming More Inclusive，"*Sustainability Report* 2007，Barclays's.

[②]　www. microsave. org or www. microsaveindia. org.

入这个市场。德尔加多（Delgado）旅行，一个旅行社成为了一个主要的行业。如果金融机构观望太久，它们会发现这个市场早已被占据。

创新的额外费用

为了抵消为基层群众提供产品所增加的设计产品、交付产品和服务产生的成本，许多人会说，这个过程刺激了在停滞不前的产业中创新的思维——滋润了高档市场的创新，即使特定创新本身在金字塔底部市场之外很少可以应用。正如克里托弗·比瑟瑞（Christopher Beshouri）在《麦肯锡季刊》指出的那样，"一些使得为穷人提供服务成本增加的因素实际上正是企业在所有客户细分中面临的主要挑战"。[①]

小心差距：没有提供的服务

低端市场产品设计的新想法来源于明确服务差距。根据获得金融服务的统计数据来看，绝大多数的人们只有非常有限的选择：严格的团体贷款或者是单一的储蓄账户。消费者贷款和小额信贷一直关注信贷。小额信贷尤其依据借款人的数量来衡量他的成功，在这方面，拥有 6 000 万到 1. 3 亿的借款人代表了一个重要成就。但是对于其他金融服务来说，获得服务的差距是惊人的。

无论是消费者贷款还是小额信贷在储蓄方面实力都不强，这也是盖茨基金会发起为穷人增加储蓄服务活动的一个原因。通常，消费者贷款和小额信贷都是在禁止商业银行外的存款流动的监管框架

---

① Christopher Beshouri, "A Grassroots Approach to Emerging – Market Consumers" *McKinsey Quarterly*, no. 4, 2006.

下运行。导致的结果就是世界上绝大多数的储蓄账户是由公共产业机构提供，尤其是邮政储蓄银行。这些机构已经因为劣质的服务而臭名昭著。我从来不会忘记我在 20 世纪 90 年代初采访一位印度公共银行的客户时，不断听到他们要为了最基本的服务而行贿时感到的那种震惊。对于这些客户来说，付钱给那些腐败的小职员是不争的事实。尽管邮政储蓄银行的主要业务是保障储蓄，它们也会提供少量的其他服务。这类机构中最好的已经完成改革和提升，但是这些银行劣质的服务与那些准备提供更好服务的企业相比差距变得更大。

汇款市场——外籍工人寄钱回家——正在以每年 3 000 亿美元甚至更多的速度不断扩大增长。[①] 这些交易的绝大部分都发生在金字塔底部市场参与者之间。尽管客户会对传统的非正式渠道感到舒服，如果他们换成正式的转账服务会变得更好。寄回同样数量的钱，他们会花费更少，而且他们的钱也会更安全。

金字塔底部市场的客户通常利用转账组织，如 Westem Union 和 Money Gram，也有一些小的专业公司，而不是银行。美国和拉丁美洲之间的汇款通道几乎完全由转账公司控制，尽管大规模的汇款流量吸引了主要银行的注意力。

保险公司也同样开始关注金字塔底部市场。尽管保险的数量快速上升，在小额保险领域有 7 800 万人，现在金字塔底部市场的家庭中只有一部分拥有有意义的保险覆盖。[②]

其他服务根本就没有渗入到金字塔底部市场。它们对数以百万计的家庭的潜在重要性说明了他们代表了在合适的人手中的巨大的机遇。考虑以下这些金融服务，它们不仅能帮助低收入人群过得更

---

① "Sending Money Home," International Fund for Agricultural Development, 2, 2007.

② Jim Roth, Michael J. McCord, and Dominic Liber, "The Landscape of Microinsurance in the World's 100 Poorest Countries," MicroInsurance Centre, LLC, April 2007, ii.

好，而且可以为供应商提供有利可图的业务线。

可再生能源贷款普惠金融可以在对抗气候变化中起到很小却重要的作用。如果发展中国家将可再生能源带给之前没有能源或者使用煤油、木炭或其他对环境破坏的能源的客户，他们就能够走向低碳的发展道路。家用太阳能照明系统的先期投入对于大多数人一次性支付来说是极高的，因此融资就变得必要。太阳能电灯公司（SELCO）是一家印度的太阳能供应商，它与银行安排，为购买它的产品的客户发放贷款。太阳能电灯公司的100 000名客户中，绝大多数都是通过这种融资方式第一次获得电力。许多小型能源公司寻求与金融机构的合作，以帮助他们的客户为购买融资。但是迄今为止，太阳能电灯公司是少有的能够将这种安排规模化的公司之一。

教育贷款在贫穷的社区中，孩子就是资产，因为将来他们会为家庭提供支持，而教育则帮助提高他们的创收潜力。当费用到期时，学校贷款帮助家庭支付对他们来说不少的资金。在肯尼亚，公平银行的教育贷款使得家庭可以让孩子上学，并且提高了他们将来的生活水平。这种产品看起来似乎轻松取胜，但是令人惊讶的是它还没有被广泛推广。国际机会组织，一个小额信贷机构，正在加纳实行同样的办法。

养老金和互助基金低收入家庭需要养老金去保护他们在老年期间或是残疾状态下免受贫困，但是在许多国家，政府不提供养老安全网。2006年，自我就业妇女协会（SEWA）银行，一个专门的小额信贷银行，作为印度资产管理公司单位信托基金的合资企业，发起了印度第一个小额养老金计划。作为经销商，自我就业妇女协会银行收集低至50卢比（1.20美元）的定期捐款，并把它转给印度资产管理公司作为3%的佣金。印度资产管理公司开通个人退休账户，通过这个账户，客户可以在印度股票或债券市场投资。[①]

这些产品的绝大多数处于早期的发展阶段，但是它们解决的需求——能源、教育还有老年保障——都是最基本的。类似这样的产品为先行者提供了下一批机会。

参考文献

［1］ Annual Report, Western Union, 2006.

［2］ Bertrand, Marianne, Sendhil Mullainathan, and Eldar Shafir, "A Behavioral – Economics View of Poverty," *American Economic Review*, 94, no. 2, May 2004.

［3］ Beshouri, Christopher P., "A Grassroots Approach to Emerging – Market Consumers," *McKinsey Quarterly*, November 2006.

［4］ Brown, Warren, "Building the Homes of the Poor—One Brick at a Time," ACCION International InSight, no. 4, January 2003.

［5］ Derban, William, "Becoming More Inclusive," Sustainability Report 2007, Barclays's, www. barclays. com.

［6］ Microsave India, www. microsaveindia. org.

［7］ Roth, Jim, Michael J. McCord, and Dominic Liber, "The Landscape of Microinsurance in the World's 100 Poorest Countries," MicroInsurance Centre, LLC, April 2007.

［8］ "Sending Money Home," International Fund for Agricultural Development, 2007.

［9］ "UTI Retirement Benefit Pension Fund," Sewa Bank, www. sewabank. com.

---

① "UTI Retirement Benefit Pension Fund," Sewa Bank, www. sewabank. com.

第五章 三种产品：保险、住房贷款和汇款

在本章，我们会仔细探究三个产品：保险、住房金融和汇款服务。我们选择这些产品是因为它们有强劲的增长潜力，而且它们都发展得足够好，最好的实践正在新兴和发展中。这一领域在每个地区都是完全开放的。大量客户会因为生命中金融需求第一次得到良好的服务而激动不已。

保险

对于肯尼亚寒冷高原上的小微企业主来说，销售二手的羊毛外套是不错的生意。在卡拉蒂纳（Karatina）市场，东非最大的露天市场，有许多供应商，他们从公平银行和其他放贷者处借营运资金用于从城市的批发商那里购买成捆的衣服。然而，除了他们在铁轨旁的开放摊位，卡拉蒂纳的小贩们在夜间没有地方储存他们的存货。如果大火烧毁市场的某一部分，就像前几年发生在乌干达首都坎帕拉的那场火灾一样，一个小贩承受的损失需要花费数月甚至数年去恢复。

这只是自古以来威胁低收入人群生活的脆弱性的一个例子。没有保险，任何打击—— 洪灾、意外事故、死亡或者疾病——都能将一个家庭推入下滑的经济漩涡中。没有保险的打击也能将一个良好的借款人变为拖欠债款者，因此放贷者对查看他们的客户是否都有保险有着特别的兴趣。

当进入这个市场的时候，私营保险公司通常从最简单的产品做起——信用人寿保险——然后逐渐引进更复杂的产品，这些产品也是客户们更重视的。医疗保险是小额保险的最大的战利品。迄今为止，它是最多人最重要的需求，而且它也是有待开发的最复杂的产品之一。

从全球来看，小额保险项目已经经历了一段很长时间的发展，但是与这个市场的潜力比较而言，这些发展还远远不够，而且相对来说，它们的经验尚浅。在 2007 年国际劳工组织（ILO）发表的一篇评论中，他们发现在世界最贫穷的国家中，小额保险存在着巨大的地区差异。在西非和中非，医疗保险比较常见，然而在北非和中东几乎没有小额保险。印度农村地区的覆盖率扩大到了 3 000 万低收入人群，这主要是由于政府监管的配额控制。然而，总体来说，国际劳工组织发现了一个蓬勃发展、不断进步的产业，这个产业有 246 家小额保险公司，357 中小额保险产品（独立于政府的社会保障计划），还有 7 800 万有着某些小额保险的人们。①

2002 年之前，这种保险只覆盖小部分人群。尽管是国有的保险公司为这个市场提供大部分服务，这样的快速增长应该归功于私有保险公司。在全世界有一大群人没有保险，这个研究让我们对于预测这个市场会在五年内翻倍十分有信心。

设计小额保险产品和服务

小额保险产品设计者面临着与小额信贷先锋曾经面对的同样的挑战。他们必须通过使他们的产品适合当地风俗来克服次级谬误，与此同时，通过简化产品、发展有效的交付渠道来降低成本。即使

---

① Jim Roth, Michael J. McCord, and Dominic Liber, "The Landscape of Microinsurance in the World's 100 Poorest Countries," MicroInsurance Centre, LLC, April 2007.

金字塔底部人群的保险统计的风险还尚不明确，并且经常被认为是过度的，产品设计者需要精确地评估风险并设置保费。小额信贷先锋者逐渐克服了这些挑战和误解，并且我们也开始看到同样的试验，证明了小额保险的可行性。让我们自己探究一下这些小额保险公司使用的成功的战略。

调整产品 有一个关于文化敏感性的深刻的例子。在南亚，低收入妇女更愿意为她们丈夫的生命购买保险，而不是为她们自己。妇女对自己丈夫资产的索赔权甚至小于其他家庭成员（比如丈夫的兄弟们），在这样的背景下，一个有关丈夫生命的保险政策能够在丈夫死后保护妻子不至于变得一贫如洗。

简单化 即使对主流客户来说，保险也是出了名的复杂，因此对于彻底的简化保险产品有很大的提升空间。有关一项保险政策精心打印出的数页纸可以扔掉，取而代之，客户收到的是用清楚易懂的文字阐明的单页证明。当客户缺少出生证明时，保险公司能够通过其他途径找到他们的出生日期和身份证明。或许最重要的是，小额保险公司能够废除这种是对中产阶级保险政策复杂化的筛选。首先，这种筛选对于向那些对保险概念不熟悉的客户解释起来很困难。其次，去除这种筛选可以使索赔更加直接，这样会在降低过程成本的同时增加客户的信任。

建设市场 对于大多数金字塔底部市场的客户来说，保险是一个陌生新概念。他们需要供应商去解释什么是保险，又是如何运作的。因此，在新兴市场中，集中的、不间断的客户教育是必要的。对于非正式产业的客户来说，他们中的许多人对于任何正式机构都是保持谨慎态度的，信任需要花时间建立。信息的公开化和理赔的快速支付是建立信任的两个要点。选择已经赢得客户认可的销售渠道也是建立市场的一种方法。

覆盖"最后一英里" 找到正确的交付渠道对于小额保险公司

来说可能是最大的挑战。这个渠道必须能够低价运作，以便于保费是可以负担得起的，与此同时，这个渠道必须对客户承担的路程和时间成本敏感。耗费客户路费和工作时间到保险公司办公室的办法是不可取的。孟加拉三角洲和印度的塔塔 — 美国国际集团的代理商将他们的产品定位为门对门产品，因为这些地区的妇女很少离开她们的家。

对于成功渠道的研究引领保险公司与那些已经与信用卡客户产生定期联系的组织合作，比如小额信贷机构。我们即将研究几个这样的模型。

产品很重要　信用人寿保险，是迄今为止传播最广泛的小额保险产品，它向放贷者偿还由于客户死亡仍未偿还的那部分贷款。这种产品对于放贷者是有利且易于提供的，这就解释了它为什么如此普遍。然而，信用人寿对于客户的家庭只能起到适当的帮助。认真探究小额保险的公司跨过复杂性，将人寿保险直接与现金福利、事故和残疾以及最终的医疗保险联系起来。财产和农作物保险仍然不太常见，而且很多这样的试验还需要补贴。

医疗保险已经成为创新的热门领域。它解决了基本的社会和经济问题，而且客户需求很大。然而，正因为医疗保险要求卫生保健供应商合作起来，而且因为严重的道德风险和逆向选择挑战，迄今为止它是正在进行的最复杂的产品。

让我们来探究一下这些能够说明好的产品设计原则的成功案例。

医疗保险

全世界大约有 13 亿人没有医疗保险。[①] 贫穷使数百万人很难负

---

① GTZ/ILO/WHO Consortium on Social Health Protection in Developing Countries, fact sheet, www. gtz. de.

担得起高质量的治疗。治疗的成本和生病过中损失的收入会使一个本就贫穷的工薪家庭陷入极度贫困。世界卫生组织估计，每年都有1 000万人因为医疗负担而陷入贫穷。[①] 如果医疗保险能够被商业化地进行推广，它对改变生活和经济具有巨大潜力。

苏黎世金融服务集团和阳光银行 苏黎世金融服务集团已经找到了一种每月只需4美元，就可为玻利维亚低收入人群提供医疗保险的方法。[②] 这个产品的雏形源于苏黎世和阳光银行的关系，阳光银行是一个专注于小额信贷的商业银行。苏黎世为阳光银行的储户提供每月低于1美元的人寿保险政策。[③] 一旦发展起来，苏黎世开始通过多家金融机构提供这项医疗保险产品，这些金融机构包括住房融资公司、小额信贷公司和主流银行。到2007年，已经有83 000名客户签过这些保单。[④] 这个经历为与阳光银行共同创造医疗保险项目提供了作为起点的市场基础和运营知识。这个项目覆盖了所有的医生诊疗费和绝大部分的住院费用。有10 000个家庭参加这个项目是远远不够的，但是将之扩大范围推广并通过其他机构进行提供的计划正在进行当中。

ICICI Lombard 和 Grameen Koota 在基层医疗保险的一个真正的挑战是与治疗病人的医院和诊所构建并保持良好的关系。为了理解 ICICI Lombard 的项目在找到一个可行的方法方面取得的成果的

---

① GTZ/ILO/WHO Consortium on Social Health Protection in Developing Countries, fact sheet, www. gtz. de.

② Kurt Koenigsfest, "BancoSol, Diversificacion de Productos," ACCION International workshop, October 2007, Powerpoint presentation; Urs Schwartz, "Microinsurance: Zurich's Program in Bolivia," presentation to the Savings and Credit Forum, Bern, November 30, 2007.

③ Nidia Hidalgo Celarié, "Casos de Éxito de Popularización y Difusión del Seguro Entre Sectores No Tradicionales: Los Microseguros en América Latina," Powerpoint presentation to VIII Encuentro de Seguros Porlamar 2006 "Popularización y Difusion del Seguro: Responsabilidad Social del Sector Asegurador," October 2006.

④ "Entidades Popularizan Los Microseguros," *El Deber*, September 30, 2007, www. eldeber. com. bo.

大小，我们先来看一下在试点中遇到的问题。

ICICI Lombard 为格莱珉 Koota 的客户提供医疗保险，格莱珉 Koota 是印度卡纳塔克邦地区的一个屡获殊荣的小额信贷非政府组织（NGO），这个最初的试点让每个人都不开心。格莱珉 Koota 的员工不知道如何指导客户正确地使用方案。客户不知道这些方案是如何运作的，当他们（错误地）预期的收益被否认的时候，他们提出自己的不满。医院无法处理突然出现寻求治疗的大量的患者。而 ICICI Lombard 也未能看到将这个方案变为有弹性、有利润地运作的希望。一年之后，这个项目便结束了。

在一个非政府组织的帮助下，另一个解决办法出现了。这个非政府组织是 Shree Kshethra Dharmasthala 农村发展项目（SKDRDP），它对最初的项目遇到的一系列问题给出了解决办法。农村发展项目与一大批医院仔细协商他们的网络关系，这为客户提供了便利，而且使接受一大批新客户变得更简单，原本这些客户对于一家机构来说是难以承受的。它设立了一个专门培训所有项目参与者和管理与客户沟通等事务的部门。根据农村发展项目对于客户的了解和客户关系，这个项目变为可能。尤其是在早期阶段，这个项目对于 ICICI Lombard 是有利可图的，仅仅是因为这些培训和行政工作是由农村发展项目低价地实行（还有一些创业补贴）。

尽管这个模式听起来不是完全的商业化，鉴于它利用补贴和推动保险公司在这个市场运作的监管作用，赞助商期望它是可持续下去的。更重要的是，保险公司、非政府组织、小额信贷机构和卫生保健供应商之间的这种合作关系已经证明了它能够扩大规模的能力。近 100 万人口通过这个项目得到了医疗保险，并且这个人数正在不断增长。[1]

---

① Suresh Krishna and L. H. Manjunath, "The Road Less Traveled: Lessons Learnt in Delivering Insurance to the Poor," *Microfinance Insights* 5, December 2007.

住房融资

在经济金字塔的底部，世界上数以百万的家庭生活在肮脏的环境中，那种肮脏会使富裕国家中的中产阶级都感到惭愧。充满污垢的地板、漏水的屋顶、室外水管还有拥挤不堪，这些情况只是占下一个十亿人口很大一部分的人们的生活现状。难怪拥有一个好一些的房子会使人有很强烈的情感力量。

我们指出了次级谬误是如何使产品设计者将传统的房屋抵押贷款与住房融资视为等同，并得出他们不能为底层人民提供服务的结论的。银行也面临着如何提供低档住房融资的其他障碍。没有次级市场去购买大批的房屋贷款，贷款就会占用流动资金，进而导致资产负债表的项目不匹配。长期贷款项目会使贷款变得更可支付，适合借款者，但是这使得银行容易受到利率波动的影响。新屋建筑的成本是一个主要的约束。政府也能够尽快帮助居民把他们非正式的棚户区居住权变更为合法的权利。

另一方面，提供低收入房贷款有许多明显的优势。因为住房是借款者的首要需求，所以还款利率甚至高于微型企业贷款。这使得住房贷款投资组合非常稳定并具有良好的客户忠诚度。因为住房贷款比企业或个人贷款的期限更长，所以住房贷款营运成本更低。而且，在绝大多数国家少有竞争，对于早期进入者有巨大的市场。

一些创造性的办法

想一下自助银行的 Micasa 住房小额信贷产品和西麦克斯的 Patrimonio Hoy 项目。他们都说明了适合本地模式的重要设计原则。在这两个项目中，选择为房屋改善提供住房小额信贷而不是为整个处在非正式产业的拉丁美洲人提供住房融资，是因为他们通常期望逐渐地建造自己的房屋。房屋改善贷款接触到了住房上的巨大差距，住在家里的人数至少也和新房屋改善的要求一样需要基本改善。与此同时，它避开了在非正式产业提供长期抵押贷款的困难。

自助银行住房融资贷款 住房小额信贷看起来更像小额贷款而不像房屋抵押贷款：贷款数额小，通常期限为 1 至 3 年，由非传统的抵押品担保。在自助银行，住房小额信贷以和微信企业贷款同样的担保方式进行担保：有个人或商业资产。既然穷人的房屋不能随时进行买卖，住房市场和资产价格就不能成为偿还贷款的基础。一个以收入和现金流为基础对偿还贷款能力的评估能够比基于房屋价值的评估更有效地预测贷款质量——从美国次贷失败中吸取的教训。

西麦克斯 Patrimonio Hoy（现在为股权）项目 西麦克斯的住房小额贷款产品使用了类似的原则。西麦克斯是世界上最大的水泥公司之一，但是它曾经在它的家乡墨西哥面临着日益增长的竞争。这个有百年历史、全球化的建筑材料供应商想要通过那些多年不断改进房屋的贫穷和低收入的墨西哥人提高销售。

自知对这个市场的客户了解甚少，西麦克斯在当地社区对房屋改善活动进行调查，尤其针对被称做Tandas 的旋转储蓄和信贷协会。为了在响应 Tandas 的信用的基础上销售建筑材料，它创造了一组方法。成员们都会从西麦克斯建筑师那里的都有关建筑项目的技术支持，这帮助他们减少了浪费。

结果是令人振奋的：水泥的销售量增加，房屋改善增加，品牌的认可度也大大提高。尽管最初的设计是为了承担社会责任，西麦克斯逐渐认识到赚取利润的同时可以帮助穷人。这种认识是它推出了更好的 Patrimonio Hoy，这个项目帮助了 185 000 个墨西哥家庭建造了相当于 95 000 个十半方米的房子。① 西麦克斯已为 Patrimonio Hoy 得到了认可，并获得了来自美洲国家组织办法的"美洲企业公民奖"。

ARGOZ 的租赁权合同 这个例子也强调了非银行来源。在缺少银行参与的情况下，私营土地开发商有时会将自己的资金打包与低收入购买者放在一起。ARGOZ 是厄瓜多尔最大的土地开发商，像它一样的土地开发商们买地，修上道路和实用的系统，建造房屋。当目标买家不能取得贷款时，ARGOZ 也会借给他们钱。

ARGOZ 以和商业银行住房贷款接近的利率向房屋购买者提供 10 年期限的租赁权合同，只有还清贷款后买家才能合法拥有土地，AR-GOZ 不要求预付定金，而且提供保险。当一个家庭购买了一块地后，ARGOZ 继续为他们的建设或是紧急情况提供资金。ARGOZ 是一个高利润的公司，低档住房是它稳健盈利的业务线之一。②

另类融资与银行融资

虽然当没有金融机构愿意提供资金时，西麦克斯和 ARGOZ 进入了这个领域有点讽刺，但是我们需要承认银行对于避开低收入住房市场可能会有好的理由。建筑产业有银行缺乏的吸引客户的手段。西麦克斯和 ARGOZ 喜欢固有的风险控制，因为买家因为他们能获得房屋而依赖他们，然而银行需要通过其他方法合法持有，比如房屋抵押贷款。像西麦克斯和 ARGOZ 这样的参与者现在已准备好抓住非正式产业住房贷款这一广阔的市场，这种破坏性进入的一个例子就

---

① "Business Pushes Benefits for the Poor," World Bank, July 23, 2008, www.worldbank.org.

② "El Salvador Private Development: The Case of Argoz," Massachusetts Institute of Technology, www.mit.edu/urbanupgrading/upgrading, and "El Salvador: A Private Developer Looks for a Far Reaching Answer to the Housing Problem of the Urban Poor," World Bank, www.worldbank.org/urban/upgrading/argoz.

是强迫所有参与者重置产业项目。直到现在，银行仍然将低收入住房市场让给他人，但是如果有创造性，他们可能会创造一个更强大的收购。

"如果我们改变了态度，抛掉以前的观念，开放我们自己，去学习我们的客户是如何生活和工作的，我们可以创建一种新的商业模式，并在原本以为我们无法参与的领域开辟出一个市场，"西麦克斯的赫克特·乌雷达说道。[①] 不管这些明显的障碍，或许是时候银行该将他的话放在心上了。

现在，我们转向在低收入市场无论金融参与者还是非金融参与者都在竞争的一个产品。在这个案例中，银行已经在试图夺取市场份额中变得更加积极了。

汇款

贫穷和机遇总是会激励人们从一个地方迁移到另一个地方。还有，拥有更好的生计，寄许多钱回家也是人们迁移的动力。在2006年，国际农业发展基金会估计，世界各地1.5亿移民将人约近3 000亿美元汇到发展中国家。[②] 世界银行认为，近三分之一的汇款是通过非正式渠道流通的，[③] 并且这些数字正在逐年快速增长。不用说，许多金融产业参与者想要成为客户们转账的首要选择。

人对人的转账被认为是发展中国家的第二大外部资金来源，仅次于直接外国投资。当钱款从北方流向南方，汇款超过了官方发展

---

① Ricardo Sandoval, "Block by Block: How One of the World's Largest Companies Builds Loyalty Among Mexico's Poor," *Stanford Social Innovation Review*, Summer 2005.

② "Sending Money Home: Worldwide Remittance Flows to Developing Countries," International Fund for Agricultural Development, 2007.

③ Dilip Ratha et al., "Migration and Development Brief 3," *Remittance Trends* 2007, November 29, 2007.

援助。在一些国家，它们比 10% 的国内生产总值还多，而且在几个极端的案例中，比如像厄瓜多尔和洪都拉斯，转账已经接近并且超过的国民生产总值的 20%。[1]

上层的汇款者通常通过银行汇款。富裕的人将钱从一个账户转到另一个账户。当我们接触收入底层的人们时，汇款者则越来越多地通过转账公司或者非正式的机制。尽管人们对于那些可以将家人信息带给他们的非正式传达者感到舒服，但知道这可能是最昂贵却最不安全的把钱送回家的方法时，他们也许会感到吃惊。通过非正式途径送钱发生的相当大的损失就是损失费用、欺诈和事故。

与汇款有关的市场机遇与保险和住房贷款不同，因为这已经是一个成熟的竞争领域。对于保险和住房贷款来说，还有机会提供客户尚未得到的全新的服务。与此相反，汇款服务的市场已经竞争十分激烈，几乎没有因为汇款者因为找不到方法汇钱和使转移被阻挡的。汇款领域的机会是通过提供更便宜、更快速、更便利的服务将客户从一个渠道吸引到另一个渠道。对于银行来说，这个机会包括用回款作为进入产品区吸引新的客户群。

在这个竞争中，转账组织（MTOs）占据了很强的主导地位。明确的市场领导者，西方联盟，实际上是我们所知的最成功的私营企业进入包容性金融的案例之一。西方联盟在 2006 年赚取了约 10 亿美元的利润；[2] 这些利润的很大一部分归功于它的金字塔底部市场汇款客户。其他领先的参与者包括欧洲划拨机构和速汇金。此外，还有许多小规模的参与者，它们通常专注于一个单一的汇款通道。

转账公司已经对接近客户十分重视，无论是从身体上还是心理上。它们派代理人去接触每个移民社区的每个角落的杂货店的业主。这些处理转账组织交易的商店给移民者一种家的感觉——一个可以

---

[1] "Sending Money Home," International Fund for Agricultural Development, 14.

[2] Annual Report, Western Union, 2006.

与来自祖国的人交谈，可以买到最喜欢吃的食物，而且还可以发现有关本地的、移民社区的发生的事情。

德尔加多旅行社是一个迅速增长的转账组织，它最初以旅行社的方式把人们和他们的国家联系起来，现在也通过电话卡和转账交易这么做。德尔加多旅行社还有其他像它一样的旅行社向家里提供生命线。许多客户更愿意用它而不是大多数银行分支的无名之辈了，这也就不足为奇了。但是汇款涉及的钱数太多以至于德尔加多旅行社的经理们如果想保住他们的市场地位，就不能放松。现在有两股力量正在改变着汇款产业：新进入者和技术。

新进入者

商业银行已经开始为汇款市场投标，与此同时，转账组织也变得更区域化。早前不活跃的汇款通道已经被竞争者们占据，引起过去十年价格的急剧下降。

银行尚未取得重大进展，但是这个趋势已经明显上升。美洲对话指出，在 2004 年到 2006 年间，墨西哥移民利用银行从美国转账的比例已经从 2% 上升到 4%。[1] 虽然这个比例仍然很低，但是这仅仅在两年中就增长了两倍。

有关银行的一个主要问题就是汇款和储蓄账户之间的关系。转账组织以钱对钱为基础运作，这使得没有储蓄账户的人们可以寄钱和收钱。而银行希望人们可以开通储蓄账户，并从账户之间转账，这就尽可能地使资金保留在了金融系统中。他们还希望通过交叉销售将汇款客户变为可以创造利润的长期的客户。

但是，在那些汇款人中，对现金的偏爱是持久的。在美国和拉

---

① Elisabeth Burgess, "Money Transfer Operators Not Worried About Bank Competition," Inter-American Dialogue, September 19, 2007, www. thedialogue. org.

丁美洲之间，70%～80%的过境汇款都是通过以现金为基础的中间人转账。即使对于那些有银行账户的移民来说，只有5%～19%的人会用他们的账户寄钱。[①] 便利因素，例如品牌认可度、时间、地点还有转账的速度、信用等更重要。

政府政策制定者也鼓励通过银行汇款，为了"通兑天下"的利益起见，但是因为由于对恐怖主义和违法活动的害怕，他们同时强调"了解你的客户"，这使得这个令人佩服的目标更加难以实现。因为严格的身份证明的要求，无证的工人避开银行。美国爱国者法案实际上通过允许由外国领事馆颁发的身份证明，这使得移民到银行开立账户变得简单。但是许多移民仍然感到透露太多信息给银行是危险的。在收款端也面临着类似的挑战，在收款端家里的亲人可能不熟悉或者不信任银行。因为有着长期的低质量的服务对待，客户可能将银行视做是为富人服务的。在墨西哥，只有33%的汇款收款人有银行账户，在中美洲这一占比只有22%。[②]

汇款领域的合作关系尤为关键：他们联系着送款机构和收款机构。花旗银行积极地与收款机构建立合作关系，从厄瓜多尔的团结银行作为试点开始，再到孟加拉农村发展委员会。这些小额信贷机构都在他们的货架有许多分支机构，使得他们可以吸引汇款经销商。在美国和墨西哥之间大规模的通道之间，花旗银行的客户可以轻松地和花旗银行的墨西哥分支行与墨西哥国家银行（Banamex）之间进行账户间转账。

---

① "New Guide Helps Banks Serve Growing Remittance Market," *AllBusiness*, *February* 1, 2008.

② Robert Suro, "Remittance Senders and Receivers: Tracking the Transactional Channels," report by the Multilateral Investment Fund and the Pew Hispanic Center, Washington, D. C., November 24, 2003, 12.

新技术

　　一个有着广泛网络的银行也不能复制小的零售商店取得的成绩，或者更多手机取得的成绩，这就是为什么技术在今天的汇款业务中极其重要。借记卡和预付费卡，都可以很容易地在零售点销售，这为钱对钱转账提供了另外一种选择。据估计，截止到 2007 年，有 30% 到 50% 的汇款收款人有借记卡或信用卡。[①] 与此同时，只有 2% 的汇出美国的汇款是通过预付费卡的，这表明了可以在汇款领域增加银行卡的使用。[②]

　　小摊位是完成"最后一英里"的另一种办法。在 2006 年，总共有 257 亿美元流入印度，印度工业信贷投资银行开发了一项叫做"钱向印度"的服务，这项服务有找过 670 个代理点。[③] 为了扩张至农村地区，印度工业信贷投资银行采取了既有自动取款机又有代理人的小摊位系统。这些小摊位是由个人独立拥有和经营的，使用者为其他服务支付的费用承担。

　　"最后一英里"是在基础设施有限的农村地区发生的，但是手机刚好能够穿过这个距离。G 资金（电子货币）是由菲律宾全球电信旗下的一个移动转账平台。通过与马拉西亚最大的移动服务运营商 Maxia 通信有限公司的合作，全球通信开发出了第一个手机对手机的

---

　　① Manuel Orozco, "The Role of Remittances in Leveraging Sustainable Development in Latin America and Caribbean," testimony by the Inter – American Dialogue before the Subcommittee on Domestic and International Monetary Policy, Trade, and Technology, March 7, 2007.

　　② Manuel Orozco, Katy Jacob, and Jennifer Tescher, "Card – Based Remittances: A Closer Look at Supply and Demand," The Center for Financial Services Innovation, February 2007, 12.

　　③ Subodh Varma, "NRIs Send the Most Money Back Home," *The Times of India*, October 21, 2007. And Jennifer Isern, Rani Deshpande, and Judith van Doorn, "Crafting a Money Transfers Strategy: Guidance for Pro – Poor Financial Service Providers," CGAP Occasional Paper, no. 10, March 2005, 13.

直接转账服务。Maxis 对全球通信的转账服务可以不通过银行或是银行账户进行，而且极其便利，特别是对农村人口。通过 G 资金在手机上可以接收的汇款可以兑现或是支付账单、偿还贷款或者购买商品。

　　菲律宾有高达 10% 的人口在海外工作，使得菲律宾十分依赖汇款。① 单从马拉西亚汇回的款项就多达数十亿美元，因此 G 资金比任何一种现金转账方式都便宜，平均是汇款总数的 1%，而且它也更快。全球通信正在向那些由菲律宾工人的国家，比如阿联酋推广这项服务。

参考文献

［1］Burgess, Elisabeth, "Money Transfer Operators Not Worried About Bank Competition," Inter – American Dialogue, September 19, 2007, www. thedialogue. org.

［2］"Business Pushes Benefits for the Poor," World Bank, July 23, 2008, www. worldbank. org.

［3］Celarié, Nidia Hidalgo, "Casos de Éxito de Popularización y Difusión del Seguro Entre Sectores No Tradicionales: Los Microseguros en América Latina," Presentation to VIII Encuentro de Seguros Porlamar 2006, "Popularización y Difusion del Seguro: Responsabilidad Social del Sector Asegurador," October 2006.

［4］"El Salvador: A Private Developer Looks for a Far Reaching Answer to the Housing Problem of the Urban Poor," World Bank, www. worldbank. org.

［5］"El Salvador Private Development: The Case of Argoz," Massachusetts Institute of Technology, www. mit. edu.

［6］"Entidades Popularizan Los Microseguros," El Deber, September 30, 2007, www. eldeber. com. bo.

［7］"GTZ – ILO – WHO Consortium on Social Health Protection in Developing Coun-

---

① Pyramid Research, "Philippines: Revisiting Mobile Remittances," Global Technology Forum, Economist Intelligence Unit, July 17, 2007.

tries," fact sheet, www. gtz. de.

[8] Isern, Jennifer, Rani Deshpande, and Judith van Doorn, "Crafting a Money Transfers Strategy: Guidance for Pro – Poor Financial Service Providers," CGAP Occasional Paper, no. 10, March 2005.

[9] Koenigsfest, Kurt, BancoSol: Diversi fi cacion de Productos, ACCION International workshop, October 2007.

[10] Koenigsfest, Kurt, and Urs, Schwartz, "Microinsurance: Zurich's Program in Bolivia," presentation to the Savings and Credit Forum, Bern, November 30, 2007.

[11] Krishna, Suresh, and L. H. Manjunath, "The Road Less Traveled: Lessons Learnt in Delivering Insurance to the Poor," Microfinance Insights 5, December 2007.

[12] "New Guide Helps Banks Serve Growing Remittance Market," *AllBusiness*, February 1, 2008, www. allbusiness. com.

[13] Orozco, Manuel, "The Role of Remittances in Leveraging Sustainable Development in Latin America and Caribbean," testimony by the Inter – American Dialogue before the Subcommittee on Domestic and International Monetary Policy, Trade and Technology, March 7, 2007.

[14] Orozco, Manuel, Katy Jacob, and Jennifer Tescher, "Card – Based Remittances: A Closer Look at Supply and Demand," The Center for Financial Services Innovation, February 2007.

[15] Pyramid Research, "Philippines: Revisiting Mobile Remittances," Global Technology Forum, Economist Intelligence Unit, July 17, 2007.

[16] Ratha, Dilip, et al. , "Migration and Development Brief 3," Remittance Trends 2007, November 29, 2007.

[17] Roth, Jim, Michael J. McCord, and Dominic Liber, "The Landscape of Microinsurance in the World's 100 Poorest Countries," MicroInsurance Centre, LLC, April 2007.

[18] Sandoval, Ricardo, "Block by Block: How One of the World's Largest Companies Builds Loyalty Among Mexico's Poor," Stanford Social Innovation Review, Summer 2005.

[19] "Sending Money Home: Worldwide Remittance Flows to Developing Coun-

tries," International Fund for Agricultural Development, 2007.

[20] Suro, Robert, "Remittance Senders and Receivers: Tracking the Transactional Channels," Report by the Multilateral Investment Fund and the Pew Hispanic Center, Washington, D. C. , November 24, 2003.

[21] Varma, Subodh, "NRIs Send the Most Money Back Home," The Times of India, October 21, 2007.

第二部分
模型及企业抉择

BANK

第六章　公司抉择

　　一家公司在进入普惠金融市场之前无疑要选择正确的战略。它必须考虑到最适合自身的涉足之处，以及如何发挥自己的比较优势，最大程度地满足市场需求。本章介绍了企业可能面临的三个重要战略选择，在后续章节中我们将对其进行更深入的探讨。

　　但是，首先，谁有可能对这些战略做出选择？

　　多数情况下，一名企业领袖会以理想和激情去说服他的公司从一个全新的视角和操作诀窍去考虑金字塔底部市场（BOP market），并把这一观点付诸行动。每个企业的创立都需要这样的企业冠军来建立商业意识和情感重要性的愿景。这种愿景将是普惠金融公司的关键，其中，冠军所做的需要比通常的说服更多。

普惠金融的冠军

　　一个类似这样的冠军是花旗银行的罗伯特·安那巴列（Robert Annibale）。2004 年，作为一名花旗老将，18 岁的安那巴列因其在财资和风险管理方面的工作而闻名全行，备受尊重。他在非洲的经历令他对小额信贷的潜力深信不疑。自然，安那巴列并非空穴来风。当他开始考虑介入的时候，花旗银行已经以其强大的基金支持小额信贷多年。但无论是花旗，还是许多其他大型国际银行都还未在此领域做成一笔生意。

　　然而，在多年的基金主导支持下，全行中的很多领袖人物了解并关注小额信贷。在此基础之上，安那巴列和一小群同事说服花旗创建一个致力于小额信贷的业务部门，银行任命安那巴列为负责人。花旗小额信贷部门已协助小额信贷机构（MFIs）从孟加拉筹集资本市场的资金到墨西哥，并且正在诸如汇款和电子支付等领域开展更广泛的实验。

大约在同一时间，那奇克特·默尔（Nachiket Mor）和宾度·安那斯（Bindu Ananth）在印度工业信贷投资银行扮演着类似的角色，而小额信贷机构在印度却不尽相同。默尔是一名具有博士学位的经济学家，如同安那巴列一样，作为一名老将，因其被额外赋予普惠金融工作时，在财资及公司财务方面的表现而受到尊重，彼时他是社会事务机构的领导者，亦是一个年轻的学术理想主义者。对他们来说，内部条件是印度工业信贷投资银行对其的极大支持，这得益于印度政府的优先领域贷款目标以及银行的整体战略——在大多数细分市场中成为印度最领先的银行。

通过试点实验（并非全部成功，却都有值得学习之处）和对话小额信贷的业内人士，安那斯和默尔创立了与小额信贷机构合作的新途径。这使得印度工业信贷投资银行将它对于小额信贷的支持迁移至狭小的社会责任型单元之外，并在接下来的几年中向该领域投入数亿美元。该努力得来的创新包括印度工业信贷投资银行合作关系的融资模式、在财务管理研究所设立小额信贷中心、金融信息网络与芬诺（FI-NO一家提供小额信贷服务的技术公司）以及其他举措。

安那巴列和默尔已经以其成功的主流业务赢得了足够的信任和政治资本，并且他们知道如何在他们的组织中运作文化和政治体制才能为其项目赢得赞助及资源。

战略问题

想成为企业冠军的人们在着手于凝聚内部支持之前，需要很好地回答许多同僚可能会提出的一些问题。除了我们在前面章节处理的市场机遇相关问题，同僚们还需要确认公司本身的相关能力，他们需要看到一个成功的战略纲要。在这些问题之中，企业冠军有必要回答的问题大概有以下几点：

1. 在市场上，我们是否拥有将给我们带来竞争优势的独到认知或基础设施？

2. 我们是否拥有基础设施和技术去直接触及客户？如果没有，我们是需要构建此类设施和技术还是借用他人已经具备的？

3. 是否已达到金字塔底部市场与我们的品牌及形象兼容？

4. 金字塔底部市场是否可以成为我们长期客户群的一部分？

5. 企业内部文化是否能够促进与金字塔底部客户的合作？

6. 我们的成本结构是否能够支持与金字塔底部客户的合作以及他们进行的小型交易？

7. 监管环境允许我们做什么？要求我们做什么？

8. 相对于企业的社会责任，我们应如何定位这项工作？我们做这项工作是由于利润、公民身份还是其他原因？

9. 收入流源自哪里？手续费收入？任何交叉销售机会或增加客户流量？

10. 是否有利可图？从财务角度上看是否可持续？

11. 有何风险？有何未知数？

总之，我们所能提供的独特之处是什么，以及如何使这项业务成功？

可以说是摸着石头过河，但是默尔、安那斯、安那巴列以及16家企业的领导回答了这些问题，并作出了有效的选择。

尽管有许多策略需要被抉择，在本章中我们还是来关注最能规划公司未来方向的三个关键性选择：是否将金字塔底部部门作为一个服务递送者或是融资者，是否以及如何利用合作伙伴关系，以及如何定位企业社会责任范围内的普惠金融。

提供服务与融资

并非所有的公司都准备好去直接服务于低收入客户群。对于一些公司来说，更有意义的做法是为诸如小额信贷机构、零售商等具有直接服务能力的机构提供资金。

投资家

对于缺乏与低收入客户直接接触、不具备对市场深刻理解的机构，成为一名融资者可能是最简单的或是唯一的选择。对大型商业银行和投资银行而言，小额信贷的融资在新能力方面要求更少。他们只是做他们已经知晓该怎么做的事情：在这种情况下，小额信贷只为成功企业融资。他们主要了解小额信贷机构，从而充满自信地进行尽职调查。

许多大型的，特别是国际银行选择这条路径。例如，在印度工业信贷投资银行，默尔意识到银行的高端和中产阶层分支的基础设施和产品套件并不足以服务低收入客户群。相反，他了解了小额信贷在印度基层的操作并且需要资金支持。默尔和安那斯开发了印度工业信贷投资银行合作模式，其中调整了私人银行对小额贷款的标准战略——贷款以领导小额贷款机构——但仍将印度工业信贷投资银行保持在直接提供服务之外。在合作模式下，对于客户来说，官方贷款人是印度工业信贷投资银行，而小额信贷机构是他们的服务代理商。通过该模式，印度工业信贷投资银行的获利资金形成前所未有的规模，并使得领先的小额信贷机构在印度快速增长。该合作模式已经对印度普惠金融产生巨大影响力。它在银行和小额信贷机构的相互作用之下策划出新的条款，一直持续到印度工业信贷投资银行由于监管问题中止了该模式。

小额信贷的融资专门吸引国际型、投资型银行，因为它们可以利用自己的地位和并购交易的创造力，为小额信贷机构带来新型的投资者。以渣打银行为例，利用其在非洲和亚洲的业务发展了 1.7 亿美元的投资组合以资助 13 个国家的 41 家小额信贷机构。[①]在许多情况下，渣打银行会将资金从需要它援助的国际投资者那里以美元或欧元贷款转换成当地货币。

国际投资者也已向小额信贷投入大笔资金；国际总投资从 2004 年的 10 亿美元增长至 2008 年的 54 亿美元。[②] 起初，只有社会责任型投资者对普惠金融感兴趣，而且对于机构投资者来说交易过少。尽管越来越多的主流投资者涌现，然而他们在很大程度上依赖于知名投行的质量保证。这意味着，投资银行和风险投资基金在世界桥梁间扮演了一个独特的市场决策角色。

瑞士信贷的良好声誉和国际关系是 2007 年康帕多银行首次公开招股取得惊人成功的重要因素。康帕多银行，一家墨西哥小额信贷构，拉丁美洲以外的投资者先前很少知晓，其股份以小额信贷机构前所未有的股价、13 倍的市净率被瑞士信贷卖给了美国和欧洲的投资者等。其他备受瞩目的交易包括红杉资本在 SKS 小额信贷中的印度投资和德意志银行的小额信贷发展基金。

一个融资而并非交付的决定并不能排除之后涉及直接交付的可能，它甚至有可能铺平了道路。安那巴列就花旗银行提出这一点。他的团队率先介入投资银行——为康帕多银行、秘鲁自助银行分别

---

① Sustainability Review, Standard Chartered Bank, 2007, www. standardchartered. com.

② Xavier Reille and Gautam Ivatury, "Foreign Investment in Microfinance: Debt and Equity from Quasi - Commercial Investors," CGAP Focus Note 25, January 2004, and CGAP MIV Survey Benchmarks, October 1, 2008.

在墨西哥和秘鲁发行债券，以及使孟加拉乡村进步会（BRAC）在孟加拉国证券化。经过几年来参与投资银行水平的业务，花旗银行已经开始尝试直接零售的供应，例如，汇款和支付。

交付者

如果你真的想有助于解决获得高质量金融服务的问题，没有什么比直接参与更有效。在美国行动国际，当企业选择实行交割时，我们都很兴奋，这是因为实地交付能力仍然是更广泛普惠金融的基本制约因素。

潜在的冠军若打算直接交割，必须结合成本结构、品牌推广、市场知识和企业文化来创建一项成功的业务。组织很好地做到直接交付要获得发展能力或者发展途径：

- 在低收入社区广泛的净输出口；
- 一个平易的行业定位，使得他们能看到自身，客户能看到他们；与金字塔底部市场保持友好，或者至少是与诸如小企业或中等收入的消费者等"相邻"的细分市场保持友好；
- 以低成本处理和管理数百万个微小交易的能力。

如果部分描述相比起一家商业银行来说听起来更像是一个大众市场的零售商的话，一些最成功的参加者进入普惠金融便不足为奇，就像墨西哥的阿兹台克银行是来自己被客户熟知的零售行业一样。

与其他地区相比，拉美银行和零售商更容易提供直接服务，就如阿兹台克银行、巴西的布拉德斯科银行以及厄瓜多尔的皮钦查银行的情况。他们的动机，包括在主流市场中激烈竞争（就像大型国际银行入侵本国市场），证明了小额信贷机构的盈利能力，及其存在于未充分利用分支机构基础设施的情况之中。

直接交付战略的结果也是从那些尚未接触很多民众就在短时间

内被抛弃的各种各样的广泛尝试中得出，最终的主要成就能达到数百万人——它指向了第二套重要的企业抉择。

内部开发与合作伙伴

对于那些有勇气直接交付者，下一个主要的选择变成是否单独去做或者与其他组织合作。很少有公司能拥有达到成功所需的一切属性，所以它们必须要决定是否自行创建新的竞争力并拥有它，或是与他人合作。

内部开发

一些组织决定建立自己的能力，从而捕获来自经营过程的整个收入流，并避免合作安排固有的困难。遵循这条路线的企业通常已经具有我们上面所提到的大部分关键属性。

即使是在最适当的组织，进入普惠金融也不能仅仅被视为新产品的开发。它往往需要设立新的机构。伊莱克萨集团，即便有一个广泛的零售结构、客户端连接、IT能力和消费者购买融资的历史，它仍然需要建立阿兹台克银行以便充分利用普惠金融带来的机遇。它创设银行部分为了监管缘由，同时也保证了对新操作运行的重视。厄瓜多尔的皮钦查银行创造了一个新的品牌，Credifé，在不影响它主要品牌的情况下直接将自己推销给金字塔底部客户。Sogebank在海地建立不同分支机构的基础设施以容纳潮水般涌现的小额贷款新客户。

许多公司发现，提升普惠金融参与度的最大障碍源自内部。其传统的核心业务部门鲜少考虑低收入人群为有价值的客户。一种解决这个问题的方法是服务公司模型。皮钦查银行——厄瓜多尔最大的银行、Sogebank——海地最大的银行、雷亚尔银行——作为巴西臂膀的一家国际银行，都选择了运用服务公司模型与美国行动国际共同发展，所有的贷款销售，承保和风险管理由合法独立的子公司进行。服务公司允许银行创建具有其自身企业价值观和奖励制度的一支劳动力。[1] 印度尼西亚人民银行，小额信贷的早期巨头之一，也选择了通过一套独立的网点在单位内部工作，但它并没有创建一个新的合法机构来这样做。

相对于这些为小额信贷业务提供发展空间、在某种程度上与业务主线相分离的公司，少数银行，例如哥伦比亚的社会储蓄银行（Caja Social），奉行小额信贷作为银行主要结构的一部分。虽然社会储蓄银行成功了，我们倾向于认为，多数机构会发现更大的分离会使得企业更有效地专注于金字塔底部客户。

合作伙伴

如果一家机构缺乏一个关键的竞争力，合作可能是最好的解决方案。例如，合作伙伴可以充分利用协同效应，降低成本，特别是在"最后一英里"。

没有哪个金融服务类客户会比金字塔底部客户更重视便捷。一个同银行交易需要巴士票价、漫长的等待、混乱的手续以及银行工作人员的无礼待遇的微型企业可能干脆避开银行。在这个细分市场，有很多交易时间和地点的问题。但是成本都很贵，因此，要寻找具有成本效益的交付渠道。我们这里考虑的大部分伙伴关系通过利用专门交付渠道的优势覆盖了"最后一英里"。也有一些合作关系涉及外包功能，例如 IT。

直接供应商，例如巴西的东北银行、印度尼西亚人民银行和皮钦查银行，利用构建实体分行的优势别作他用——政府经手的前两

---

[1] More detail on the service company model is available in Cesar Lopez and Elisabeth Rhyne, "The Service Company Model," ACCION International InSight, no. 6, September 2003.

个例子。这些分行的存在将固定成本减至生产一个在每一种情况下都有吸引力的商业模式、不依赖于外部合作伙伴的水平。

供应商在匮乏地带环顾四周，以确定他们可以搭乘的现有网络。在巴西，这种搜查引领了银行代理模型，在第八章与布拉德斯科银行案例中有说明，它是由许多机构实行并载于巴西法规。布拉德斯科银行的合作伙伴是巴西邮政，在每个小城镇和乡村都有网点的邮政系统。邮局员工处理付款交易、接受存款并代布拉德斯科银行的提款支付，以此收取费用。成本结构使每个人都满意，但成功取决于结构良好的协议，细致的培训和对银行代理的监督。银行通讯观念吸引了想要支持金融普惠的银行监管机构。它迅速蔓延整个拉丁美洲，并已在印度被适应。

公司已经发现小额信贷机构是非常重要的合作伙伴，因为他们熟知客户并已与客户成功建立合作关系。比起利润导向的公司，小额信贷机构也可能更愿意为他们客户的利益进行尝试。例如，当沃达丰在肯尼亚开发出了第一批手机银行试点时，它与小额信贷机构佛鲁·肯尼亚（Faulu Kenya）合作并在佛鲁的客户基础之上工作。即使眼前的盈利能力得不到保证，佛鲁仍然准备进入移动钱包试点项目。

美国国际集团（AIG），小额保险领域的先驱者，将小额信贷机构用作一种进入策略。它通过它所称的合作—代理模型为乌干达的寿险推出了其第一款产品。合作伙伴—代理模型使得 AIG 一次性达成小额信贷机构的整个客户群。小额信贷机构热切进入这种伙伴关系，因为他们看到了家庭中财政毁灭性的死亡如何使客户可能在一个国家遭受艾滋病的危机。其他主要保险公司，例如苏黎世保险集团、瑞士再保险公司以及慕尼黑再保险公司，已经建立与各种伙伴合作的小额保险活动线路。

合作伙伴可以涉及范围更广的机构。在另一个例子中，澳新银行在斐济与联合国开发计划署（UNDP）合作，它提供了为客户准备的财政性教育方案以便他们使用澳新银行提供的银行服务。

这种伙伴关系的构建，至关重要的是确保稳固的经营原则优先，并且虽然启动补助往往有助于减少实验的风险，但公司业务线的成功不会依赖于持续的补贴。长远来看补贴的依赖通常注定较小的项目规模——或者最终失败。这个问题是与我们在这里考虑的最后一个企业选择元素紧密相连：社会责任定位。

社会责任定位

考虑普惠金融时，企业应清楚他们要把自己放在企业社会责任（CSR）的范围中。他们会将普惠金融靠近纯商业，还是另一个极端——作为一项慈善活动？他们是否将采取一种双重底线，而且如何实行？关注社会价值能否提升经济价值？

一些行家看待他们自己在普惠金融中的参与度就像看待企业社会责任一样严格。一家在《欧洲货币》中报价、在小额信贷方面领先的国际银行评论道：谁告诉你，他们仅仅是出于业务的原因，便是在骗你……我们有一万亿美元的资产负债表。你觉得这个是否真的与我们的底线密切相关？你不可能用小额信贷里的所有钱做三个大型交易。① Zach Fuchs，《欧洲货币》的记者采访他后发现他是一个局外人。他注意到与他交谈的企业领导者都将他们的视野从慈善转向投资。

美国行动国际认为，以营利为目的的企业可以而且应该包含社会目标。此外，社会目标从企业社会责任转移到主流策略也是普惠金融成功的预示之一。通过企业社会责任这个镜头看待的，并且由

---

① Zach Fuchs, "Microfinance: Beyond Philanthropy," *Euromoney*, September 2006.

企业社会责任部门处理的问题往往比较有限，因为他们背后缺乏公司的全部支持。当这些项目进入主流舞台之时，规模化便成为可能。

企业冠军像那奇克特·默尔（Nachiket Mor）和鲍勃·安那巴列（Bob Annibale）可能被它们自己改变贫穷的愿望所激励。它们可能会因激情和信念而运作，在社会范围内持有强烈的理念。然而，它们通过制定利用其机构核心业务优势的战略取得了成功。

这本书中引用的企业具有不等的动机，从高度商业化（阿兹台克银行）到高度社会化（澳新银行）。然而，所有的例子中，我们选择务实的普惠金融方式，采用合理的商业原则。所有的例子都期望赚取利润。

公司如果找到他们的创意所在，可以发现很多的机会以迎合重要的社会和经济挑战。一个很好的例子来自肯尼亚股份银行的教育服务，这为成千上万学生的教育作出了贡献，解决了肯尼亚的社会问题之一，并同时使股份银行获得了利润和显著的名誉。社会目标还必须包括一个强有力的承诺以保障消费者权益。当金融机构不保护消费者时，就像美国次贷危机的情况一样，其伤害的传播远远超出了单纯的违规银行。它玷污了整个行业的名誉，并减少了效益。

然而，消费者保护只是一个最低标准。当企业以积极的方式追求普惠金融，将客户的需求放在最重要的位置时，它们能获得的更多。当他们问，"我们如何才能通过金融服务改善人们的生活？"这个问题可能帮助他们找到"我们如何能建立企业的赢利线？"的答案。

参考文献

［1］ CGAP MIV Survey Benchmarks，October 1，2008.

［2］ Fuchs，Zach，"Microfinance：Beyond Philanthropy，" *Euromoney*，September 2006.

［3］ Reille, Xavier, and Gautam Ivatury, "Foreign Investment in Microfinance: Debt and Equity from Quasi – Commercial Investors," CGAP Focus Note 25, January 2004.

［4］ "Sustainability Review," Standard Chartered Bank, 2007, www. standardchatered. com.

第七章　商业银行作为小额信贷

银行可以通过多种方式参与普惠金融。在本章中，我们关注于一种模式，通常被称为银行"缩减"。[①] 在缩减模式中，银行运用来自小额信贷机构的技术直接向微型企业提供流动资金贷款。

对于一些有勇气的已经推出了自己微型企业融资业务的银行，缩减模式已经以成长、利润和社会价值增加的形式提供了回报。美国行动国际已协助七家银行启动小额贷款，首先在拉丁美洲，最近在非洲和亚洲。所有两年以上的操作都是持续盈利的，并且总共拥有超过 45 万活跃的借款人。还有许多由各种行动者进行的其他例子，尤其是在东欧和中亚的几个新兴银行。原始的小额信贷银行，印度尼西亚人民银行（Bank Rakyat Indonesia，BRI），尽管是一个公共部门银行，在 20 世纪 80 年代中期实现了对丁缩减的努力在许多方面的首次成功，并且依旧势头强劲。印度尼西亚人民银行的小额信贷事业部，拥有 350 万借款人和 2120 万储户，[②]一贯是印度尼西亚人民银行中盈利最多部分。[③]

外部因素经常用来使银行相信缩减。监管的变化，如金融部门

① Portions of this chapter are adapted from Cesar Lopez and Elisabeth Rhyne, "The Service Company Model," ACCION International InSight, no. 6, September 2003.

② Bank Rakyat Indonesia profile, The Microfinance Information Exchange, www. themix. org.

③ Bank Rakyat Indonesia's microfinance operation is legally internal. However, operationally it shares many attributes of the service company model in terms of staffing, credit appraisal, and client interface. For more information on Bank Rakyat Indonesia, see Marguerite Robinson, The Microfinance Revolution: Sustainable Finance for the Poor, vol. II, Lessons from Indonesia (Washington, D. C. : World Bank, 2002).

的自由化和消除利率上限，创造了条件以允许银行在较低的区段经营获利。他们还在主流企业部门创造了激烈的竞争，这迫使一些银行走向低下的市场。此外，银行试图通过向穷人提供服务，以提高自己的形象。像这样的动机创造了缩减的兴趣，但很多银行需要额外的微调来降低风险。一些银行利用捐助者和多边机构，如国际金融公司和美国国际开发署的研究和启动资助。这种前期补贴支持最初不断摸索的实验并缩短时间达到收支平衡。

如果商业银行决定经营小额贷款业务，与专业的小额信贷提供者相比，他们有几个主要的竞争优势值得借鉴：

- 物质和人力基础。分支机构和服务技术的现有网络如果临近小额信贷客户，可以减少小额信贷网点的成本。商业银行为工作人员带来人力资源、客户服务、信息技术、市场营销、法律方面的技能以支持小额信贷业务。

- 市场占有率和品牌认知度。市场中长时间存在的银行是众所周知的，甚至在许多低收入人群中有一个公认的品牌。一些大型银行已经通过储蓄账户或支付服务同金字塔底部人群建立了联系。

- 获得充足的低成本资金。银行可以直接接触本地和国际金融市场，并建立有广泛存款基础的银行。他们可以筹集大量的资金，并以较低成本快速借出。

- 低成本结构。银行一般比专业小额信贷机构有一个低得多的营运成本结构。

并非所有的银行都以相同的程度具备这些优势，但总的来说，这使银行有可能在小额信贷市场中成为潜在的、成功的竞争者。

那么，为什么银行没有更快地进入微型企业贷款？

- 市场知识。商业银行缺乏对小额信贷市场和客户的理解，并经常因这部分风险过大、过于昂贵而将其排除。即使银行承认小额信贷可以盈利，得到的投资组合规模相对于管理小额信贷操作所需的管理"带宽"，也被看作是微不足道的。

- 信贷方法。银行往往试图用恰当的信贷方法服务市场，例如，传统的商业或消费者贷款方式的适应性改变。当这些方法失败时，银行会更加不看好小额信贷。

- 走向自动化的潮流。银行业正在快速地采用技术减少成本高昂的面对面交易数量。银行家们可能会将微型企业信贷的劳动力密集和个人性质看做他们向更多自动化、减少基础设施驱动的对立面。

- 保守的企业文化。银行的长期传统是与做生意的具体方式紧密联系在一起的。在保守的前景下，银行可能倾向于以会妨碍其成功的传统政策方案和过程来负担小额信贷。

- 人力资源。微型企业信贷在客户生活和工作的社区需要一个令人舒服的工作人员，并且他必须具有高度的生产力。货币激励系统通常用于引发这样的生产力。这些要求往往与人力资源分布和商业银行的政策是不相容的。

能够看到，商业银行可以利用的优势源于其市场地位，而大多数的障碍则包括需要改变的思维和操作的内部方式。成功的战略运用银行的位置优势提供了一个结构，但阻止了传统银行对于举步维艰的小额信贷的态度和过程。

仔细看成功与失败的银行缩减的标志示出了任何参与金字塔底部市场的企业广泛的经验教训。不足为奇的是这些经验教训主要是关乎公司内部的挑战。

怀疑、无知和漠然

我可以用三个词总结一下银行尚未服务穷人的理由：怀疑、无知和漠然。

——Michael Chu，哈佛商学院[1]

这并非是对银行内部很多人以怀疑、无知和漠然来看待金字塔底部市场客户的唯一批判。这种态度早已被广泛持有并且根深蒂固，不只在银行间，也在几乎所有的正规机构——事实上，他们一般表征社会态度。公开承认这些观念是很重要的，因为在它们成功赢得微型企业贷款之前，它们带来了银行必须克服的真正障碍。

怀疑低收入的人可以成为很好的顾客可由第一手范例得到解决，如在秘鲁的自助银行，一家已经成为商业银行的小额信贷机构。自助银行强大的盈利能力和应变能力有助于解释为什么在拉丁美洲银行纷纷进入小额贷款。对于如何服务市场的无知需要学习从业经历，例如美国行动国际，或者从竞争对手那里挖掘人才。最重要的是，克服冷漠需要领导能力和结构良好的激励机制。像我们现在看一些在银行参与发起小额贷款业务的实际挑战，注意实际的解决方案怎样也解决了这些"软"障碍。

小额贷款需要自己的空间

对于想缩减规模的银行的核心挑战是贷款给微型企业客户需要一个本质上区别于标准银行程序的信用评估过程。经营小型创收活动、缺乏手柄银行的人通常依赖于——正规标识、业务记录、信用记录，以及一个防止丢失的简单方法。他们没有薪金工资单（比起受人尊敬的正式员工），来巩固大多数消费信贷。为了加以弥补，小额信贷的方法集中在信贷员和客户端之间的特殊关系之上。这种关

---

[1] Michael Chu, presentation at the Harvard Business School – ACCION Program on Strategic Leadership in Microfinance, June 2008.

系数百万次的复制是今天令小额信贷成为显著全球性力量的关键因素之一。

杰西·卡巴切科（Jesse Cabacheco），秘鲁自助银行的一个信贷员。他每天穿行在市场、敲门拜访他的现有客户或遇见新的客户。他可以在与客户进行友好交谈的同时打量其销售鱼类的业务并评估其库存和周转。他探测以确定客户是否是在讲述一个有说服力的、可信的故事，并开发了客户还款意愿的第六感。在某种程度上他可以做到这一点，因为他在一个与现在工作所在非常相似的社区长大。

自助银行已经训练他从基于街头的观测转入微型企业信贷价值的现金流量和比率分析，这将导致坚实的贷款决策。卡巴切科负责客户在其投资组合中从通过集合和更新的第一个提升起的所有方面。只有当客户很晚才还款时另一名员工才会干涉。

小额贷款业务都围绕着使这种关系运作而建立。卡巴切科的实得工资取决于如何积极地开发新客户和保留现有客户，以及所产生的贷款组合的质量。他被招聘是因为他与微型企业融洽的关系，愿意将时间用在户外，并有与数字打交道的能力。大多数消费信贷，相比之下，信贷过程跟随离散工序的流水线，分别出不同的部门——销售、应用、审批、核查和集合进行。这种信贷工厂方式高效，却不与微型企业贷款关系融洽。

贷款方法的差异有很多实际的因素。信息技术系统支持贷款人员的日常工作，并允许监督人员追踪他的表现。薪酬标准和奖励制度可能与主流业务不兼容。例如，小额信贷业务中许多技术熟练的信贷员得到等同于主流分支柜员的工资。

文化因素同样存在。有着像卡巴切科个人资料的信贷员可能不被来自较高社会阶层的银行工作人员尊重。因为他们的客户来自社会最低阶层，小额信贷业务在银行内可能被视为二流业务。结果呢？银行的 IT 人员忙于工作以获得小额贷款系统的权力。人力资源部门不知道从哪里聘请合适的员工。高级管理人员不把支持小额贷款作为职业发展的路线。

不难看出解决这个问题所面临的挑战，美国行动国际的经验反复证明了这一点。解决方案是为小额贷款业务创造一个独特的组织空间，一个可以得到较大银行支持，但允许其发挥作用的关键因素不同的空间。小额信贷需要空间去做它自己。

缩减模型

银行可以通过各种结构来为小额信贷创造空间，范围从内部分化到分离的金融子公司。结构的选择部分取决于刚才所描述的运营和文化方面的考虑，但其往往被诸如监管环境、其他投资者的参与、风险偏好、形象/品牌推广以及基础设施所决定。

银行缩减最频繁的模式，不一定是最成功的，是内部模式。在这种模式下，银行为其正常业务范围内的小额信贷设立一个部门。秘鲁的威塞—南美银行（BWS）（现为秘鲁丰业银行）在解决其目前路径之前推行多种策略来参与低收益市场。首先，它开始资助非政府组织的小型小额信贷，然后它简短而又不成功地进军了微型企业和农业信贷。1997年，威塞—南美银行成为小额信贷银行自助银行的少数股东之一，这使得它能深入了解小额信贷业务。

其次，一些试点过后，该银行决定永久进入零售小额信贷市场，建立其零售业务中的小额信贷的窗口。经理们决定不使用上述特殊技术来开发小额信贷，而是将小额信贷作为分支业务的一个标准部分来处理。一方面，银行没有派信贷员到领域中吸引借款人。因此，其小额贷款投资组合仅限于登门拜访。由于其分支是位于高收入社区，这些客户往往处于金字塔底部市场的表面。小额贷款被并入正常零售分支业务（银行有强劲的业务消费线），降低了成本。

　　威塞—南美银行的小额贷款在六个月内达到收支平衡①，而且，规模适中，银行迅速开发了一个有利可图的投资组合——在 2005 年4 000 万美元——它成长并趋于一个适度的速度。在一家银行选择了一个不小题大做的方法来进行小额贷款后，这种模式已经运作良好，但它并没有让银行在金字塔底部市场中更深入或捕捉到显著的市场占有率。

服务公司模式

　　厄瓜多尔的皮钦查银行和海地的 Sogebank 设立服务公司来给予小额信贷属于自己的空间。服务公司，实际上，是设有代表其母银行做业务的信贷专职工作人员的专有小额信贷机构。他们并不拥有自己的投资组合，因此不像金融机构一样受到监管。相反，他们收到来自母行手续费收入，用于识别客户，营销产品，评价应用程序，并发放和回收贷款。贷款留在了银行的账簿上。服务公司容易建立，因为它们自身只需要极少的资本，而且并不需要金融机构的许可。当监管框架允许时，它们是一条很好的路径。

　　皮钦查银行，厄瓜多尔拥有 170 万用户的规模最大的银行，以将近三分之一的存款和四分之一的信贷组合引领金融系统。在 20 世纪 90 年代末，皮钦查银行发现由于厄瓜多尔严重的经济危机，其自身有过剩流动性，235 家分行中不乏利用不足，无利可图。在 1999 年该银行和美国行动国际退出了 Credifé 作为小额贷款服务公司的第一个实验。皮钦查在不削弱其主流品牌前提下设立接近微型企业市场的鲜明品牌 Credifé（意思是"委托贷款"）。Credifé 窗口设置在皮钦查的分支机构中，但市场的分割是明确的，Credifé 创建自己的品

---

　　① "Banking the Underserved：New Opportunities for Commercial Banks，" Department for International Development，April 2005，23.

牌进驻同微型企业客户的合作。

Credifé 在厄瓜多尔的微型金融市场极具竞争力，它为非正规部门提供一系列金融产品，其中包括营运资金、固定资产和个人贷款等。截至 2007 年 12 月，Credifé 共有价值 184 000 000 美元的投资组合，超过 80 000 个活跃贷款账户平均贷款额为 2 300 美元左右，而且其投资组合的风险利率为 1%[①]。通过与皮钦查银行共享基础设施，Credifé 降低其创业成本，使其能够在不到两年的时间内达到收支平衡。该服务公司的股权回报率已非常高，而且，更重要的是，皮钦查银行的总利润贡献了不相称的份额。它代表了一个比威塞—南美银行的例子更为重要的渗透到金字塔底部市场的尝试。该尝试已经取得了较高的投资组合数量、更多的利润和更深层次的影响力，但由于贷款规模的提示，Credifé 主要服务于 BOP 的上层和中层并将低层留给他人。

受到金融部门自由化的激励以及美洲开发银行资助提供的技术支援，海地的 Sogebank 于 2000 年成立了一个类似的小额信贷机构——Sogesol。凭借自己的董事会及员工，Sogesol 服务公司与其母行分享利息差。与其他服务公司模式相比，Sogesol 得益于 Sogebank 的基础设施，专业技术和系统。截至 2007 年底，尽管受到海地持续的政治，经济和天气灾难的影响，Sogesol 有近 12 000 名借款人，贷款平均 1 000 美元，投资组合风险率为 6.8%，净资产收益率为 47%[②]。

金融子公司

第三种模式针对银行开设金融子公司。经济银行，西非的区域性银行集团，正好在始于加纳的几个国家做这一项工作。从运作上

① Credifé profile, Microfinance Information Exchange, www. themix. org.

② Sogesol profile, Microfinance Information Exchange, www. themix. org.

来讲，一家金融子公司和一家服务公司可以说是相当类似的。所以这些模型之间的选择主要通过法律和监管问题来决定。在加纳，储蓄和贷款机构是一个已知量，可接受央行，却不能接受服务公司。为此加纳经济银行决定建立一个储蓄和贷款机构，EB－ACCION，在其中与美国行动国际共同控制投资者。该子公司很大程度上依靠经济银行业务的支持。与一家服务公司不同，这种选择股票需要对新机构的股权有大幅度的先期应用，以满足最低资本要求。

缩减的经验教训

足够的经验存在于相关银行和微型企业贷款，没有银行需要作出重大失误策划的条目。上面提到的那些先驱银行已示出的最佳路径以及其中缺陷所在。以下是一些经验教训：

- 选择合适的银行。并非所有的银行都同样准备推出的小额信贷服务。正确的银行将有成为一个主要的零售—不是企业—而是银行的战略眼光。重要特点包括在相关市场中的分支机构网以及已经达到了下至消费者层面的一系列产品，如储蓄、消费贷款和支付服务。这些特点减少了小额贷款业务的启动成本，并导致较低的长期运行运营成本，在服务组合中分配。

- 找到内部的"冠军"。由于银行管理团队的一个有影响力的成员的个人支持，成功创建和维护小额信贷操作的机会大大增加。此人可以作为银行和微型企业经营之间的联系，并能帮助确定每个角色。

- 将任务分配给最有资格的实体。银行应该做自己最擅长的，包括财务、会计、法律等职能。小额信贷部应侧重于自身的比较优势，如信贷的方法和分支运作。有的地区将需要大量的协调，特别是人力资源和信息系统。

- 预见内部问题。其中最常见的困难，包括内部的竞争，服务的企业必须与其他子公司或银行部门争夺服务。举例来说，在拥挤的分支机构可能会导致为小额贷款客户提供糟糕的客户服务。更普遍地，内部的负面看法可能意味着当服务公司遇到问题时不会得到优先考虑。

- 建立有效的协议。构建一个开展小额贷款的服务公司或子公司，至关重要的是为其母行仔细分配风险，回报和责任来建立激励制度，并给予小额贷款运作一个取得成功的好机会。明确的协议解决资金来源、成本、费用（尤其是对客户使用该行处理事务）和信用风险的分担，计算规定的特别方法，以及潜在损失将如何被分配。

第一信用卡

银行同小额信贷的试验仍处于初期阶段。在 20 世纪 60 年代，当一个相对较小的地区性银行推出信用卡，它在这种新技术上的第一个经验并不是很成功，这是值得被铭记的。该产品在第一年没有盈利。然而，卡片的不断实验和创新导致美国银行成为银行业的主要角色之一，并带动了信用卡行业爆发式的增长。这个例子给了我信心，普通的起点，就像我们现在看到的银行缩减，最终将起飞，使得贷款给低收入人群成为银行业格局的一个标准部分。

参考文献

[1] "Banking the Underserved: New Opportunities for Commercial Banks," Department for International Development, April 2005.

[2] Chu, Michael, presentation at the Harvard Business School – ACCION Program

on Strategic Leadership in Microfinance, June 2008.

　　[3] Lopez, Cesar, and Elisabeth Rhyne, "The Service Company Model," AC-CION International InSight, no. 6, September 2003.

　　[4] Robinson, Marguerite, *The Microfinance Revolution: Sustainable Finance for the Poor*, vol. II, Lessons from Indonesia (Washington, D. C.: World Bank, 2002).

第八章 "最后一英里"的伙伴：
零售商、银行代理人和保险公司

便利是银行一个重要的词汇，并且没有比在金字塔底部市场中得到便利更重要到的了。有极端的情况，就像在第三章提到的乌干达咖啡农，他们将生命处于银行和村庄间的漫漫长路上，或是受习俗限制不能离家的南亚妇女。但很多人面临更多的世俗问题：公交车票价的成本要计算在店老板要存款的金额，前往一家银行或是排队用去一个上午意味着店铺放弃一个上午去工作和取得收入。低收入者需要接近他们的生活、工作、购物、时常可以访问的银行服务来满足他们的日常安排。

提供便利的挑战是投入每一个低收入的居民委员会和村民对传统的银行分支机构来说过于昂贵。这类分行的业务体积并不要求前期投资或甚至运行成本。其结果是，"最后一英里"的成本一直是普惠金融的一个巨大障碍。近年来，新模型也开始要求战胜这些障碍，例如银行开发网店银行服务，零售商和电信公司自己决定成为银行或进行支付交易。

寻找以满足客户所处的位置和想要的时间的途径有助于问一个简单的、也许显而易见的问题。谁已经拥有了"最后一英里"？答案在邮局、超市、角落的杂货店、药店、彩票销售商和加油站之间。这些企业要么有一个密集的网络店铺或者是低收入者已经为日常必需品频繁出入的地方。

来自过去或是其他国家的成功例子已经存在。几十年来，邮政储蓄银行是在整个非洲的大部分地区和亚洲的村庄和小村庄的唯一正规银行网点。而在发达国家，超市早已与银行在自动取款机地点和收银台自动提款机上长期合作。面临的挑战是适应这种模式，以满足机构基础设施仍然落后的发展中国家的金字塔底部客户。如果银行捎带对位置以及业务已经建立的客户关系投资，就可以将"最后一英里"的成本减少至可管理的水平。世界银行扶贫协商小组（CGAP）的分析师认为无网点银行业务模式降低至少50%的为客户提供服务的成本。[①] 如果他们是对的，以前服务成本过于昂贵的整个细分市场即将成为可行的客户，其中包括数以百万计的农村人。

巴西的银行业务代理机构

现代银行—零售合作需要银行法规的支持。监管机构强烈关注于安全性和支付系统的完整性使他们对扩展银行业务关系的安排持怀疑态度，他们可能会看到如薄冰的物理基础设施和非银行的第三方参与（监管机构不负责）条款。不过这种情况正在改变。在一个又一个国家里，监管机构正在开辟新的技术和制度安排缓解他们的一些担忧。

巴西银行监管当局是最早认识到移动银行交易的潜力超过银行分行。其2001年的监管创新——"银行通讯员模式"在巴西迅速地、从根本上改变地接入金融服务，并正在被整个拉丁美洲，甚至印度采纳。巴西的银行相应的监管制度允许银行与零售商建立作为其代理人的协议。任何企业可以作为一个或几个银行的代理人并提供基本银行服务，如开户、吸收存款、提款和支付账单。

银行出台相应规定后，在巴西获得的基本金融服务仅仅在六年

---

① Gautam Ivatury and Ignacio Mas, "The Early Experience with Branchless Banking," CGAP Focus Note 46, April 2008.

时间内跃居 89%。普通巴西人，从丛林小镇到圣保罗拥挤的贫民窟，已经通过 95 000 个代理，包括超市、彩票亭、药店和邮局进行交易。央行估计，大多数银行交易现在正通过银行代理进行，至少有 13 万个新的储蓄账户已被开立。①

新渠道为零售商、银行和客户提供了三赢。零售商不仅获得每笔交易的佣金，同时也在巴西增加了 30% 的客流量和销售额。② 他们也受益于与知名银行合作可以被提供的品牌差异化。金融机构在没有巨大资金投入的前提下获得新的客户群基础并带来了额外的收入来源。根据在 2005 年提出银行代理模式的秘鲁银行监管当局，成立银行分行成本约为 20 万美元，而代理成本仅为 5 000 美元。在巴基斯坦，估计代理将花费 1 400 美元建立，而银行分支机构的成本则超过 40 000 美元。在秘鲁，代理的一个交易的成本（0.32 美元）远低于分行一个相同交易的成本（0.85 美元）。③ 客户获得他们所需要的便利，再加上涉及零售商带来的舒适，使得他们已经了解并信任。

巴西银行代理制度正在被复制到整个拉丁美洲（包括哥伦比亚、墨西哥和秘鲁）和更远的地方（肯尼亚、印度、南非），并适应当地的情况。但是，并非所有的适应都是完全成功的。印度的银行代理制度仅允许非营利性小额信贷机构、邮局，成为银行代理，其封闭掉银行和零售商之间建立联盟的可能性，甚至不鼓励非营利性小额信贷机构成为监管机构。该规定要求代理来定位离分行 10 公里以上的距离，这防止了模型在城市地区被使用。

---

① Gautam Ivatury and Ignacio Mas, "The Early Experience with Branchless Banking," CGAP Focus Note 46, April 2008.

② Ignacio Mas and Hannah Siedek, "Banking Through Networks of Retail Agents," CGAP Focus Note 47, May 2008.

③ Gautam Ivatury and Ignacio Mas, "Early Experience with Branchless Banking," 2.

银行—零售商关系模型

所有银行—零售模型利用了客户现有接触点的优势。它们通过操作这些接触点避免建筑的费用，减少分支成本。然而，并非所有模型都相似。

不同的结构有不同的风险、回报和责任，来创造良好的客户服务、成长、共享盈利的激励方式。一个可行的模式将涉及以下这四个主要挑战的健全解决方案：

- 信息流（银行、零售商、交易点和客户之间）
- 现金管理和操作风险控制
- 员工和代理人的培训和激励机制
- 形象和品牌

伙伴关系复杂性与服务所提供的数组一同增加，从相对简单的支付交易，到储蓄账户、贷款和保险。我们研究三种主要模式：

- 店内银行。金融机构将自己的员工放置在零售商的处所。例如许多银行租用大型零售商和超市的场所空间。
- 银行代理。金融机构通过零售商提供服务，顾客与零售商的雇员互动。例如布拉德斯科银行与巴西邮政网络的合作。
- 零售商成为银行家。零售商利用其物理空间和员工提供自己的金融服务。例如墨西哥的伊莱克萨集团公司创办自己的银行，阿兹台克银行。

店内银行

在这种情况下，金融机构通常占据了零售商店内的一小片区域，配备有连接到母行的通讯设备和银行工作人员。银行和零售商的关系不大，每一方都一切如常地进行。例如，在玻利维亚，BCP，一家大型秘鲁银行，在各种大型零售商的处所成立了小售货亭，通常是以超市的形式来提供基本的账户服务。

金融机构可能会或可能不会因占据空间而支付零售商。在乌拉圭，银行不支付，声称零售商受益于银行存在的较大客户流量，但在其他国家——尤其是像玻利维亚，只有独家企业（一家银行、一家零售商）安排允许零售商有更多的议价能力，而银行呢，其实是支付佣金。

这种伙伴关系是相对简单的。他们搞垮物理基础设施以减少在地图上的"白色空间"的成本。然而，在IT和人员方面没有成本优势，因为银行自身的员工还在处理事务。该模型的吸引力取决于开放的传统分支机构的相对成本，这是由监管框架来部分确定。

银行代理

在银行代理或代理模式，金融机构通过零售商进行工作，充分利用零售商的员工。客户直接与零售商的员工在收银台进行银行交易，并且有一个共享的信息技术系统处理交易。银行体系的风险被最小化，因为交易发生在代理银行账户，一般在一天结束的时候结算。代理在效果上变成了在其区域内的交易的聚合。[1]

这种布置需要在双方之间有相当大的集成。该结构需要共享信息和资金的平台；因此，接口技术和数据同步变得很重要。流动性和现金管理（如现金传输）可以成为一种挑战，特别是当现金量比起对零售商的普通需要，对银行需求更大的时候。成为一家银行代理的当地的便利店，手头上可能总需要成倍的现金。这增加了诈骗、

---

[1] Ignacio Mas and Hannah Siedek, "Banking Through Networks of Retail Agents."

抢劫、纠纷、延迟或丢失交易数据的风险。需要进行控制是银行可能会发现最好与专业、完善的零售商合作，做了大批量的业务，并可以投资于技术工作的几个原因之一。

此外，由于金融机构有效地"外包"客户交易给零售商，人力资源的挑战变得更大。客户服务在零售代理商的掌握之中，可能会，也可能不会充分代表银行的利益。代理商员工可能是粗鲁或简单不知情的。他们需要产品，流程和客户服务培训。这里也存在风险，零售商将不会有正确的形象，或将给予较低的优先权扶持金融服务业务线。在一些国家，特别是巴西，法规禁止金融机构使用代理时凸显其品牌，这可能会降低对银行与代理商合作的激励。

一个关于银行代理的大问题是银行是否会利用它们来接触新的金字塔底部客户或仅仅是为了削减现有客户的成本。当然为现有客户转移交易地点是非常容易的，例如巴西的汇丰银行。[①] 除了工作需要打造新渠道，达成新的细分市场还需要营销和产品的调整。对于金字塔底部客户，理财教育从如何管理一个储蓄账户到保护 PIN 码可能需要随同的营销和销售。

布拉德斯科银行，巴西最大的银行之一，在达成新的市场方面已取得了重大进展。它于 2002 年赢得了政府招标来通过巴西邮政系统提供服务。几年之内，其邮政银行事业部已拥有超过 5 900 邮政局并积累了 550 万新客。代表布拉德斯科银行客户群的三分之一。[②] 近75% 的新客户每月收入低于 200 美元，使得他们被列入金字塔底部类别。该模型一直对地域的渗透尤为重要。法规授权银行代理之前，在巴西，1 659 个市区没有银行服务。[③] 今天这个数字是零。

---

① Ignacio Mas and Hannah Siedek, "Banking Through Networks of Retail Agents."

② "Notes on Regulation of Branchless Banking in Brazil," CGAP, February 2008.

③ Anjali Kumar et al., "Expanding Bank Outreach Through Retail Partnerships: Correspondent Banking in Brazil," World Bank Working Paper No. 85, 2006.

第二个大问题是用户是否使用代理进行全方位的银行服务。在巴西，绝大部分交易是支付账单或接受政府福利。对于银行的金字塔底部新客户，行为改变可能是缓慢而稳定的。

最后，问题是这种模式为巴西带来的戏剧性成功是否会蔓延。在巴西近100 000代理后，南非，仅5 000代理，拥有第二大的银行代理网点，之后是肯尼亚，不到3 000代理。① 代理商在秘鲁快速增长，在不到两年的时间里达到2 300代理，这表明大量的增长指日可待。

零售商成为银行家

第三个银行—零售模式包括获得银行牌照并通过自己的网点提供金融服务的大型连锁零售商。许多主要的零售商早就这样做了，从西尔斯到沃尔玛再到乐购。这些模型开始于店铺信誉的提供，往往在后台与银行合作。

毕竟，美国的百货商场早在20年代开发了信用卡应用的先驱，冲压金属方块，被称为电荷板，即内设客户身份。② 但是，当零售商决定将如个人贷款，微型企业的信贷、支付账单、保险、储蓄转化为产品时，他们需要推出自己的金融机构。

墨西哥，特别地，已经看到零售商成立了银行，包括 Coppel、Grupo Famsa、Grupo Chedraui，以及最近的墨西哥沃尔玛。这种快速的进入带来了由家电零售商 Elektra 公司创建于2002年的阿兹台克银行的空前成功。阿兹台克银行通过 Elektra 商店的1 500多名代理商提供存款和贷款。阿兹台克银行拥有810万个储蓄账户，830万笔的

---

① Anjali Kumar et al., "Expanding Bank Outreach Through Retail Partnerships: Correspondent Banking in Brazil," World Bank Working Paper No. 85, 2006.

② Lendol Calder, Financing the American Dream: A Cultural History of Consumer Credit (Princeton: Princeton University Press, 1999), 72.

贷款，以及 1 100 万笔的保险。[①]

阿兹台克模式的优点在于它如上所述的内部化的复杂关系——信息技术、人力资源、品牌、控制——在单一企业内部，链条上的任何地方都收获利润。这条路线只开放给各大零售连锁店，但是，它需要在银行领域发展许多新的企业功能。

变化

公司在这些基本模型之上发现了许多成功的变化。例如，模型可以在同一家商店进行组合。墨西哥大型超市 Chedraui 集团通过在其收款处接受还款服务康帕多银行的小额贷款客户，在售货亭旁边，Chedraui 自己的 Facil 银行提供银行服务。

在其他情况下所涉及的零售商不在一个固定的位置。FinComún，一个墨西哥小额贷款公司，与一家主要的面包总代理宾堡合作，为 45 万卖宾堡产品的小商店经营者的其中一部分提供金融服务。宾堡为卡车司机配备销售点（POS）设备记录基于定期面包交付的贷款发放和还款交易。由于宾堡在小杂货店成功获得股权，所以它愿意做比处理交易更多的事情。宾堡在 FinComún 信贷员批准贷款之前积极营销贷款产品和预选客户。

克服核心挑战

鉴于银行代理命题的三赢性质，有一个巨大的机会，不仅是对金融机构和零售商，同时也是对辅助业务如 POS 机供应商、技术设计人员，代理经理或市场调研公司来进行辅助设计，实施和持续支

[①] "Grupo Elektra Announces Revenue Growth of 16% to Ps. 10, 185 Million in 1Q08," Reuters, www. reuters. com.

持，使得关键挑战得到解决。

技术。银行代理需要专业技术设备：计算机、打印机、扫描仪、POS 机，以及通信设备，诸如传真或调制解调器。对于金融机构的和零售商的系统需要互通的模型，选择正确的技术接口、保证数据质量的同步或许是要解决的最棘手的问题。后者，特别地，通常取决于一个强大的可能不总是存在的核心银行平台，特别是在较小规模的金融机构。

市场营销。目前还不清楚什么类型的客户会倾向于使用银行代理，以及他们如何看待与零售商，而不是与一个银行家交涉。他们会信任与他们进行银行交易的零售商么？金融扫盲计划致力于建立信任并告知客户安全使用信用卡和借记卡。市场研究和市场细分是必要的，这样，金融机构和零售商都可以在于哪里开设银行代理（分行或者自动取款机）、提供哪些产品上作出明智的决定。

品牌是一个问题，特别是当金融机构充分利用零售商的雇员。柠檬银行，一个完全没有网点的银行通过 6 500 位置的网络提供了在巴西的主要账单支付，拥有较低的品牌认知度，这是由于使用代理时，监管上对突出品牌的限制。这可能会限制柠檬银行在信贷特别是储蓄上的交叉销售以获得较高利润率的机会，其中，品牌的信任是必不可少的。

代理网络。对于任何金融机构来说管理零售代理网络是一个重要的事业，无论代理商是否是一个单一的员工链还是一系列小的、独立经营的商店。代理商，可能会将提供银行服务作为自己的第二甚至第三优先级，必须提供足够的客户服务，问题解决机制必须提供后援支持。培训手册和代理商激励计划是必不可少的，因为这些是客户满意度的指标。金融机构还需要提供自己同客户的直接链接，最好是通过一个电话中心，用以处理问题，纠纷或投诉。

为响应开发和管理许多代理商的复杂性，网络管理器已经出现。

这些管理器简化了银行的任务，但减少了其收入来源。网络系统的经营者会选定一些代理商，为他们提供必要的设备和培训，从而控制这些代理商。这类网络系统主要出现在巴西，例如巴西的 Netcash 和 Pague Fail 电子现金系统，最近类似的系统也开始在其他国家出现。

保险企业面临的渠道挑战

寻找高性价比的销售渠道也是在保险金字塔底部市场的核心。保险公司寻求客户群体可以一次投保的聚合，尤其是在金字塔底部市场中，保费必须要小。他们转向教会、工会、学校和用人单位——任何拥有稳定的、可预见的会员的协会形式。其中最常用的渠道包括通过其他业务的现有客户关系进行销售。理想的经销商善于处理金钱及交易。为此，经销商必须实力雄厚，并拥有强大的 IT 系统。经销商期待保险提高客户忠诚度以及它提供的佣金。小额信贷机构已成为保险公司青睐的切入点以试图达成与几个大型的、组织良好的机构等有联系的金字塔底部客户。

直接销售

对于保险来说，最简单的，但不是最好的渠道，是通过保险公司自己的网络直销。Birla Sun Life 保险、加拿大保险公司 Sun Life 和印度保险公司 Aditya Birla 之间的合资企业，自 2001 年以来一直在印度农村地区提供长期寿险，用一个非常简单和传统的方法基于通过其分支机构的直接销售。为了削减成本使保费实惠，Birla 精简文件的要求并消除医疗排除项。其结果是一个具有有限支出的简单保单；最高为 130 美元，印度农村地区约三分之一的人均收入。非常令人怀疑的是，如果不是规定要求它把其业务总量的一小部分贡献给穷人和弱势群体，Birla 是否将增长该产品。

合作—代理模型

一个为低收入者带来保险的更具成本效益的方式是捎带模式。在乌干达，美国国籍集团最早制定了本方法。在乌干达，美国国际集团在全国主导主流保险市场超过 20 年。

1996 年，乌干达芬卡，几个大的小额信贷机构之一，询求美国国际集团建立合作关系。总之，合作伙伴设计的集体人寿保险和事故政策覆盖了的客户和他们的家人死亡，残疾或住院治疗的情况。FINCA 信贷员分发保险凭证，收集保费（折成偿还贷款），并帮助在其每周一轮的借款团体的过程中处理索赔。由于覆盖面强制了所有的借款人，没有昂贵的单独谈判和销售，并且逆向选择没有问题和逆向选择的没有问题（其中只有最危险的人选择购买保险），在一个艾滋病高感染率的国家这是尤其重要的。基于为期两年试点的成功，美国国际集团细化产品，并将其扩展到其他小额信贷机构和其他国家的地区，要想办法随着时间的推移降低保费。

美国国际集团依靠值得信赖的 MFI 合作伙伴的能力，是进入低收入市场有利可图的关键。到 2003 年，小额保险产生美国国际集团乌干达整体利润的 17%，而小额信贷机构通过收取少许费用进行管理获得显著的收入。到 2005 年，美国国际集团的产品通过坦桑尼亚、马拉维和乌干达的 26 个小额信贷机构覆盖约 1.6 亿人。[1]

美国国际集团与芬卡的合作帮助创造需求，有效开发新市场。芬卡的客户，其中大多数没有保险经验，告诉他们的朋友关于覆盖

---

[1] Michael McCord et al., "AIG Uganda: A Member of the American International Group of Companies," CGAP Working Group on Microinsurance, Case Study No. 9, April 2005.

范围，于是其他小额信贷机构的客户在未来几年也开始需求保险了。最终，几乎所有的小额信贷机构在乌干达与保险公司捆绑。

美国国际集团在乌干达建立的模型现在被通过使用小额信贷机构作为销售渠道的保险公司广泛应用。例如墨西哥的康帕多银行，是 Banamex Seguros 保险公司的一个导管。在一个方案中扭转，康帕多强制将基本生活保险与自愿保险相结合并附加随叫随到。

小额代理模型：赤脚代理

接下来的模型旨在通过将选定的客户端转变为保险代理以获得更靠近的客户。由于印度政府要求在低收入市场中发行政策，许多保险公司通过像一个美国国际集团在乌干达开发的合作模式同小额信贷机构合作。美国国际集团在印度的子公司，Tata－AIG，试图这样做，但其工作人员中的一些成员担心覆盖范围的连续性的问题。由于大多数印度小额信贷机构提供贷款，但不提供储蓄账户，保险单实际上只要顾客有杰出的贷款。从信用中“休息”的客户没有接收到任何覆盖。Tata－AIG 的工作人员认为，人寿保险应该是连续的，且不和短期贷款兼容。

Tata－AIG 随后开始了“赤脚代理”商业模式的尝试。运用类似于使用小型夫妻店店主为银行代理的举措，Tata－AIG 培训当地妇女成为工薪代表，为她们村里的邻居提供销售和服务。该产品设计人员发现如果代表将自己分组变成她们称之为“农村社区保险集团”的小券商，赤脚代理模式能够得到最好的运作。Tata－AIG 与当地的非政府组织合作来帮助招募代表。这个程序实现了适中的规模，定期寿险和养老保险覆盖了 21 000 位农村的、低收入的以及没有土地的人。[1] 这种模式的成本比与合作—代理模式的成本高；然而，微型代理模式在没有机构可以成为合作伙伴的地区是一个很好的解决方案。

小额保险的销售模式变化万千。Seguros Mapfre，一家西班牙保险公司，建立于哥伦比亚电力公司之上的消费贷款业务，并通过邮件发送水电费账单直接销售。阿兹台克的保险公司通过所有阿兹台克银行网点工作。在委内瑞拉（Cruz Salud）和墨西哥（Paralife），新的小额保险计划已经被创造。Cruz Salud 通过在零售店放置预付卡来获得它的一些客户。客户可以以美国客户购买星巴克礼品卡的相同方式购买医疗保险。国际机遇（Opportumty Internationd），一个全球性的小额信贷组织，建立了微型保险机构以协助保险公司获得BOP 客户。过去几年中在这方面创新的步伐一直令人目不暇接。

参考文献

［1］Calder, Lendol, *Financing the American Dream：A Cultural History of Consumer Credit*（Princeton, N. J.：Princeton University Press, 1999）. "Grupo Elektra Announces Revenue Growth of 16% to Ps. 10, 185 Million in 1Q08," Reuters, April 24, 2008, www. reuters. com.

［2］Ivantury, Gautam, and Ignacio Mas, "The Early Experience with Branchless Banking," CGAP Focus Note 46, April 2008.

［3］Kumar, Anjali, et al., "Expanding Bank Outreach through Retail Partnerships：Agent Banking in Brazil," World Bank Working Paper No. 85, 2006.

［4］Mas, Ignacio, and Hannah Siedek, "Banking Through Networks of Retail Agents," CGAP Focus Note 47, May 2008.

［5］McCord, Michael, et al., "AIG Uganda：A Member of the American International Group of Companies," CGAP Working Group on Microinsurance, Case Study No. 9,

---

① Jim Roth and Vijay Athreye, "TATA – AIG Life Insurance Company Ltd. India," CGAP Working Group on Microinsurance Good and Bad Practices, Case Study No. 14, September 2005.

April 2005.

［6］ Nivaldo Serreira, José (Banco Bradesco, Departamento Banco Postal), discussions with ACCION, September 2006.

［7］ "Notes on Regulation of Branchless Banking in Brazil," CGAP, February 2008.

［8］ Roth, Jim, and Vijay Athreye, "TATA – AIG Life Insurance Company Ltd. India," CGAP Working Group on Microinsurance Good and Bad Practices, Case Study No. 14, September 2005.

第九章 普惠金融的融资模式

　　如果您不是银行、保险公司或零售商，您如何才能参与普惠金融？答案是可以投资于小额信贷机构。近年来，投资于小额信贷已经成为一种时尚，但不久前，引起私人投资者对小额信贷机构的兴趣几乎是不可能的。直到最近，几乎所有小额信贷的投资为社会或公共部门投资。现在，华尔街的行动者，无论是主流还是专业，已认定小额信贷是值得接受更多重视的。摩根大通、花旗集团美国教师退休基金会（TIAA – CREF）以及标准普尔（Standard & Poor's）只是出现在下列页面名称中的一少部分。主流投资公司具有里程碑意义的交易继续发生，直到 2008 年底的金融市场紧缩减缓。我们的纪事中有许多"第一"：小额信贷的首个国际证券、在小额信贷机构的第一个主流的风险投资，以及首次公开募股。

　　尽管金融危机减缓小额贷款的投资，然而对其因投资者反弹会再次回升仍有信心。比较小额信贷机构和发展中小国银行的业绩后，摩根大通分析师得出结论，"小额信贷机构在全球范围内的交易肯定会受到金融危机带来的影响，但我们认为，该行业基本上是健全的……估值可能会改变，但我们相信，在小额信贷股权投资的长期前景是积极的。"[1]

　　小额信贷机构私人投资的发展使我想起了孩子学习游泳的方式。孩子握着母亲的手踏入浅水区，双脚接触池底。然后他们穿着救生

---

　　[1]　Nick O'Donohoe et al. , "Microfinance, Shedding Light on Microfinance Equity Valuation: Past and Present." J. P. Morgan Global Research and CGAP, February 3, 2009.

衣划向周围，练习划水及呼吸。只有经过这些步骤，才能自由地游泳，无辅助地进入深水区。

这个比喻有趣的是，它是双向的。它描述了投资者小心翼翼地提前进入小额信贷行业，同时也描述了小额信贷机构在资本市场的逐步浸泡。直奔深水区，但需要支持（往往是从公共部门）来获得知识和信心游向那里。这些进展非常缓慢，直到他们在这个十年的早期加速。第一部分，在 20 世纪 80 年代后期——主要是银行贷款给小额信贷机构——很少超过 100 万美元或 200 万美元，并有严格担保。

如今，顶级的交易都是数亿美元，比较之下用到的支持要少得多。外资在小额信贷债务和股权上的投资在未来几年增长较快，导致其在 2007 年达到 54 亿美元。[①]

我们将在提供一些投资领域的背景之后密切关注由浅入深的路径。

供需

小额信贷的发展和商业化开辟了新的投资机遇。依据拥有小额信贷行业信息资源的小额信贷信息交易所（Microfinance Information Exchange，MIX）的数据，在 100 个国家有超过 2 207 个小额信贷机构，客户总数超过 7 700 万。[②] 其中，纳入小额信贷信息交易所标准序列的 890 个小额信贷机构拥有超过 6 000 万的用户，涉汲到的投资组合价值达 360 亿美元。[③]

这些数字在 10 年前是不可想象的。小额信贷信息交易所报道到

---

① CGAP, MIV 2008 Survey Benchmarks, October 1, 2008.

② Adrian Gonzalez, "How Many Borrowers and Microfinance Institutions (MFIs) Exist?" Microfinance Information Exchange, Inc., September 5, 2007.

③ Author's calculation based on data from the Microfinance Information Exchange, 2007 Annual MFI Benchmarks. www. themix. org.

2007年借款人的平均年增长率为23%。这一年有55家小额信贷机构拥有1亿美元以上的贷款组合，有74家机构达到10多万客户。[①]在某些情况下，小额信贷机构在其国家比主流商业银行更有利可图，有时更稳定。如果小额信贷机构恢复其在15%～30%的年增长率，摩根士丹利计算，在不久的将来每年将有25亿～50亿美元的投资组合需求以及3亿～4亿美元的额外股本以支持此类贷款。[②]

国际投资者已经变得越来越急于提供很多这种债务和股权。截至2004年，外国公共和私人投资者已经拨出10亿美元小额信贷，并已实际拨出6.8亿美元给小额信贷机构。[③]大多数这种投资是准商业化，由开发银行提出（被称为国际金融机构，或IFIs）并通过由公共和私人资本融资的社会导向的私人投资基金。到2007年，小额信贷的国际总投资总额高达54亿美元，在仅仅三年里显著增加。[④]增加的大部分来自私人投资者，包括机构和个人。即使许多这些新的投资者被小额信贷的社会影响所吸引，其他人只是追求商业回报。

小额信贷的投资者是：

- 富人。高净值个人和私人银行客户，许多人希望把社会和经济回报结合起来。

- 普通百姓。散户投资者接触这样的工具如Oikocredit，欧洲基金和Kiva，以互联网为基础的社会投资工具。这些投资者大多有强烈的社会动机，有些人把他们的投资当作一项慈善活动。

- 机构投资者。养老基金和保险公司，如美国教师退休基金

---

① www.themix.org.

② Ian Callaghan et al., "Microfinance: On the Road to Capital Markets," Morgan Stanley, March 27, 2007.

③ Xavier Reille and Gautam Ivatury, "Foreign Investment in Microfinance: Debt and Equity from Quasi‑Commercial Investors," CGAP Focus Note 25, January 2004, 1.

④ CGAP, MIV 2008 Survey Benchmarks.

会，通过审慎规定的约束限制他们高品质的投资。对于小额信贷，吸引这些投资者代表着跨过一道巨大的门槛。

- 敢于冒险的投资者，如对冲基金和风险投资。
- 银行有流动资金可以放置，尤其是发展中国家银行的运营。
- 主权财富基金，特别是来自非经合组织国家，有过剩的流动资金。

每种类型的投资者都需要装配适合各自特色的投资工具。在光谱的一端，MicroPlace 利用易趣的技术，降低服务微型交易的成本，使得它可以用 500 美元的投资来运作。在另一端，一家风险投资公司如红杉资本一样拥有技术和风险承受能力以直接投资于小额信贷机构股权，就像它在 SKS，一支印度小额信贷机构的劲旅做的一样。

许多小额信贷的私人投资者在欧洲或北美。但也有本地的投资者。虽然发展中国家的资本市场往往是浅层的，本地投资者以相同的货币与他们投资的小额信贷机构合作，避免外汇风险的强势货币冲撞小额信贷机构的借款。他们了解市场环境并且亲身接触到小额信贷机构。由于这些原因，从长远来看他们是最合适的投资者，它们的重要性将随着市场在印度、巴西、墨西哥等国的深化而上升。

最后一组资助小额信贷的"投资者"是存款人。国际投资者应该意识到当地的存款人为核心出资人的重要性，以及为获得储蓄的低收入人群服务的重要性。一些小额信贷行业分析人士担心，容易获得投资者的资金将减少对小额信贷机构提供储蓄服务的激励。盖茨基金会取得了普惠金融战略储蓄业务的基石。投资者有责任确保他们的资金如果允许的话，最终成为一家多元化的小额信贷机构资产负债表的一部分，其中包括大量的储蓄。

发生了什么变化?

是什么在过去的 10 年间改变了小额信贷的"投资能力"？

101

一些变化对小额信贷改变很少，对有利的市场条件改变很多。直到 2008 年末，市场流动并寻求投资的好地方。与此同时，新兴的，甚至一些前沿市场获得的深度和稳定性，使他们具有吸引力，而新的机制使得它更容易跨越国界投资。

小额信贷行业，至少是它更先进的部分，已经准备好接受这个增加投资。领先的小额信贷机构成长为一个规模足以吸收投资者想去投资的地方，而在同一时间延长他们稳定盈利的记录。更多小额信贷机构被监管，在通过银行机构要求他们达到资本充足率和透明度的审慎标准的察视之下。来自个体小额信贷机构的质量和信息的可用性提升。

今天，小额信贷机构的信息远远好于 10 年前，也就是说，它是更完整、更可验证的（审计或评估），与私营部门投资者使用的财务指标更加一致。相比一般预期，该行业整体发展的风险保持在较低的记录，并且与其他资产类别的相关性较低。最后，作为投资者进入市场并实验，市场本身也变得更加复杂。投资者可以使用不同的投资工具。退出的选择，一度几乎不存在，现在也开始出现。

在投资领域，交易推动变革。每一个新的交易市场，需要更进一步并扩大其他具有可能性的交易领域。本书中的这一节，在进入普惠金融的模型之上，我们组织我们的讨论围绕具有不同交易特色的投资工具。这些工具是用于投资者的，银行缩减模型或银行代理模型是用于直接贷款人的，其意义是直接连接到普惠金融。

债务交易

我们可以把债务作为投资者的进入策略。私人投资者向小额信贷机构提供债务已经远远快于采取股权。不能吸收存款的非营利性小额信贷机构严重依赖债务借贷资本，接受存款的小额信贷银行需要债务的增长，长期的资金以及负债的多元化。广泛的投资者向小额信贷机构提供债务，从出资 Kiva 和 MicroPlace 的普通老百姓，到高净值个体，再到参与结构性融资的机构投资者。债务工具，也包括从简单（银行贷款）到复杂（证券化）。

银行贷款

小额信贷的初始阶段，捐助者和政府提供几乎所有的小额信贷机构贷款资金。当一些拉丁美洲的小额信贷机构开始实现盈亏平衡，而且增长速度快于捐助者作出的反应时，他们决定向当地银行寻求贷款。事实证明，这比他们预料的要难。1985 年，美国行动国际反应是创建拉丁美洲桥基金，以保证这样的贷款。

桥基金是当小额信贷机构逐步参与资本市场时，第一个在全面金融深化的故事中重复出现多次。起初，银行不愿意无担保地将赌注押在小额信贷机构的信誉度上。公共部门（USAID）为桥基金提供了初步的支持，但有社会责任感的私人贷款人很快加入。虽然大多数私人贷款人基本上是公益——包括使用他们的退休储蓄做良好的基础作出程序有关的投资和宗教订单——这些桥基金贷款实际上是第一个私人投资者愿意承担小额信贷信用风险。大多数桥基金支持的贷款是 50 万美元至 200 万美元之间，并保证初期覆盖 90% 或 100% 的资金贷款。随着时间的推移，银行减少了要求的覆盖率，最终大部分桥基金小额信贷机构从担保达到标准。这些小额信贷机构现在已经自主获得银行贷款或已经转移到更好的，即规模更大、时间更长、更便宜的资金来源，如债券。

银行贷款到小额信贷机构距离的度量已经到来，2007 年，自助银行，一家专门从事小额信贷的秘鲁银行（也是一次性桥基金担保方），通过美联银行和国际金融公司（IFC）举办的超额认购银团贷款筹集资金，其中 10 个主要的国际银行提供 4000 万美元的中期融资。① 而 IFC 的存在有助于在没有保证的情况下给企业联合组织更多的地位。

债券

在拥有活跃资本市场的国家里，小额信贷最合适的债务供应商是本地投资者。国内市场是理想的，因为它们提供当地货币，并且投资者熟悉当地市场的需求。在许多国家，小额信贷机构债券代表了对于拥有少量选择的本地投资者的一个有吸引力的机会。然而，当地的资本市场最初对小额信贷机构发行的债券是非常谨慎的，所以他们要求增强信用例如担保或超额抵押。即使有改进，第一次发行债券也是小额的并携带高利率。奇怪的是初步试验之后市场如何迅速接纳新的机构。

在国际银团贷款之前，2002 年，自助银行发行的 570 万美元的 2 年期债券通过美国国际开发署的支持获得了 50% 的保证②，然后第二次债券通过安第斯开发协会（CAF）获得了类似的保证。基于这些经验，2007 年，自助银行在秘鲁范围提供了 1 000 万美元的 5 年期 A 级债券——同样没有保证。尽管缺少了保证，自助银行支付的第一次债券发行的利率从 12% 下跌到仅仅只有 6%。③

Financiera Compartamos，康帕多银行的前身，从 2002 年至 2005

---

① "IFC and Wachovia Co – Arrange Financing to Mibanco in Peru, Latin America's First International Syndication for Microfinance," International Finance Corporation press release, December 13, 2007.

② Felipe Portocarrero Maisch, Álvaro Tarazona Soria, and Glenn D. Westley, "How Should Microfinance Institutions Best Fund Themselves?" Inter – American Development Bank, November 2006, 31.

③ Lauren Burnhill, "Innovations in Microfinance Capital Markets," ACCION presentation, September 2007.

年发行了五只债券，在日益有利的条件下总共投放了 6 800 万美元。① 所有这些债券被标准普尔和惠誉的强信用评级（MXA_）支持。2004 年发行的，花旗集团/墨西哥国家银行投放了 44 亿美元比索计价的 5 年期债券。康帕多不断深化的故事的一部分是债券购买者性质的转变。最初的国债已经被愿意承担风险的高净值个体购买。只是在康帕多拥有市场上的轨迹记录之后，机构投资者开始参与。需要注意的是无论康帕多还是自助银行的债券主要都是由商业投资者购买（面向社会投资者在拉丁美洲是相对稀缺的）。

债券发行也发生在哥伦比亚，世界妇女银行在哥伦比亚的卡利证明，即使是一个运行良好的非政府组织也可以用适当的支持和结构接近市场。拉丁美洲之外也出现了一些小额信贷机构发行债券，部分原因是本地债券市场不太活跃。

那么发行更多的债券怎么样？地方债券的发行可能会变得更加普遍，因为小额信贷机构的主流评级增强了投资者的信心以及已提供的成功例子的累积，当然，本地市场有流动资金投放。②

担保债务凭证和担保贷款凭证

担保债务凭证（CDOs）及其变体担保贷款凭证（CLOs），从小额信贷机构和国家多元化投资组合汇集固定收益资产和贷款，并使得经济体的规模和资金多元化。德克夏银行，一个法国—比利时银行，以及蓝色果园基金（Blue Orchard），一家资产管理公司，于

① Rekha Reddy and Elisabeth Rhyne, "Who Will Buy Our Paper: Microfinance Cracking the Capital Markets? The Realities of Linking Microfinance to Local and International Capital Markets," ACCION International InSight, no. 18, April 2006.

② "Citigroup/Banamex Leads Financiera Compartamos Bond Issue in Mexico with a Partial IFC Credit Guarantee; Standard & Poor's, Fitch Assign Investment – Grade Country Rating" press release, Citigroup Inc., August 2, 2004.

1998 年为小额信贷创建了第一个担保债务凭证，德克夏银行的小额信贷基金。投资者包括零售和私人银行客户，机构投资者和母基金。其结构（其中 2007 年管理 1.7 亿美元）精选返回和赎回权利的商业利率，并通过海外私人投资公司获得担保支持。由于它的法律结构，德克夏基金只能提供短期的期限，限制了其对小额信贷机构和投资者的吸引力。[①]

蓝色果园基金和新兴市场基金管理和咨询公司，针对这一缺点，他们创造了 BlueOrchard Microfinance Securities I（BOMSI），在 2004 年和 2005 年两档募集了 8 700 万美元。该担保债务凭证以 7 年期固定利率贷款在 9 个新兴市场融资 14 家小额信贷机构。[②] 蓝色果园基金的下一笔交易，BOLD，在 2006 年，是一个担保贷款凭证（即由信贷资产作为抵押而不是小额信贷机构来支持）。它为 13 个国家的 21 个小额信贷机构提供 9 900 亿美元，并且随后在 2007 年通过 BOLD2，同摩根士丹利一起，由标准普尔提供评级使 1.1 亿美元的贷款证券化。[③] 每个这样的交易背后，都是一个值得骄傲的编排。伊恩·卡拉汉（Ian Callaghan），为摩根士丹利领导这项交易的人，归因于 BOLD2 评级的成功。他说它打开了通向更广泛观望的投资者的大门。

阿萨德·马哈茂德（Asad Mahmood），德意志银行全球社会投资基金的总裁，同样以他在 2005 年带领的全球商业小额信贷联盟为傲。该联盟包括与英国，美国和法国的国际开发机构一道的美林证券、慕尼黑再保险公司和安盛公司。14 个机构投资者财团中有 10 个以前没有参与过小额信贷。其中一个像这样的金融交易结构的功能

---

① Brad Swanson, "The Role of International Capital Markets in Microfinance," Development World Markets, 2007.

② Ibid., 3 – 4.

③ Susan Davis and Rod Dubitsky, "Microfinance Meets Wall Street," Forbes, March 26, 2008.

使得仅在最需要他们的地方信用增强可以精确的应用。在这种情况下一个英国国际发展部拨款支持股权和部分美国国际开发署的担保支持了第一笔的债务。投资者根据风险偏好被进行了分层。高净值人士和开发机构采取了风险较高的股票和次级债务两档。更多规避风险的机构投资者持有的高级债务档，风险降低不仅因为它的高级状态，也有美国政府40%的担保。[①] 该基金募集了8 100万美元，第一年在21个国家的40小额信贷机构几乎完全投放。

障碍同样存在。投资者偏好欧元或美元的担保债务凭证，为小额信贷机构带来外汇风险，尽管德意志银行联盟在小额信贷机构接受当地货币方面是著名的。小额信贷机构投资者质量数据的缺乏阻碍了设置担保债务凭证。然而最大的问题，也许是世界上大型小额信贷机构数量有限，其结果是，许多投资者都在追逐同样的那些，导致融资供过于求。

对于小额信贷来说不幸的是像担保债务凭证一样的结构性金融工具在公众心目中被认为是高风险的，鉴于抵押贷款担保的担保债务凭证在2008年金融业危机的角色。随着金融危机的爆发，新的融资小额贷款的担保债务凭证利率下降至停滞。担保债务凭证是非常好的，也许太美好，比起蓝筹股公司或相配的抵押贷款，将投资者带进要么风险较高，要么不太熟悉的行业。但是，没有理由对小额信贷的担保债务凭证恐慌。这些债务是由独立的小额信贷机构的信用支持，其中大部分是受监管的金融机构。他们缺乏抵押贷款所固有的，依赖于房价保留自己价值的投机因素。此外，他们在地理上充分多元化，因为它包括在各个国家和地区的组织。然而，次级抵押贷款的经验对小额信贷的过度自信（或）流行的投资工具提出了警告。

---

① Zach Fuchs, "Microfinance; Beyond Philanthropy," *Euromoney*, September 2006.

小额信贷投资组合的证券化

小额贷款的证券化已被视为小额信贷的一种圣杯。一个真正的资产证券化伴随着二级市场，一些人希望，使投资于小额信贷成为最终借款人的信用功能，而同时允许更大范围的投资者通过创建流动性的证券参与。追求依然存在，因为任务经常难以实现。已经存在许多步骤，但没有涉及全面证券化的所有必要元素：由多个发起者打包贷款、单独标的资产的信用基础上提供证券（即无信用增强）、原贷款的所有权实际转移给买家，以及投资者间的转售和交易。

最近的一个完整的证券化交易是在孟加拉的孟加拉农村发展委员会，世界上最大的国际非政府组织，截至 2007 年拥有超过 600 万活跃的借款人和 6. 19 亿美元的资产。[①] 2006 年，MF Analytics，总部设在马萨诸塞州的一家金融精品店，花旗集团为孟加拉农村发展委员会构造了一个真实—出售的证券化。[②] 这笔交易，作为一个首开的先河是需要改进的，尽管孟加拉农村发展委员会有着 32 年的历史，强大的资产负债表，以及不断扩大的市场。问题是 150% 的抵押。因此，本书从孟加拉国穆迪附属信用评级机构获得了 AAA 评级。孟加拉农村发展委员会筹得廉价和长期的 1. 8 亿美元融资，提供了 6 年可用的期限。[③] 另一个真实—出售投资组合证券化，6 000 万美元，已由德意志银行在 2006 年中期构造并由欧洲投资基金和复兴信贷银

---

① BRAC profile, Microfinance Information Exchange, www. mixmarket. org.

② A "true sale" securitization means that the portfolio is fully sold to the Special Purpose Vehicle created to facilitate the transaction. There is no link or recourse to the seller (the MFI); the securities are based on the performance of the underlying assets.

③ "World's First Microcredit Securitization: $180 Million Deal Between Bangladesh Rural Advancement Committee, RSA Capital, Citigroup, Netherlands Development Finance Company, and KfW Entwicklungsbank," *MicroCapital Monitor*, July 11, 2006.

行担保完成的保加利亚 Pro – Credit。[①]

几年里它看起来像在印度的印度工业信贷投资银行合作模式，将是走向证券化的一个垫脚石。创建于 2002 年的那个模型中，印度工业信贷投资银行直接贷给小额信贷客户，利用小额信贷机构作为贷款发放者和服务商，类似于美国抵押贷款的发放者。通过直接转移贷款的所有权给印度工业信贷投资银行而不是小额信贷机构，这个模型为出售贷款资产给其他投资者搭建了舞台。了解你的客户的规则让印度工业信贷投资银行继续发展这种模式变得很难，然而，银行在 2007 年结束了它。

证券化是否将成为小额信贷有史以来的标准呢？挑战仍然是如何吸引想要进一步实验利用证券化来释放资本对小额信贷机构约束的金融革新者，扩大投资池，并为投资者提供流动性。规模小，时间短（3～36 个月），以及小额贷款可变的提前还款率使得它们集合相对昂贵。机构需要汇集成千上万的小额贷款，创建最小规模的安全性。从一个小额信贷机构到另一个小额信贷机构变化的贷款方法，使得它很难用统一和一致的风险状况去创建资产。在许多国家，法律框架需要以完善的销售状况以及买方要求的资产进行改革。

出于这些原因，大多数小额信贷机构拟证券化，包括前面所述的担保债务凭证，涉及小额信贷机构的合并贷款，而不是为微型企业汇集底层贷款。进取的金融工程师证明风险是错误的，我们认为没有理由在短期内期望证券化在小额信贷领域有重大转变。

股权投资

小额信贷的股权投资对有能力承担更大风险和责任的勇敢投资

[①] Maarten Brocades Zaalberg, "A Billion to Gain? —An Update," ING Bank, September 2006, 31.

者来说仍是主流。由于大多数小额信贷机构都是私人持有的，很多股权投资者也承担治理责任。直到最近，小额贷款股权投资积极的一面并不足以平衡其增加的风险和责任，除非该投资者正在寻求社会和经济回报。国有开发性银行和非营利机构持有最多小额信贷机构股权。投资者为小额信贷创造的第一个股票型基金 Pro – Fund，已经从 1995 年运作到 2005 年。Pro – Fund 以 6.6% 的内部收益率清盘，赞助商对其结果都很乐观。[①] 一开始，很少有人相信 Pro – Fund 观念会起作用。

康帕多银行的首次公开募股在 2007 年瞬间改变了构想。社会投资者在 2000 年凑了 600 万美元的创造 FINANCIERACompartamos（当时私人资本的小额信贷几乎不存在），获得了首次公开募股 100% 的复合年收益。[②] 这些高收益的数字为小额贷款吸引了众多的私人投资者。但是康帕多银行首次公开募股的收益率是不可复制的。现如今小额信贷股权的投资者应期待一个有吸引力的，但不会过多的回报。

小额股权的深入发展从 20 世纪 90 年代中期开始，从创建第一个股权投资的小额信贷机构的公共部门和慈善家到如今主流私募机构，如红杉资本、美国教师退休基金会和瑞士信贷。基于市场创建的步伐，这种发展已经成为可能，为潜在的投资者提供更多的他们所需要的信息、信心、收益跟踪记录、稳定性、规模和流动性（便于退出）。这些进步的结果是，现在小额信贷机构为市场提供了更多的信贷，他们过去的表现和未来增长前景导致估值上升。

从 1995 年到 2005 年，在 ProFund 运作的十年间，大多数小额信贷股权都是悄悄地以账面价值出售。这样的估值深刻代表了非流动性折

---

① Paul DiLeo and David FitzHerbert, "The Investment Opportunity in Microfinance: an Overview of Current Trends and Issues," *Grassroots Capital Management*, June 2007, 23.

② Rich Rosenberg, "CGAP Reflections on the Compartamos Initial Public Offering: A Case Study on Microfinance Interest Rates and Profits," CGAP Focus Note 42, June 2007, 3.

价，因为有一些潜在买家。自 2005 年以来已经有更多的买家并且数量成倍大幅上升。交易如康帕多和股权银行的首次公开募股，超过账面价值数倍，使得小额信贷机构的估值提升。大多数过去的小额信贷机构股权私人交易一般发生在账面价值的 1~2 倍之间，市盈率在 7~8 之间。在首次公开募股之后，更多的小额信贷机构的估值都趋于上升，直至 2008 年才有所放缓。根据 J. P. 摩根的研究，甚至自 2008 年以来，小额信贷机构的估值略高于新兴市场的银行相关联的乘数，部分是"因为他们的商业在经济冲击中的高回弹性。"[1]

已经发生的进展包括建立市场基础设施，例如小额信贷信息交流中心。基金的发展主要依赖的是有社会责任感的投资者，以及评级机构的参与。

但是，就像华尔街的人们都知道交易是什么一样。我们将着眼于几个具有里程碑意义，拥有雄厚的私人商业领导力的交易，分别代表一个不同的投资模型。

小额信贷私募股权

大多数新的小额信贷股权投资者会发现谨慎的方法是通过专门设立的股权投资基金来投资小额信贷机构投资。这些投资基金的协会，小额信贷股票基金理事会，目前已拥有 25 名成员，它代表的总市值正在快速增长，这不仅是因为新基金正在组建，也因为老基金推出比他们的第一轮大很多的资本重组。而第二代基金的募集包括越来越多的私人投资者，尽管大多还是来自具有社会责任的机构。例如，它花了 Stefan Harpe of Calmeadow，一个加拿大非营利组织，三年多艰苦的岁月挨家挨户敲门，为 Africap 筹集第一个 1 500 万美

---

① Nick O'Donohoe et al. , "Microfinance: Shedding Light on Microfinance Equity Valuation. " See also DiLeo and FitzHerbert, "The Investment Opportunity in Microfinance," 25.

元。Africap 是非洲致力于小额信贷机构股权的基金，几乎所有资金都来自于公共部门。在做了 10 个好的、扎实的投资和一个杰出的成功案例（公平银行，肯尼亚）之后，Africap 快速展开第二轮融资，5 000 万美元，其中一半是由新的私人投资者贡献的。[①]

鲍伯·巴第洛（Bob Patillo），来自佐治亚州的一家购物中心开发商，首先通过慈善事业对小额信贷产生了兴趣，后来作为一种社会投资，已将吸引私人投资者进入小额信贷作为他的个人挑战。巴第洛认为私人投资者需要更快的退出，更加多样化，并有能力把基金管理移交给专家。他设想的母基金，将促进小额信贷机构的股权交易。母基金的投资者将在整个小额贷款行业整体中购买混合投资组合。巴第洛还鼓动小额信贷投资推出国际协会作为希望经由现有资金投资进入市场的新的投资者的一个联络点。IAMFI 成员包括主流投资界许多熟悉的名字，例如奥米迪亚（Omidyar,），MicroVest，J. P. 摩根和蓝色果园基金。

美国教师退休基金会和 ProCredit 最引人注目的小额信贷交易之一是美国教师退休基金会的投资，总部位于加州的基金管理公司，在 ProCredit Holding，一组小额信贷银行。2006 年，美国教师退休基金会在美国最大的 500 强公司名单上排名 80 位，管理着 3 800 亿美元的资产。除了其核心业务——管理退休基金——美国教师退休基金会提供个人退休账户、共同基金、人寿保险和社会筛选基金。2006 年，美国教师退休基金会创建了全球小额投资计划（GMIP），从 1 600 亿美元固定的年金账户中以 1 亿美元的资产投资。此账户代表约 230 万投资者。很重要的是抵押的资产是来自主流的账户，而不是社会责任投资账户。全球小额投资计划实际上是主流社会投资

---

① Africap，www. africapfund. com.

进入传统的投资组合。[①]

全球小额投资计划对 Pro – Credit Holding 的股票进行了首次 4 300万美元的投资，19 家小型企业/小额信贷银行的母公司在东欧、拉丁美洲和非洲。截至 2006 年 3 月，ProCredit 集团拥有大约 30 亿美元的总资产以及超过 60 万美元的未偿还贷款。ProCredit Holding 由于其规模和地域多样化，在作为个体小额信贷机构之外的主流投资者的一个目标方面具有优势。美国教师退休基金会在 ProCredit 的投资受到基金经理的客户群中很多具有社会责任的人的响应。根据 Ed Grzybowski，美国教师退休基金会的首席投资官，由于小额信贷与其他资产类别的低相关性，这也是很好的投资。[②]

这个例子说明了主流的投资公司已经处理了一些不熟悉的小额信贷投资。国际金融公司仍在 ProCredit 保留一个重要的少数股权，这提升了主流投资者的信心，尽管美国教师退休基金会的投资允许国际金融公司部分退出。股权风险是由一些 ProCredit 债务的海外私人投资公司担保而降低，通过货币参与交易，以及国家间的多元化。最重要的是，投资者信任 ProCredit 的增长、盈利能力和稳定的业绩。ProCredit 是小额信贷"霜膏"的一部分；有几个与其规模和质量相匹配的其他可能性。

红杉资本和 SKS。少数愿意奉献自己人力资源的股权投资者在没有股权基金作为中介的情况下直接去了个体小额信贷机构。2007 年，印度大型小额信贷机构 SKS，收到了主流的风险投资，印度红杉资本进行的股权投资。SKS 小额信贷是一个快速增长并有利可图的新小额信贷机构，投资的同时为近 60 万女性提供服务。SKS 正在

---

① "TIAA – CREF Creates $100 Million Global Microfinance Investment Program," press release, TIAA – CREF, September 19, 2006.

② "TIAA – CREF Creates $100 Million Global Microfinance Investment Program," press release, TIAA – CREF, September 19, 2006.

挖掘一个巨大的市场，不仅提供小额贷款，也有一系列的产品，包括健康保险。

如同许多在印度的小额信贷机构，在成立运作初期，SKS 以很少的股权、极高的杠杆开始生存，其发展前景取决于筹集了坚实的新的股本基础。SKS 精力充沛的首席执行官 Vikram Akula，吸引了红杉资本的风险投资，提供了一个 1 150 万美元股权投资的主要股权。SKS 的增长速度，产品种类齐全，市场潜力和领导力都使得其具有吸引力。像谷歌和优酷，红杉资本的初期，SKS 显示了巨大的增长潜力，尽管它只是赚取了一年或两年的利润。在投资的时候这部分利润相当微薄。拥有这样比较初级的阶段让红杉资本获得的股票估值较低，这使得它的未来收益前景良好。

印度红杉资本的总裁，苏美尔·查达哈（Sumir Chadha）强调这是一个纯粹的利润动机的投资。[1] 对于 SKS，像红杉资本这样坚定的支持将带来专业的业务建设意见，只要红杉资本是其所有集团的一部分。由于投资，SKS 继续快速增长。截至 2008 年，SKS 在印度的 18 个州运作，为 300 万名妇女提供小额贷款和相关服务。[2] 印度小额信贷也吸引了其他投资者，如在 2007 年，一家总部位于迪拜的私募股权公司列格坦资本（Legatum Capital），Share Microfin 公司向另一家印度小额信贷机构投资了 2 500 万美元。[3]

公开发行

当小额信贷机构公开上市，小额贷款股权投资变得更加容易。

① Sumir Chadha, discussion with ACCION, 2007.

② Mamta Bharadwaj, "Our Latest Initiatives," SKS Microfinance India presentation, Microfinance Network conference, November 2008.

③ Nitin Rao, "Dubai's Legatum Invests $25 Million in Share Microfin, Picks 51% Stake," Next Billion, May 16, 2007, www.nextbillion.net.

只有规模最大，业绩最好的小额信贷机构可以开展公募，并只能在国家的有效股市。通过内罗毕证券交易所的股权银行和雅加达证券交易所的印度尼西亚人民银行公开上市，这些小额信贷行业的领导者已经启用了本地投资者购买股票。

2007 年康帕多的 IPO 是第一个上市的以解决国际投资者的问题，造成了深远的影响。对所有美国行动国际的人来说本次 IPO 是一个分水岭，因为美国行动国际是发行股份的主要卖方之一。事实上，IPO 背后的原始动机是美国行动国际需要实现的驻留在其康帕多股权的收益，如此它可以对新的小额信贷工作重新部署这些资金。原始投资者接收到的投资回报率约为超过八年 100% 的复利。[①] 在美国行动国际的例子中，100 万美元的投资价值为大约 4 亿美元的售价，这肯定是一个意想不到的结果，并极不可能被重复。此次 IPO 的收益将推动美国行动国际的投资未来几年在困难的地区启动新型的小额信贷机构，如非洲西部、中国和南亚的部分地区。

在 IPO 前，康帕多就已经如上所述地进入了债券市场。经过广泛的准备，瑞士信贷安排 IPO 吸引新的股权投资者，以取代康帕多原投资者股权的 30%。从这个销售中获取的总收益为 4.68 亿美元，由墨西哥、美国、欧洲和南美洲的 5 920 个机构和散户投资者购买。价格—账面价值的倍数为 12.8，而价格—收入比率为 24.2。康帕多先前已被标准普尔和惠誉评为 MXA_。主流评价者评出的优秀等级以及主流资产管理公司的设置促成了 IPO 的成功。康帕多的两名首席执行官，卡罗斯·拉巴德和卡罗斯·丹尼尔，被称为两个卡罗斯，对单对单巡展演讲潜在买家的分数印象深刻。在 IPO 之后，康帕股价又上升了三分之一的水平，使小额信贷机构的市值达到了超过 20 亿美元的水平。股价随着市场上下移动成为一个整体，尽管其持续

---

① Rich Rosenberg, "CGAP Reflections on the Compartamos Initial Public Offering."

盈利能力较强，因为 2008 年底市场下跌，股价也跟着下降。[①]

由于康帕多的 IPO，对小额信贷机构公开上市的兴趣猛增。然而对于小额信贷机构，它是昂贵和费时的。成功需要完美透明的信息，一个出色的业绩，光明的未来和优越的管理。成功的外部条件包括流动和发达的金融市场、相应的监管框架、稳定的货币，以及其他一些因素。非常少的环境能满足所有这些要求所以未来小额信贷机构的 IPO 数量很可能比较少。

小额信贷作为一个单独资产类别

对于所有这些交易，小额信贷是否已成为一个独特的资产类别？

业内分析人士令人惊讶的谈话可以使这个问题升温。将小额信贷作为一种新的资产类别，意味着它真正到达了资本市场，这一理念的倡导者希望吸引更多主流投资者进入这个行业。但是小额信贷是否真正具有与其他资产类别不同的优势和弱点？小额信贷行业内的同质化是否充分？毕竟，小额信贷机构普遍使用不同贷款方法，在不同国家运作，提供不同产品，并采用许多法律和制度形式。

其中一个关键的问题是小额信贷与其他资产类别是否有相关性。有研究表明，小额信贷往往是反周期的，原因很简单，个体户和非正规部门一般充当最后的雇主。微型金融的客户群体往往在经济衰退时变得更活跃，因为正规部门就业流失，或者是因为它不受影响正规部门的经济周期的约束。随着小额信贷机构变得更加融入主流的金融体系，并由于全球性危机，如高食品和能源价格影响到各种

---

① Elisabeth Rhyne and Andres Guimon, "The Banco Compartamos Initial Public Offering," ACCION International InSight, no. 23, June 2007, 1－9.

收入水平的群体，小额信贷的反周期性质可能会褪色。①

鉴于小额信贷的历史和投资者质量数据的缺乏，资产类别的问题还存在争议。一旦小额贷款获得更大的流动性，并通过多年数据的深入分析和支持，或许把它作为一种资产类别会更有意义。与此同时，投资者仍需注意要认识到小额信贷比更传统的投资需要更积极的学习和调查过程。

结论

各种投资者都有机会投资于小额信贷。小额信贷机构的规模和盈利能力会继续增大和提高。由于上述许多开创性的交易，小额信贷机构更多地了解复杂的金融负债和权益工具。更多的投资和机构都有机会参与，我们鼓励更多合作伙伴关系和创新，并且承诺努力不会得不到回报。

参考文献

［1］Africap, www. africapfund. com.

［2］Bharadwaj, Mamta, "Our Latest Initiatives," SKS Microfinance India presentation, Microfinance Network Conference, November 2008.

［3］Burnhill, Lauren, "Innovations in Microfinance Capital Markets," ACCION presentation, September 2007.

［4］Callaghan, Ian, et al. , "Microfinance: On the Road to Capital Markets," March 27, 2007, www. morganstanley. com.

［5］CGAP, MIV 2008 Survey Benchmarks, October 1, 2008.

［6］Chadha, Sumir (managing director, Sequoia Capital India), discussions with ACCION, 2007.

---

① Nicolas Krauss and Ingo Walter, "Can Microfinance Reduce Portfolio Volatility?" Working Paper No. FIN–06–034, New York University, January 30, 2008.

［7］ "Citigroup/Banamex Leads Financiera Compartamos Bond Issue in Mexico with a Partial IFC Credit Guarantee; Standard & Poor's, Fitch Assign Investment – Grade Country Rating," press release, Citigroup Inc. , August 2, 2004.

［8］ Davis, Susan, and Rod Dubitsky, "Microfinance Meets Wall Street," Forbes, March 26, 2008.

［9］ DiLeo, Paul, and David FitzHerbert, "The Investment Opportunity in Microfinance: An Overview of Current Trends and Issues," *Grassroots Capital Management*, June 2007.

［10］ Fernando, Nimal, "Mibanco, Peru: Profitable Microfinance Outreach, with Lessons for Asia," Asian Development Bank, 2003.

［11］ Fuchs, Zach, "Microfinance as Philanthropy," *Euromoney*, *September* 2006.

［12］ Gonzalez, Adrian, "How Many Borrowers and Microfinance Institutions (MFIs) Exist?" Microfinance Information Exchange, Inc. , September 5, 2007.

［13］ "IFC and Wachovia Co – Arrange Financing to Mibanco in Peru, Latin America's First International Syndication for Microfinance," press release, IFC, December 13, 2007.

［14］ Krauss, Nicolas, and Ingo Walter, "Can Microfinance Reduce Portfolio Volatility?" Working Paper No. FIN – 06 – 034, New York University, January 30, 2008.

［15］ O' Donohoe, Nick, et al. , "Microfinance: Shedding Light on Microfinance Equity Valuation: Past and Present. " J. P. Morgan Global Research and CGAP, February 3, 2009.

［16］ Portocarrero Maisch, et al. , "How Should Microfinance Institutions Best Fund Themselves?" Inter – American Development Bank, November 2006.

［17］ Rao, Nitin, "Dubai's Legatum Invests $25 Million in Share Microfin, Picks 51% Stake," NextBillion, May 16, 2007, www. nextbillion. net.

［18］ Reddy, Rekha, and Elisabeth Rhyne, "Who Will Buy Our Paper? Microfinance Cracking the Capital Markets: The Realities of Linking Microfinance to Local and International Capital Markets," ACCION International InSight, no. 18, April 2006.

［19］ Reille, Xavier, and Sarah Forster, "Foreign Capital Investment in Microfinance: Balancing Social and Financial Returns," CGAP, February 2008.

[20] Reille, Xavier, and Gautam Ivatury, "Foreign Investment in Microfinance: Debt and Equity from Quasi – Commercial Investors," CGAP Focus Note 25, January 2004.

[21] Rosenberg, Rich, "CGAP Reflections on the Compartamos Initial Public Offering: A Case Study on Microfinance Interest Rates and Profits," CGAP Focus Note 42, June 2007.

[22] Rhyne, Elisabeth, and Andres Guimon, "The Banco Compartamos Initial Public Offering," ACCION International InSight, no. 23, June 2007.

[23] Swanson, Brad, "The Role of International Capital Markets in Microfinance," Development World Markets, 2007.

[24] "TIAA – CREF Creates $100 Million Global Microfinance Investment Program," press release, TIAA – CREF, September 19, 2006.

[25] "World's First Microcredit Securitization: $180 Million Deal Between Bangladesh Rural Advancement Committee, RSA Capital, Citigroup, Netherlands Development FinanceCompany, and KfW Entwicklungsbank," MicroCapital Monitor, July 11, 2006.

[26] Zaalberg, Maarten Brocades, "A Billion to Gain? —An Update," ING Bank, September 2006.

第三部分

普惠金融：一个正在兴起的产业

BANK

第十章 建设普惠金融 基础设施的有利环境

不完善的金融基础设施历来是限制发展中国家建设普惠金融的最大障碍之一。然而随着有利条件的出现，金融机构作出了许多重大举措，开始投入新的项目。在允许零售商成为巴西银行代理商的规定之后的 6 年，巴西人口中拥有银行账户的人数几乎增加了一倍。[①]

不同的人对金融基础设施有着不同的看法。我们将其看作一个共享平台，金融机构在此基础上提供服务。它包括操作平台，如自动取款机网络、智能卡系统以及财务软件；同时也包括体制架构，如信用报告局、结算及交收系统、评级机构以及抵押登记处。其中最重要的是在正确时点上获取关于客户、交易和机构信息的架构，其他架构用来提高个人或机构之间协议的可信程度。

在建设完备的金融基础设施方面，公共部门与私营机构发挥着不同的作用，二者有效协作才能取得最好的效果。公共部门负责制定类似于比赛规则的监管框架，私营机构则负责建立类似信用信息和技术的市场机制。在下面的章节中，我们将对这一共享平台的几个部分进行研究，它们对于普惠金融十分重要，其中包括：征信机构、支付系统以及投资市场的基础设施。在这些方面，私营机构起着主导作用。虽然本书着重讨论私营机构在建设普惠金融方面的机

---

① Gautam Ivatury and Ignacio Mas, "The Early Experience with Branchless Banking," CGAP Focus Note 46, April 2008.

遇，但本章侧重于论述政府在这方面发挥的作用。

金融部门自由化

多国政府都在推动有利于环境改善的改革。在 20 世纪八九十年代金融部门自由化运动席卷全球时，建设普惠金融的有利环境得到了显著改善。在自由化的进程中，政府不再提供服务，也不再从金融部门中汲取自用资金。自由化的原则转而聚焦于创造一个竞争的市场，使得许多不同的供应商能够参与其中。在玻利维亚（始于1985 年）① 和印度（始于 20 世纪 90 年代末）等不同国家，金融部门自由化为竞争开辟了道路，微观金融行业因此迅速腾飞。在这里，自由化成了新从业者们入行并生根发芽的诱因。

在现实中，政府和私营部门间的关系并不总是那么融洽，二者间的冲突使得新客户不能得到有效的服务。在一些国家，自由化受到来自政治的挑战，政客们将微观金融作为政治工具抓着不放。"金字塔底部市场"的提出者也将政治干预看作他们面临的最大风险之一。②

是什么造就良好的有利环境？

对普惠金融来讲，最好的环境就是各方面条件都有利于各类金融机构的发展。在基本层面上指包括投资者友好政策，合同有力执行以及低水平腐败等在内的商业环境。宏观经济政策和稳定的政局

---

① Jacques Trigo Loubière, Patricia Devaney, and Elisabeth Rhyne, "Supervising and Regulating Microfinance in the Context of Financial Sector Liberalization: Lessons from Bolivia, Colombia and Mexico," ACCION International Monograph, 2004.

② Centre for the Study of Financial Innovation, "Microfinance Banana Skins 2008: Risk in a Booming Industry," special issue, no. 80, March 2008.

自然必不可少。在此基础上，普惠金融的实现尤为重要。放任自流的做法可能包含着对"金字塔底部市场"的隐性壁垒。

对于普惠金融尤为重要的宏观经济因素之一是低通货膨胀。综观 20 世纪 70～80 年代的拉丁美洲，通货膨胀是抑制金融部门发展的罪魁祸首。数百万富裕的拉美人将其金钱送至迈阿密保值，而穷人则囤积动物或建筑材料一类的实物资产。高通货膨胀留下的阴影在低收入拉美大众的信念中挥之不去，他们坚持认为把钱存在银行里是有风险的。此时金融机构开始伸出援手，起初虽针对富人，不过最终（现在和将来）还是会普及到低收入人口，最终战胜了通货膨胀。

在非洲，由于缺乏良好的业务基础，许多国家的金融部门正在退化，在情况最差的国家，金融部门还要受到政治动荡，武装冲突以及腐败问题的困扰。在这些国家中，普惠金融的规模依然小而零散，往往只涉及非政府组织及其合作领域。

幸运的是，在拉丁美洲和非洲，越来越多的新兴经济体现已具备了基本的市场需求。

普惠金融的体系结构

让我们假设一个国家已经掌控了基本的经济环境，并希望鼓励普惠金融的发展。接下来该怎样做呢？

建设普惠金融所需的要素与建立一个有竞争力的主流金融机构相同，都需要一个富有竞争力的市场，能够使所有具备资质的准入者公平参与其中。但在监管上，要注意许多方面。秘鲁和乌干达等许多国家都正确运用了这些要素，普惠金融正快速发展。

执业规则。 鼓励普惠金融的规则应足够严格，以确保市场准入者具备资质且拥有充足的金融资源，同时又不至于过于严苛，以至将银行业变成一个势力团体。普惠性要求各国建立有效的途径，使得具备资质的较小机构也能进入市场，例如信用合作社和专门服务于低收入人群的小额信贷银行等机构。另一方面，规则不应对较小个体参与普惠金融加以限制，在这方面，大银行也应起到一定的作用。

普惠金融机构的所有权往往涉及社会投资者甚至非政府组织间的特殊合伙关系。监管部门需要意识到这些特殊参与者在混合所有权方面起到的重要作用。

市场决定利率。金融机构若要求得生存，就需自己设定利率，因此，市场决定利率的重要性名副其实。矛盾的是，为了保护穷人，利率上限一直限制着大额借款人的信用额度。在"公平对待穷人"大旗的感召下，利率上限对高利率交易进行限制，而正是高利率能使小额贷款盈利并持续发展。在厄瓜多尔和委内瑞拉等设定了利率上限的国家，普惠金融方面的新投资总是快速枯竭，对于穷人来说，其后果是可以预见的。

强有力的监管和监督。政治上独立的监管机构应配备有足够提升安全性和稳健性的监管能力和审慎标准。对普惠金融而言，监管机构了解"金字塔底部市场"的特点，并与其供应商密切合作，在规范和程序方面适应这些特点非常重要。

让我们来看一个例子，起初，当玻利维亚的监管部门听说他们最新建设的银行——玻利维亚阳光银行。在其所采用的小额信贷集团担保人时，他们认为这些贷款并无担保，意味着将小额信贷集团担保降级，只能占到银行投资组合总额里的一小部分。玻利维亚阳光银行指出，作为非政府小额信贷组织，其过去五年的还款记录近乎无可指摘，集团担保人产出的投资组合也是优质的。因而监管机构准许玻利维亚阳光银行的集团贷款临时运营。这是一次大胆的尝试，银行监管当局需做好与供应商合作的准备来做出谨慎的尝试。

经过几年的密切追踪，玻利维亚的银行监管者认识到，在新的规则下，与供应商相互支持是对贷款进行担保的合理方式。

"政府并非供应商"的协议。 政府应做的是创建良好运行的市场，而非提供金融服务，特别是信用服务。当政府运营的机构与私人机构竞争时，政府会倾向于牺牲私人机构的利益来为自营银行牟利。2006年，安得拉邦和印度政府以不恰当的融资和利率政策为理由关闭了小额信贷机构办事处。然而在背后，这种行为却得到州政府小额信贷项目管理人的支持，因为他们对被私人机构夺走客户十分气愤。一般来说，印度的监管环境倾向于将公共银行作为普惠金融的首要提供者，这对主流银行和小额信贷机构等私营主体来说无疑是不利的。

法律依据。 支持金融体系运行的法律框架包括担保交易法和抵押登记、土地所有权、标识系统和消费者保护法。在南非，国家信用监管机构作为监管架构，致力于保护消费者免受不良操控伤害。为应对消费贷款行业的滥用，国家信用监管机构应运而生，它确保为负责任的供应商提供支持，并维护行业的整体声誉。

准入机制与稳定状态

金融市场是否存在准入机制和稳定状态之间的平衡？一些监管机构认为答案是肯定的，且已采取行动。在传统观念里，监管部门的职责就是维护稳定，在参与者较少的金融市场里，这一目标比较容易实现。

普惠金融要求监管机构关注那些服务于大众的金融机构，即便其资金总量可能并不起眼。但监管机构的想法通常恰恰相反，他们认为，从理论上讲，大庄家决定了金融体系整体的健康状况，而是否称得上"大庄家"，则取决于其资金总量，而非服务人数。由于致力于追求稳定，监管机构要求新的投资具备足够的监管能力，因此小型机构仍要接受严格审查。之前很多过于开放的尝试进展不顺，就是因为他们接纳了不够格的参与者，而且监管者无法顾及如此众多的人数。菲律宾和加纳的村镇银行，尼日利亚和坦桑尼亚的社区银行，以及南非、印度和许多其他国家的消费信贷公司都是这种情况。在大多数时候，监管者只能出尔反尔，改造小型机构，关闭经营不善的单位，加强监管，为幸存者寻求新的支持合作。

不同风险管理方法的开放程度

"金字塔底部市场"客户的非正式特性要求监管机构出台灵活的风险管理规则。然而监管部门并不希望这样。例如，普惠金融要求银行去适应其客户缺乏标准化文件这一点，但为实现此目标所做的所有努力都因反恐主义及相关问题的兴起化作了泡影。

2001年世界贸易中心遭受恐怖袭击以后，监管部门曾试图关闭恐怖分子的金融系统访问权限，并发布了更强大的"了解你的客户"（KYC）政策和反洗钱法则。尽管真正的恐怖分子可能已经找到了解决方案，这些规定还是对促进汇兑流动起到了显著作用。在美国，"了解你的客户"原则在设计时并未考虑发达国家的贫困人群，却仍影响着国际银行在其他国家的表现。例如，印度工业信贷投资银行降低了其小额信贷的预算额，部分原因就是因为这些活动达不到美国官方规定的"了解你的客户"的标准。该规则的作用范围超越美国边界，一直延伸至印度的乡村地区。

在美国，反移民情绪已使银行对移民开户持怀疑态度。接受大使馆和领事馆签发的身份证（如墨西哥领馆签发的身份证）则是扭转这一趋势的关键举措。不管是为打击犯罪还是恐怖主义，对防止无证金融流动这件事情的关注，都是可以与普惠金融相协调的，不过前提是要给予小额交易和低余额账户一些优惠政策。这种豁免权的姗姗来迟正是穷人政治权力缺失的印证。

如果一个国家的主要银行机构更多地参与普惠金融，则监管部门也会如此。但是通常情况下，大型机构更不愿参与普惠金融，因为它们不希望因小额信贷问题损害与监管者的关系。然而如果银行业能联合起来倡导变革，就有机会创造普惠金融的未来。

普惠金融的规范：无网点银行

从布拉德斯科银行及其在巴西的邮局代理商，到环球电信提供的手机银行再到维萨卡系统，都显示了技术是小额信贷更加普惠化的潜力。不幸的是，法规却没有对此做出相应的反应。在不同国家，为科技发挥最大潜力创造条件的工作正以不同进度开展。

传统意义上，所有银行交易都只在分支行的营业时间内进行。大概十几年前，我曾在印度的国有银行里体验过所谓的"营业时间"。因为想到如果排在后面，可能下午一点结束营业时仍然轮不到我，我在上午十点开始营业时就准时过去排队，还带了一本书打发时间。但现在，即便是在如沉睡一般低效的印度国有银行，电子技术也已改变了一切。但分行的监管法规总是拖前沿技术的后腿。传统的分行监管法要求将大量资金投资于基础设施建设，以确保实体资产的安全性，并评估该地区的潜在业务量，避免支行因资金匮乏而无法持续经营。在许多国家，新支行成立都需经银行监管当局批准。尽管这类监管使设立新支行成本高昂、进展缓慢，但还是有充分的理由需要这样做。这也最终成为限制银行业务向低收入地区渗透的主要因素。

我们不得不同情监管机构所处的困境，他们也在努力跟上交易创新的步伐。他们刚适应了自动取款机，又要面对互联网和手机银行。每种新技术都可能对支付系统的完整性构成威胁，监管部门必须确保在修订规则前已考虑到了所有的可能性。在批准由非合作第三方操控的交易方面，监管部门尤其警惕。他们也不愿为想要增加服务的零售商授予银行牌照。与竞争激烈的银行业恰恰相反，美国监管机构拒绝授予沃尔玛银行行业牌照，而墨西哥监管机构却对此表示同意。

巴西监管机构曾提出银行代理规则，其冒险行为取得了很好的成果。然而并不是所有监管机构都愿意迈出这大胆的一步，直到有巴西这样的例子证明银行代理的合理性。大多数监管机构确实有尽力地去积极响应，有的也正试图引领整个行业。

手机银行尤其具有挑战性，因为它涉及电信和银行两个不同组织监管机构的行业。电信公司的许多创举之所以能得以实施，部分原因是银行监管机构并没有过紧地限制它们，同时准银行活动也在银行系统之外悄然兴起。在大多数国家，手机银行的法规仍不存在或不明确，并且央行在理解上存在着问题。移动运营商"敛财"是否需要银行牌照？加密标准是否严密到交易信息不会被泄露？移动运营商将如何满足反洗钱要求？为客户提供存取款接入点的代理商的角色和职责又是什么？菲律宾中央银行已经回答了这些问题，并创造了促进性规范，繁荣了手机银行经济。而在其他大多数国家，监管机构仍然谨慎行事。

政治风险

由于有着广泛的目标人群，普惠金融可以成为一个极具吸引力的政治目标，其规模越大，吸引力就越大。关注普惠金融的政治态势对想要进入该行业的高级企业来说尤其重要。

来自高层的政治支持有时会大力推动普惠金融发展。在不同时期，墨西哥、哥伦比亚和玻利维亚的总统们都表现出了对小额信贷的兴趣，他们可以确保基本政策的改革为信贷快速增长创造条件。负责任政治家的关注可能成为鼓励银行开展普惠金融业务的激励。其中，智利的补贴拍卖项目因结构良好脱颖而出。智利的银行竞标临时补贴，来为低收入客户提供服务。补贴在初期帮助银行拉升学习曲线，当银行不再需要补贴时便会将它淘汰。

然而，看中普惠金融的政客们爱之太切。史蒂夫·巴尔特，泰国政府储蓄银行的前顾问，本书的创作团队成员，协助泰国政府宣传小额信贷时，称普惠金融既是一种可持续的发展形式，也是一种在全球经济不景气的情况下，赋予国民经济更大弹性的发展方式。小额信贷项目在农村贫困人口中如此受欢迎以至于反对派政治家提出指控，称农村小额信贷与贿选存在着某种关联。虽然其出发点是诚恳的，小额信贷却因此成为政治方面争执不休的难题。

一些政客想通过将流行的小额信贷作为慷慨援助的表现形式，为自己赢得选民的支持。例如由乌干达政府发起，当地政府发放，却几乎未考虑偿还方案的贷款项目伊坦迪库（Etandikwa）。这种做法由于占用了太多预算，可以说是作茧自缚。然而，如果政府以牺牲私人供应商的利益为代价来支持这种行为，那么这是不利的。

更糟糕的是，政客们通过减免债务，降低利率以及其他方式损害供应商的利益来赢得选民对他们的最大支持。普惠金融究竟是发展手段还是政治工具，其拉锯战在印度最为激烈。支持利率上限和债务大赦举措的政客们阻止央行和小额信贷部的技术专家进行改革。委内瑞拉的查韦斯、玻利维亚的莫拉莱斯和尼加拉瓜的奥尔特加等拉丁美洲民粹主义领导人也善于使用这种手段。为应对民粹党的利率上限提案，这些国家的银行和小额信贷机构领导人联合起来与政府进行谈判。幸运的是，虽然对小额信贷的政治干预使得供应商举步维艰，但到目前为止，大多数情况下还是理性占据了上风，可行的协调措施也已达成。

参考文献

［1］Ivatury, Gautam, and Ignacio Mas, "The Early Experience with Branchless Banking," CGAP Focus Note 46, April 2008.

［2］Loubière, Jacques Trigo, Patricia Devaney, and Elisabeth Rhyne, "Supervising and Regulating Microfinance in the Context of Financial Sector Liberalization: Lessons from Bolivia, Colombia and Mexico," ACCION International Monograph, 2004.

［3］"Microfinance Banana Skins 2008: Risk in a Booming Industry," Centre for the Study of Financial Innovation, special issue, no. 80, March 2008.

第十一章 征信机构和信用评分

免费信用报告的提供和了解自己信用得分的建议冲击了美国的网民群体和深夜电视观众（我承认我并不知道自己的信用状况如何）。广告尽管不受欢迎，但发达国家的消费者却明白，评分所显示的信用记录不仅决定着自己是否有资格贷款，还决定着其需要支付的金额。如果没有信用分数，或得分很低，美国中产阶级的生活方式几乎是不可能实现的。

在坦桑尼亚达累斯萨拉姆的郊区，有一位老板经营者一家规模虽小却发展迅速的店铺。在一个重名者众多的国家里，由于没有公认身份证，这位老板无法确立其独有身份。如果他有从小额信贷机构，如坦桑尼亚之傲等的借款，其良好的还款记录在渣打银行毫无用处，因为银行和小额信贷机构之间并无信息共享系统。最有可能的结局是，不仅渣打银行会拒绝他的贷款申请，坦桑尼亚之傲也会将他视为一个专属客户，不愿以更低的成本为他提供更好的服务。

如今的美国信用信息网起源于一个世纪前贸易商们汇编和共享的不良客户黑名单。正规的征信机构则始建于第一次世界大战后，由于人口流动性增强，征信机构也拓展了其地域范围。银行加入其中来支持他们不断增长的个人、小企业和抵押贷款业务。[①] 虽然这些业务的发展可能需要超过一代人的努力，但其传播到新的国家的速度会加快很多。

---

① Robert Hunt, "A Century of Consumer Credit Reporting in America," Working Paper No. 05－13, Federal Reserve Bank of Philadelphia, 2005.

征信机构对"金字塔底部"市场的价值

人们都认为，在金融体系中，征信机构起着促进信贷增长，为信誉良好的借款人降低成本，以及拓展借款人范围的作用。国际财务公司（IFC）组织了一次由来自51个国家的5 000家公司参与的调查。结果表明，在设置了征信机构的国家里，小企业获取贷款的概率为40%；而在没有征信机构的国家，这一概率仅为28%。在设置了征信机构的国家里，只有27%的受访小企业受到了信贷约束，而在没有征信机构的国家，这一概率高达49%。[①]

对于我们在第三章《降低成本和管理风险》中遇到的四个关于"金字塔底部市场"金融的挑战，征信机构对其中的两个做出了回应：减少成本以及管理风险作为征信机构空缺的弥补者，小额信贷机构开创了应对这些挑战的不同方式。在没有设置信用机构的地区，小额信贷机构所创新的许多独特贷款方式，都是为了评估和激励非正规部门客户按时足额还款。这些创新方式包括小组联保，渐进贷款（可贷金额视还款情况逐步增长），非传统抵押和个人流动资金信用评价等。这些方法虽然有效，却伴随着高利率带来的沉重行政成本。相反，在发达国家，通过征信机构进行自动咨询只需一小笔费用，几乎瞬间就可以作出贷款决定。因此，可以将征信机构的发展看作小额信贷机构潜在的福音，以及促使"金字塔底部市场"竞争更加激烈的因素。

征信机构覆盖率低的问题不仅局限于发展中地区，因为即使在发达经济体中，征信机构也没有覆盖到每一个人。在美国，许多低收入的人，尤其是年轻人和新移民，没有信用记录且被排斥在主流

---

① "Credit Bureaus: Enabling Economic Growth and Prosperity," International Finance Corporation, 2007.

信息系统之外。困境时期的人们需要重新构建自己的信用评分。美国行动国际最畅销的产品是其"信用构建"贷款，即一种 500～750 美元的小额阶梯式贷款，旨在帮助客户建立积极的信用记录。征信机构的替代公司——微比尔特公司又做出了一项创举，它们正在发展的信用评分制以低收入人群需要缴纳的房租和水电费等开销为权重，而非银行贷款历史。

征信机构可行化：挑战与应对

在不同国家，征信机构的发展处于不同的阶段，且正飞速改变。决策者越来越认识到征信机构能够为普惠金融带来的潜在益处，特别是国际金融公司还为世界各地征信机构的发展进行了投资。但因为需要包括政府和银行管理部门在内的利益相关者间的密切合作，征信机构需要五年或更长的时间来建设。[1] 同时，在许多新兴市场，征信机构主要从主流银行和商业客户处跟踪信息，而将广大低收入客户群体拒之门外。

信用机构在东欧和中亚发展最为迅猛，中东和非洲其次。[2] 零售信贷的增长和先进的信息技术刺激了这些市场上信贷机构的增长。据世界银行 2006 年营商环境报告，截至 2005 年底，大约有 67 个国家有私营征信机构运营。在发展中国家里，拉丁美洲和加勒比地区是最先进的：22 个国家中的 16 个存在私营征信机构，覆盖率遍及 31% 的成年人口，也就是说这些人的信用记录在征信机构中登记在案（见表 11.1）。

从最落后国家发育不完全的信息共享到涵盖所有相关客户并提供信用评分的成熟征信体系之间还需做出很多努力。让我们来讨论

---

[1] "Credit Bureau Knowledge Guide," International Finance Corporation, 2006, 5.
[2] "Credit Bureau Knowledge Guide," International Finance Corporation, 2006, 5.

一下这其中最重要的组成部分，从身份认证这种非常基本的事项论及建设国家信用评分制度的复杂问题。

表 11.1　征信机构个人平均覆盖率（以成年人口百分比计）

经合组织国家	58
拉丁美洲和加勒比地区	31
东亚和大洋洲	11
东欧和中亚	18
撒哈拉以南非洲地区	5
中东和北非	10
南亚	3

资料来源："2006 年营商环境报告"世界银行。

个性化识别客户

信贷资料要求对贷款人进行唯一性身份认证，因此如果一个国家没有身份信息系统，可以说是寸步难行。坦桑尼亚和印度是众多国家中唯独没有国民身份系统的。相反在马来西亚，由于不同行政区发行不同的身份证，有的人拥有不止一个身份证号。尼日利亚的一家征信机构——信贷登记公司，则通过生物指纹识别技术来检测身份来克服这一障碍。只有有效地识别身份信息，普惠金融才能发展起来。

报告——从消极到积极

不同国家都在经历着征信机构的变革。以分享客户黑名单为初衷的非正式系统变成了付费订阅服务。不良客户的信息是通过所有客户的信息来补充的。该数据最初侧重于贷款，但在欧美更复杂的系统里，覆盖面则可能扩大到包括储蓄、信用卡、公用事业费用和房屋所有权信息等。

不良客户的负面报告可立即应用到拒签（和降低风险）上，但这对普惠金融（以扩大客户数量为目的）却没什么用处。信用历史良好的客户们实际上想获得贷款，贷款人也想知道哪些是良好的客户。在竞争激烈的市场中，过度负债是一种风险，贷款人有必要知道申请人已经持有多少债务。而缺乏这类信息成为 2000 年玻利维亚消费者和小额信贷危机的主要诱因，对此我们将在下面进行讨论：

积极的报告需要努力才能创造，只有客户信任其完整性和准确性，报告才是有价值的。由于借贷每时每刻都在发生，征信机构必须掌握实时信息。与积极报告系统中信息的绝对数量相比，消极系统显得相形见绌，这其中既有所覆盖客户量的差距，也有每位客户借贷具体数目的差距。对于这样一个系统，其技术要求和成本花费都十分可观。消极和积极报告信息之间的差异，很可能需要一种转换，这种转换来自于一个临时合作系统，将金融机构或政府运营的征信机构转型为专业供应商。

构建信用评分

信用评分是一种数学计算方法，用来预测一个人是否可能按时偿还债务。其中最有名的是由费埃哲公司开发的借款人违约风险评价公式（FICO 评分），在美国的消费信贷界普遍使用。费埃哲公司还开发了小企业评分方法，目前美国排名前 25 位的小型授信企业中，有 22 家都在使用。[1]

对于想要在金字塔底部市场提供服务的供应商，信用评分数据的质量问题令他们很伤脑筋，因为借款人违约风险评价公式所使用

---

① Fair Isaac，www.fairisaac.com.

的大多数数据，并不适用于大多数低收入人群。信用评分制需要用到正式文件和信用历史，而许多非正式供应商缺乏这些确凿的证据。非正规贷款机构贷款给贫困客户，例如家庭成员、高利贷者和朋友们，并不会向征信机构汇报。因此，针对低收入人群的信用评分制需强调与中产阶级借款人不同的变量分数。例如，性别、年龄和家庭成员数目等，对这些加以重点关注。

　　一些小额信贷机构建立了他们自己的信用评分模型。美国行动国际与拉丁美洲的小额信贷机构也在合力开发信用评分模型。通过推断现有客户的行为来预测新增贷款的偿还情况，美国行动国际创建了能够有效预测风险的计分卡。在秘鲁的自助银行（Mibanco），通过自动化批准，一种计分卡降低了 10% 的贷款发放成本[①]；第二种可以识别优先客户，促进投资组合的增长，提高客户忠诚度；第三种则主要用来收款，以削减跟进拖欠贷款的成本。

　　一些信用评分使用的是小额信贷机构自身的客户历史内部数据。小额信贷机构不愿与竞争对手分享这些保密信息。如果他们想要制定广泛适用且适合于选择新客户的通用或全国统一的计分卡，则必须要有全行业共享的数据。与私营银行或小额信贷机构相比，征信机构可以更好地研究这种国家信用分数，所以只有待征信机构建设完备之时，针对低收入客户的评分制才会问世。

将玩家分类——公共和私营

　　许多国家设立公共信用登记处来协助银行监管机构，且规定银行必须加入。在设有公共征信机构的国家，政府往往不愿让民营征信机构投入运营。通常情况下，政府政策和银行法规使公共征信机

---

① Daniel Salazar, "Credit Scoring," CGAP IT Innovation Series.

构保持垄断地位。遗憾的是，由于缺乏竞争推动力，公共登记处往往在推广低收入客户，信息覆盖率和技术方面比较落后。他们总是排斥非银行金融机构，例如小额信贷机构。在一些国家，银行法限制商业银行以外的机构进行数据共享。

在2000年之前的玻利维亚，公共部门的信贷登记只向银行和合规小额信贷企业开放，非政府组织和大多数信用社都被排除在外。于是非政府组织联合起来，建立了自己的数据库，但由于在玻利维亚各类机构都可以提供小额信贷，导致非政府机构和合规机构都没有完整的信息。这种情形是致使2000年过度放贷危机的因素之一，这场危机使消费贷款被迫叫停，小额信贷也遭受重创。此危机使得玻利维亚当局改变法规，向各方开放了公共征信机构。[①] 在改变法规的催化下，非政府小额信贷提供商使其协会"乡村之舵"（Finrural）改组为自己的私营征信机构。之后，该机构关联公共征信机构，使得各种类型的金字塔底部市场借款人，都可以收到信用报告，其中包含所有贷款机构的各种借款活动。[②]

小额信贷的创举和主流入口

虽然只有12%的小额信贷机构参与到了征信机构中，许多小额信贷机构都认识到了征信机构在降低成本方面的潜力。[③] 玻利维亚是众多小额信贷机构联合以弥补私营征信机构空缺的案例之一。其中一些已通过努力发展成为高效的征信机构，而另一些则正在被国际征信公司取代。让我们来简要地看一些案例。

---

① *Microenterprise Development Review*, vol. 2, no. 2, Inter – American Development Bank, January 2000.

② Finrural, www. finrural – bo. org.

③ Peer Stein, "Next Generation Access to Finance: Setting the Stage," International Finance Corporation presentation, September 2007.

萨尔瓦多的因弗里德（InfoRed）和迪考姆（DICOM）。萨尔瓦多的小额信贷机构自愿走到一起为客户建立数据库。在 20 世纪 90 年代，在美国国际开发署的支持下，它们建立了共同借款人数据库，来支持由卡特彼勒、芬卡，以及其他非政府组织经营的小额信贷项目。该数据库之后发展成为一家征信机构，服务于一家由更大私人实体运行的小额信贷企业——因弗里德。另一家征信机构迪考姆，现在由艾克飞（Equifax）部分所有，是为银行业而开发的。随着时间的推移以及小额信贷行业的增长，征信机构迪考姆和艾克飞开发了特别为小额信贷市场打造的产品，并降低其价格，使之对小额信贷机构更具吸引力。[①] 因弗里德刺激了迪考姆，使其快速增加金字塔底部市场覆盖率。

坎帕斯坎（CompuScan），南非。当南非的后种族隔离制政府于 20 世纪 90 年代中期掌权时，它希望信贷在从前被忽视的南非，可以以数以百万计的规模增长。但南非复杂的私人征信机构对此却并不感兴趣。小额信贷机构几乎无法辨认出不良客户。

开普敦的小额信贷商开始共享 Excel 电子表格信息。伴随用户数量和地域多样性的逐渐扩大，坎帕斯坎确立为私营公司。为巩固其财务生存能力，它开始提供其他服务，包括通过专门的培训学院为小额信贷商提供培训。如今的坎帕斯坎为遍布南非的 3 500 多家信贷提供者提供服务，在纳米比亚和博茨瓦纳设有营业部，并计划将业务扩展至乌干达和赞比亚。坎帕斯坎有基于互联网的软件平台。它将灵活的技术，培训项目，和对客户的关注相结合，证实了为金字塔底部市场金融服务商提供征信机构服务较好的盈利能力。

环联（TUCA），中美洲。国际金融公司于 2001 年推出由维萨（VISA）支持的全球征信机构计划，对吸引私营公司进入征信机构

---

① T. Lenaghan, "Microfinance and the Market for Credit Information in El Salvador," USAID Microenterprise Best Practice Project, 2001.

市场起到了重要作用。私人参与者最关注的问题之一显然是商业可行性。征信机构通过出售信用报告和其他服务赚取收入。在大多数情况下，征信机构收取会员费，并对每次查询收费。在流动性有限或金融供应商较少的国家，征信机构可能并不具备可行性。此外，为数字接入升级信息系统的固定成本和费用可能会使一些小型金融机构无法使用征信机构。[①]

国际金融公司（IFC）发现，在中美洲，达成足够交易量的最好策略是以一家征信机构同时覆盖几个小国。2002 年，它投资了第一个区域用户，小型企业和微型企业征信机构，及中美环联（TUCA），在危地马拉、洪都拉斯、萨尔瓦多、哥斯达黎加和尼加拉瓜（未来）都有运营。全国信用报告标准化也将促进中美洲的跨境金融服务。[②]

主流消费征信机构介入

目前美国三家最大的消费征信机构分别是益百利，环联和艾克飞公司，他们都是联合征信机构的成员，而联合征信机构是代表其会员面向公众和各国政府的国际贸易协会。这三家公司都保存着 2 亿美国人和企业的信用信息。他们都在寻求开拓新兴市场，但前提是必须确保新兴市场条件具备商业可行性。

益百利是国际先驱之一，它在 16 个国家经营有征信机构，决策支持和解决方案的客户更是遍布 50 多个国家。2007 年，益百利收购了巴西最大的消费和商业征信机构塞尔瑞萨，其市场占有率约为60%。[③] 改革后的法规允许征信机构收集借款人的积极信息，这为巴

---

① Jill Luoto, Craig McIntosh, and Bruce Wydick, "Credit Information Systems in LessDeveloped Countries: Recent History and a Test," 2004, are. berkeley. edu.

② *Access to Finance*, World Bank Newsletter, issue 4, April 2005.

③ "Experian to buy 65 pct stake in Brazil's Seresa," International Business Times, June 26, 2007, www. ibtimes. com.

西信贷市场带来了可观的成长空间。消费者和商业贷款都增长强劲，抵押贷款市场则仍处于起步阶段。塞尔瑞萨在 2005 年和 2006 年的年销售增长均超过 20%，盈利利润率（息税前）超过 20%。[①] 益百利充满自信地表示，高增长的信贷量将支持利润率进一步提高。

国际金融公司也在支持益百利在东南欧和中东地区国家开设征信机构和提供诸如评分和欺诈检测的服务。

其他发达国家的征信机构公司在新兴市场同样发展地很好。意大利公司克里夫（CRIF）正进军东欧。冰岛的信贷信息（Creditinfo）公司与克里夫在东欧竞争，并将竞争扩展至哈萨克斯坦等中亚国家。同时邓恩和布拉兹特里特公司也对中东和非洲市场表示出了兴趣。[②]

随着征信机构的发展，小额信贷作为唯一有效的针对低收入客户的贷款策略可能很快会失去其垄断地位。得分基准法可能会取代集团贷款和阶梯式贷款等。行业发展的这一趋势可谓影响深远，大型征信机构如果降低普惠金融领域的准入门槛，主流贷款人就会使用他们已经很熟悉的贷款流程进入，并提供更广泛的服务以吸引更多金字塔底部市场客户。

参考文献

［1］*Access to Finance*，World Bank Newsletter，issue 4，April 2005.

［2］"Acquisition of Serasa，"Experian presentation，June 26，2007，www. experianplc. com.

［3］"Credit Bureau Knowledge Guide，"International Finance Corporation，2006.

［4］"Credit Bureaus: Enabling Economic Growth and Prosperity，"International Finance Corporation，2007.

---

① "Acquisition of Serasa，"Experian presentation，June 26，2007，www. experianplc. com.
② "Credit Bureau Knowledge Guide，"2006.

［5］ "Doing Business 2008," World Bank, www. doingbusiness. org.

［6］ "Experian to Buy 65 pct Stake in Brazil's Seresa," International Business Times, June 26, 2007, www. ibtimes. com.

［7］ Fair Issac, www. fairisaac. com/ficx.

［8］ Finrural, www. finrural – bo. org.

［9］ Hunt, Robert, "A Century of Consumer Credit Reporting in America," Working Paper No. 05 – 13, Federal Reserve Bank of Philadelphia, 2005.

［10］ Lenaghan, T. , "Microfinance and the Market for Credit Information in El Salvador," USAID Microenterprise Best Practice Project, 2001.

［11］ Luoto, Jill, Craig McIntosh, and Bruce Wydick, "Credit Information Systems in LessDeveloped Countries: Recent History and a Test," 2004, are. berkeley. edu.

［12］ *Microenterprise Development Review*, vol. 2, no. 2, Inter – American Development Bank, January 2000.

［13］ Salazer, Daniel, "Credit Scoring," CGAP IT Innovation Series, 2003.

［14］ Stein, Peer, "Next Generation Access to Finance: Setting the Stage," International Finance Corporation presentation, September 2007.

第十二章　最后一英里技术

技术在重塑银行业中扮演着重要角色。在发达国家，消费者提现不再需要前往银行网点，甚至不需要现金，因为他们可以通过含磁条或芯片的银行卡来购买或转账。许多消费者还可以使用手机或互联网来支付账单，购买产品或转账。银行卡和手机用户相信他们的银行有着能够支持这些便利服务的系统。

如今，金融部门正寻求将这些服务扩展至发展中国家市场，包括金字塔底部市场。电子银行、银行卡支付和手机银行将使银行克服长期以来向贫困或偏远地区居民提供金融服务不合算的问题。新技术正在之前未被开拓过的汇集电子通信、金融服务以及 IT 企业市场里挖掘利润。

本章所述的创新可能是本书涉及的变革中最为深远的。他们具有在巨大的飞跃中捕捉广大新客户的力量。

现金成本

在新几内亚热带雨林的深处，莫桑比克北部的乡村地区，以及其他偏远地区生活的农民当中，还是有很多人不常参与现金经济。但对于世界上广大的低收入人群来说，非正规经济是现金经济，金钱则等同于现金。而这即将改变。

无论是对于使用者还是金融机构，现金都是一个昂贵的交换手段。口袋里的现金很容易丢失，被盗或损毁。每个人都能讲出一个关于现金被烧毁，被狗误食或（更可能）被某位家庭成员盗窃的故事。① 一打现金甚至可以改变消费模式。它让男人感觉自己很富有，想到当地的酒吧请好友喝酒，或做出一些类似的事情，而远离现金就可避免或减轻这些烦恼。

银行家们为现金的处理成本而担忧，特别是在货币严重贬值的国家。在20世纪90年代初，我曾与波兰的银行家们有过谈话，他们对计算和处理陈旧无价值的共产主义时代账单的高昂成本大发牢骚。即使在今天，经济银行（美国行动国际在尼日利亚的合作伙伴）仍为应对堆积如山的现金保留着专门的点钞位。早上，市井小贩带来大捆的奈拉尼日利亚货币，午间再回来拿回他们的存款单。他们以厚度来估计这堆钱价值多少，因为一张张数起来花费的时间太长。即使在货币贬值不那么严重的国家，柜员制的交易成本也使得小额存取款无利可图。

论其根本，因为电子支付更便宜，所以它可以改变"最后一英里"的经济，这也是为什么他们承诺可以服务更贫困和偏远地区的人群。在第八章中涉及的所有合作零售银行都使用电子支付，这样可以创造一个密集的交易网点，并从该网络将触角延伸向新的领域。

银行卡比现金更安全和方便。它与自动取款机结合，减少了顾客去往银行和等候的时间，为顾客提供全天候的服务。银行卡与放置在商店里的销售终端设备（POS）相搭配，服务网点大量增加。银行卡产生的电子交易记录可以帮助用户跟踪预算，它还可以使人们更便捷地在能够赚取利息的储蓄账户里存款。

对于金融机构，银行卡可以通过改变昂贵的网点和配备柜员的交易方式显著降低成本。自动取款机和销售终端设备网络让银行的每个网点可以服务更多的客户，大大减少了每个客户的运营成本。

---

① For a wonderful story about the ape who ate a $50 bill, see Eugene Linden, The Octopus and the Orangutan（New York：Dutton, 2002）.

拉丁美洲的两家商业银行为我们的团队提供了估计数据，通过营业网点进行一次交易的成本大约为1.00美元，而通过自动取款机进行交易则使成本降至0.25美元。较低的成本可以使银行服务于偏远地区的人群，这些地区往往不具备开设网点的条件。最后，电子支付还形成了金融机构可以用以控制欺诈行为的记录。

也许有一天，手机银行会将这些优势发展到极致，达到随时随地进行支付交易的终极目标。

介绍卡类产品

电子支付具有提供更高安全性和降低处理成本的潜力，这一点我们都同意。但要实现从人们信任了几千年的坚挺现金到隐藏在卡片磁条或手机SIM卡中的货币形式的转移，又该如何操控呢？这种变革必须渐进式地进行，从而使人们觉得没有废弃现金，只是相对减少了现金的重要程度。许多国家都在接近现金和电子支付之间的平衡临界点。

针对低收入人群的卡类应用产品往往与瞄准高收入的细分市场产品不同，因此，为了让它们发挥在拓展普惠金融方面的关键作用，必须解决特定产品和系统的设计问题。某些类型的卡特别适用于金字塔底部市场。

- **预付费卡**。不少银行和信用卡公司将预付费卡作为针对低收入人群的入门产品，因为它不同于信用卡和借记卡，它针对的是那些没有或不想拥有永久银行账户的客户。预付卡比如礼品卡，很像借记卡，但没有绑定到银行账户（虽然银行会保留基本的虚拟账户以对开卡目的进行追踪）。在许多国家都不需要将客户姓名与预付卡关联。这些特点使得预付卡分销广泛且成本低廉。通过南非联合银行推出的电子维萨卡

（维萨 Electron）塞库鲁拉（Sekulula）计划，政府将社会福利转移给预付卡的受惠人。

- **智能卡**。含有小块芯片而非磁条的智能卡非常适合于通信状况不好的地区。因为卡片不需要在线连接就可以存储数据，这在农村地区特别重要。此外，智能卡可以存储生物特征数据，比如指纹，这对缺乏身份认证这种安全形式的客户尤其重要。马拉维机会国际银行是一家服务于妇女的小额信贷机构，当该行客户想要在当地商店取款时，她只需刷卡，再把手指放在连接销售终端设备的生物识别传感器上。如果指纹与存储在卡里的数字图像相匹配，就会批准存款。机会银行的管理者报告说，这张卡迅速"走红"，因为女性得知她们的丈夫无法在没有她们陪同的情况下"借用"她们的卡取钱。[①]

这里可以刷卡吗？

只有在居住或工作地附近有自动提款机和支持刷卡商户的条件下，客户才能享受便利。这就是所谓的支持刷卡环境。

只凭单个银行的努力很难创造出广受认可的刷卡环境。一些希望规避国际网络收费的银行设置了他们的专属银行卡系统，自动提款设备和销售点。但零零散散的网络无法实现电子卡的全部优势，所以单个的银行系统很难实现盈利。将电子卡连接到共享网络则更有效，这样就能在所有的商店和自动取款机网点使用。这需要多个银行和卡商之间的合作。尽管用以合作的系统经过精心设计，他们往往缺乏接触金字塔底部市场人群的动机。

---

① Larry Reed, former CEO of Opportunity International, in discussion with ACCION, 2007.

一方面，银行通常避免在低收入地区设置自动取款机，而看好能确保足够交易量的"安全"地点。几千笔交易才足以平衡自动取款机的设置和工作成本。大型取款机制造商销售的机器从 8 000 美元的基本款（提款金额有限）到 15 000 美元甚至 25 000 美元的最新款（支持现金存款，生物识别读取器和多国语言）不等，其中不包括安装费用。变动成本则包括机器维修和资金的安全运输。如果自动提款机可以在保持基本的功能的同时缩小体积和降低价格，其部署范围将会更广。

销售终端设备只要不到 100 美元，比自动提款机更实惠，设置范围也更广。然而，银行并没有在低收入地区大力招商。商业收购需要专门的团队，负责谈判，培训商家，安置设备，并提供服务。多数银行家乐于将这些任务交给他人。对于维萨和万事达这样分支机构遍布国际的大公司，会找另一家独立的公司，一般是其会员银行所有的独立第三方，来处理整个国家内的收购事宜。例如，危地马拉的维萨分公司由当地的维萨会员银行创立，并由其中最大的银行监管（占至少 5% 交易总量的银行）。

如果一家小额信贷银行希望增加低收入地区的商家覆盖率，就需要说服商业收购小组采取行动。但由于收购方通常代表服务高收入人群的银行，他们对在低收入地区招商的艰苦奋战兴趣并不大。许多这样的商家并不符合标准，或无法创造足够的交易量来给予收购集团可观的利润。

而造就这场艰苦战役的另一因素，则是面向金字塔底部市场的商家往往和他们的客户一样，属于非正规机构。他们看不到受理其他支付形式的好处，尤其是他们还需要为每笔交易支付销售额 3% 到 8% 的费用。非正规商家也希望避免与正规经济接触，因为它可能带来诸如更严格的税务机关审查等令人头痛的问题。因此，贫穷和偏远社区的受理环境依然贫瘠不堪。

银行代理模式可能是使银行卡打入低收入地区的最佳途径，这一点我们将在第八章中讨论。在银行代理模式下，银行合伙人与邮局，零售连锁，或小额信贷组织合作。在印度，印度工业信贷投资银行和花旗银行将销售终端设备或自动取款机设置在海得拉巴的贝斯克斯和孟买的斯韦德海这类小额信贷机构里。印度法规不允许小额信贷机构吸收储蓄，因此它们只好代表商业银行提供以储蓄为基础的银行服务，从而为银行走进其原本不会服务的贫困地区创造了可能。

这种塑料卡片真的和钱一样吗？

渗透银行卡的另一障碍是客户的接纳过程十分缓慢。尽管低收入消费者对于某些类型的科技已经司空见惯（毕竟他们见证了手机的兴起），但若涉及金钱，手握钞票数钱的感觉仍然无可替代。人类对拿塑料卡片当钱这件事有着与生俱来的抵触。20世纪60年代，当银行卡在美国推出时，过了很多年，大部分持卡人才习惯定期使用银行卡。在许多地方，接受的缓慢可能是由于对银行的信任不足。金融扫盲计划解释了加快客户接纳银行卡的方式和原因。

笔者见证了花旗银行客户在斯韦德海（孟买的一家小额信贷机构）的首次交易。主人公是两位来自穆斯林社区的妇女，她们的收入相当低。在工作人员填写开户手续和讲解系统时，她们非常专注。然后她们到自动柜员机登记指印。当我看到她们手上繁复的指甲花图样时，我担心生物识别设备无法读取她们的指印。然而这并不是最重要的，更要紧的是，她们的手指因为常年劳作而磨损到光滑的几乎没有指纹。她们一直耐心地等待着，最终工作人员解决了技术问题。这类客户使用自动取款机，需要有银行或小额信贷机构的工作人员协助操作，来克服其起初对设备的陌生和不情愿的情绪。花旗银行和斯韦德海之间的合作关系使得利润导向型的花旗进入了市场，而市场的大部分成本则由并不那么看重盈利的斯韦德海承担。短期内，设置自动取款机可能会亏损，但作为系统开发的第一步，它是对未来的一种投资。

在一些国家，低收入客户可能是功能性文盲（指的是受过一定传统教育，会基本的读、写、算，却不能识别现代信息符号及图表，无法利用现代化生活设施的人。——译者注），或可能不会使用非商业的当地语言。这些客户需要能显示图片甚至有语音功能的自动提款机。一些提款机会显示货币的图片，配图说明菜单上的可供提取数额。服务低收入的用卡客户面临巨大的挑战，但也有迹象明，机会的大门正向那些了解市场整体状况并能解决特定问题的公司敞开。我们期待转折点的到来，并在此后实现迅速发展。

手机银行

手机象征着一次独一无二的机会，可以服务于从未享受过银行服务的人。根据国际电信联盟提供的数据，在 2000 年至 2008 年间，移动电话用户平均每年增长 24%。国际电信联盟同时还估计，到 2008 年底，全球移动用户数将达到 40 亿，普及率达到 61%。移动运营商日复一日地修建信号发射塔，希望能尽快覆盖到世界上的每一个人。全世界近三分之二的手机集中在发展中国家，以中国和印度为首。① 许多用户属于低收入人群。

在大多数发达国家，手机银行的出现并没有带来过多的惊喜。客户已经有了自动取款机、互联网，以及数以千计的零售点可供选择。手机银行并没有以任何有意义的方式改变顾客获取金融服务的途径。但在发展中国家，如同避免以土地为基础的昂贵电信基础设

---

① "Worldwide Mobile Cellular Subscribers to Reach 4 Billion Mark Late 2008," press release, International Telecommunication Union, September 25, 2008, www.itu.int.

施一样，将手机用作银行设备可以避免大量昂贵的银行基础设施，使金融服务触及到以前没有银行账户的低收入人群和偏远地区客户。一些电信客户已经可以用手机转账、购物、付账，或偿还贷款。手机银行的增长潜力是巨大的，但是只有当电信企业和银行开创出正确的商业模式，才能实现这种增长。

手机银行模型

手机银行与电子通信和新型银行的结合，要求这两个行业进行前所未有的合作，在没有蓝图指引方向的情况下，创新开辟出许多不同的道路。

最近在美国，手机银行的倡议由账户归属行主导发起。该服务通过银行而不是电话公司进行销售。在发展中国家，创始人的角色更常由电信企业扮演。肯尼亚沃达丰公司的移动支付服务，和菲律宾环球电信的 G－Cash 项目都是在银行业之外，由电信公司开发的。银行负责存放集聚来的存款，移动运营商负责提供服务。（顾客虽然没有银行账户，但和在预付费卡的案例中一样，银行会为追踪目的而在后台保留电子账户。）南非的两大手机银行平台，维斯特（Wizzit）和南非移动银行（MTN Banking），分别由技术和电信公司领导。目前尚不清楚的是，如果手机银行业务在发展中国家腾飞，究竟是哪种业务模式或技术将占据主导地位。

从短信到非接触式 SIM 卡，手机银行正在应用各种技术。2004年，日本领先的移动运营商，日本电信电话株式会社（NTT DoCoMo）推出了"移动钱包"服务。该服务使用嵌入在手机话筒中的芯片和 NFC 技术（NFC 即近场通信，是一种短距离无线通信技术）。日本顾客只需在收银台的传感装置前挥挥手机，就能完成支付。截至 2007 年，有超过 2 400 万用户使用"移动钱包"功能，商户受理点超过 15 万个，普及率大大高于当前任何商业模式。[①] 虽然相对低收入人群来讲，电信电话株式会社的服务更倾向于那些有钱的购物狂，但同样可以适用于金字塔底部市场的客户们。

在大多数发展中国家的模式中，都是把短信作为汇款手段，例如肯尼亚、菲律宾和南非。客户用和给手机充话费相同的方法，用"移动钱包"进行存取款。只要知道收件人的电话和账号，就可以通过短信将手机货币转账给家人和朋友，甚至公司。在有些地方，甚至在手机银行试点项目问世之前，顾客就开始自发地将通话时间用作移动货币。例如，乘客可能会以通话时间代替现金来支付出租车费，就和我们使用信用卡一样。电信公司注意到这个现象，于是决心将其发扬光大。

目前在客户方面仍存在一些问题。尽管许多潜在客户了解并热爱着自己的手机，很多老年人和受教育程度低的人还是对使用手机银行表现出了和使用银行卡一样的不情愿。2005 年底，南非移动银行商维斯特的市场调查显示，与非用户相比，用户中高中学历，40 岁以下的男性占比较大。[②] 大多数的低收入手机用户是否能觉得手机银行满足他们需求的方式，这一点还有待于观察。

手机银行之裨益

迄今为止，银行似乎主要将手机银行当作服务现有客户的额外渠道。这种定位关心现有客户群的便利，许多美国银行都是如此。然而这种策略并不一定能带来新的收入。相反，它会将收入转移到

---

① NTT DoCoMo, presentation, May 2008.

② Gautam Ivatury and Mark Pickens, "Mobile Phone Banking and Low - Income Customers: Evidence from South Africa," publication by CGAP, United Nations Foundation, and Vodaphone Group Foundation, www. globalproblems - globalsolutions - files. org.

新的渠道，同时蚕食现有渠道。这种方法只有在新的渠道成本显著低于从前，以及客户认同其便利性时才能发挥效用。如果它能减轻银行网点的拥堵，就可以大大降低运营成本。然而另一种方法也有着巨大的潜力：使用手机银行业务来拓展客户群体。

目前，电信公司在这方面更为灵活，部分原因是由于它们已经吸引了大量的无银行账户人群，同时也构建了预付费代理商网络。对于移动运营商，手机银行的主要积极影响是，通过提供新的价值增加了客户忠诚度。银行服务尤其具有吸引力，因为银行账户往往有粘性：拥有储蓄账户的客户很少更换银行。这些服务都包含二次收费，客户发送短信和转账都要交钱（短信和金融交易）。发展中国家市场的移动通信领域存在着竞争，移动运营商主导的银行业似乎在这里最为繁荣。例如肯尼亚和菲律宾，他们都有市场份额基本相当的两家主要移动运营商。这四家运营商都提供移动银行服务。

和专有银行卡网络一样，一家电信公司自行开发的服务，其价值在兼容性方面存在着限制。现今大多数程序都不支持跨运营商转账。菲律宾具有当今新兴市场中最先进的手机银行模式，但斯玛特（SMART）和环球电信（Globe Telecom）在移动银行平台上仍然各自为政。手机银行业务若想腾飞，必须将兼容性发扬光大。

手机银行业务若能和日本电信电话株式会社提供的服务类似，从主要用于转账的平台，逐步演化成同时支持商家支付的平台，则还可带来另一项有利之处。手机电子商务需要和银行卡同样的招商过程，在建立激励机制和收入分配制度上也面临着同样的挑战。不过手机银行这一渠道的成本很可能低于依托银行卡的支付系统。在菲律宾，大约3 100家个体商户承接了"G现金"项目，以环球电信提供的移动支付作为付款方式。手机银行业务将在多大程度上真正取代维萨和万事达打造的支付帝国，或是维萨和万事达会整合移动钱包业务拓展系统，这一点还有待观察。

参考文献

［1］ Barth, Steve, "Give a Village a Phone: How Mobility Is Revolutionizing Micro-finance," *Mobile Enterprise*, December 2007.

［2］ Ivatury, Gautam, and Mark Pickens, "Mobile Phone Banking and Low – Income Customers: Evidence from South Africa," publication by CGAP, United Nations Foundation, and Vodaphone Group Foundation, www. globalproblems – globalsolutions – files. org.

［3］ NTT DoCoMo, www. nttdocomo. com.

［4］ Reed, Larry (former CEO, Opportunity International), discussions with AC-CION, 2007.

［5］ "Worldwide Mobile Cellular Subscribers to Reach 4 Billion Mark Late 2008," press release, International Telecommunication Union, September 25, 2008, www. itu. int.

第十三章 技术基础：
支付系统和银行软件

支付系统可谓货币周游世界的"道路"。从传统的纸质邮寄账单，到复杂的全球瞬时支付电子网络，其形式千变万化。为支付系统提供支持的是传输信息和文件，以及管理金融机构间资金最终交换的清算及结算系统。

公共与私营部门

支付，清算和结算系统涉及公共和私营部门间复杂的相互作用。传统上，公共部门管理纸质支付。有些公共部门，例如美国联邦储备银行，也专门提供用于零售支付的清算所自动服务。在有些国家，私营部门经营者也提供清算服务。塞尔维亚便是其中一员，使用混合模式。塞尔维亚中央证券登记交换所最初由塞尔维亚国家银行所有和管理。2001 年，它改制成为股份公司，政府拥有 51% 的股份。支付系统运营商也可以成为银行或银行业协会的一分子。

在几乎所有发达国家，基于银行卡交易的清算服务都是由私营部门来提供的。通常情况下，各国央行提供结算系统。但是，作为结算银行的金融机构，有时会对借记卡和信用卡提供结算服务。信用卡和集团网络内都可能发生间接结算，也经常有成千上万的金融机构参与其中。在这样的情况下，也有少数成员金融机构担任核心服务供应商。

零售支付系统

零售系统之所以与普惠金融部门相关，是因为它们会影响消费者。零售支付服务包括非现金转账（支票、信用卡和借记卡、电子货币）和自动提款机支付。在这一领域，私营部门的参与对普惠金融部门的发展至关重要。支付系统使实现兼容性成为可能，从而为银行卡支付和自动提款机网络注入动力，但至今却未能实现手机银行业务。[①]

零售支付系统越来越自动化。从现金经济到非现金经济的革命正在发达国家飞速发展，在发展中国家的发展也在加速。电子系统提高了支付的速度和交易量，为贷款者和消费者降低了交易成本。自动付款有利于促进金融透明度，增强市场的流动性，并有利于创新金融产品，如电子货币。

文盲率高，电力和电信基础设施的不可靠，以及对无现金交易的不信任是欠发达国家面临的明显挑战。非现金系统吸引着资金供应商们，他们希望触及到大部分农村和偏远地区的人口。非现金系统涉及许多困难，它们尤其困扰着低收入人群，比如高昂的交易成本和容易遭受欺诈和盗窃。

黛比·阿诺德是维萨公司新兴市场区的前副总裁和现任支付顾问，她强调，"随着如非接触式芯片和移动支付这些技术创新的出现，你可以预想到即便在最孤立的社区，也能够远程访问银行服务。"在已经建立了支付系统的国家，电子交易的增长规模很大。今天，足有近30亿张维萨和万事达卡，几乎可以覆盖近一半的世界人

---

① For a more detailed description of these systems, see "Clearing and Settlement Systems for Retail Payments in Selected Countries," Committee on Payment and Settlement Systems, September 2000.

口。包括现金交易在内，维萨公司的消费者借记卡和预付卡项目总成交量在 2006 年增长了 17%，达到 27 000 亿美元。[①]

零售电子支付系统要求交易双方之间配备有支付工具（借记卡、信用卡），接受网络（商人、处理器和银行之间的关系），和电子通信。手续费收入必须足以弥补各方，其中包括：为消费者和企业提供银行卡的发卡银行，管理与刷卡支付商家间关系的收单银行，提供额外接收点的自动提款机网络，以及管理交易和结算信息传输的交换服务。收入来自于交换手续费，一般由商家银行（收单行）支付给客户的银行（发卡行），通常按预先商定的交易额百分比支付。

在发展和维护为低收入客户提供可靠支付系统方面出现了一些挑战。电子支付系统需要消费者的认可和有利的监管环境，而这些正是新兴市场所缺乏的。只有在新客户使用了服务一段时间后，盈亏才能平衡。不稳定的政治环境削弱了金融基础设施。低人口密度也阻碍了外资银行的进入。其他挑战还包括，监管环境在保障零售和批发支付系统成功开发、实施和操作方面的能力。国际财务公司基于最小经济有效规模的考虑，提倡区域合作，指出通过成立中美地区信贷机构走向成功。[②]

有些挑战可能会为小额信贷机构和经营私人支付系统的银行提供合作机会。根据阿诺德的观点，银行具备电子支付的基础设施，但缺乏管理风险和培训（低收入人群）市场的愿望和能力。小额信贷机构与消费者之间有着一对一的关系，但无法获得扩大规模所需的电子支付基础设施。因此策略之一便是鼓励小额信贷机构与银行的合作伙伴关系，将银行卡与电子支付的便利性和安全性与小额信

[①] "Visa Asia – Pacific Consumer Debt and Prepaid Card Growth Outpaced Visa's Global Rate," press release, Visa Inc., May 28, 2007, www. visa – asia. com.

[②] "Access to Finance," International Finance Corporation, October 2007.

贷机构强有力的基层宣传结合起来。[①]

信息技术基础设施，特别是电子支付，对于机构来说目前仍然成本高昂，较小的小额信贷机构可能承受不起。与银行成为合作伙伴、合资企业和合并可能是较小机构获取此技术的选择。另一方面，先进的电子和电信技术正迅速减少数据处理和传输的单位成本。鉴于 IT 设备价格迅速下跌，以及分支机构作为交付渠道重要程度的下降，安装成本已不再对进入支付市场构成严重威胁。这使得服务供应商得以取代金融机构发挥更大的作用。广大市场参与者都已掌握应用于金融工具的技术和能力。

私营部门逐渐参与到结算系统中，有很大的成长空间，正往不同的方面发展。虽然有些结算活动一直是外包的，但最近几年其范围显著扩大。现在，外包活动的范围从转账的交易处理一直延伸到整个数据中心的管理和运作。

由于新兴经济体对金融服务的需求没有得到满足，电子交易的潜在市场很可能是巨大且有利可图的。付款转账作为金融机构的潜在收入来源将会增加。

普惠金融的核心银行平台

大型商业银行使用核心银行系统，以保障其后台和前台业务的效率。除了提供基本的管理信息，这些银行系统能够高效地处理业务，与自动提款机和销售网点等自动平台支付连接，还能分析客户数据，以及简化监管报告。

由于储蓄和贷款账户周转迅速，且需要根据小额信贷特有的贷款承保方法调整软件，小额信贷对软件有其专门需求。跟踪小额存

---

① Debbie Arnold, discussions with ACCION.

取款需要灵活快速的系统。与此同时，受监管的小额信贷机构需要编制与其他金融机构相同的监管报告。为了满足这些需求，小额信贷机构会定制其软件组合程序。

在服务于金字塔底部市场的规模较小金融的机构中，商业核心银行系统的使用仍不普遍。2004 年扶贫协商小组（CGAP）的一项调查显示，46% 的小额信贷机构使用手工或电子表格系统，44% 使用自定义或内部解决方案，而只有 10% 使用了与大银行统一的标准化商用系统。[①] 幸而目前很多举措都在解决这些差距，并为有兴趣进入市场的机构提供机会。

小额信贷机构会因为软件过于复杂和昂贵，和认识不到在长短期内它所带来的帮助而放弃核心银行系统。许多小额信贷机构缺乏能够支持该系统的内部信息技术部门。

早期的小额信贷巨头，包括孟加拉农村发展委员会（BRAC），格莱珉银行和印尼人民银行，依靠手工系统发展到一百多万客户，这种手工系统通常是成箱的卡片，每个客户一份。多年来，他们只有地区和国家办公处才有为数不多的计算机。但这都是 20 世纪 80 年代和 90 年代初的事情了。目前，除了不受管制的只有几千名客户的小额信贷机构以外，手工系统都是没有竞争力的。随着机构的成长，他们走过了如下进化阶段：从人工跟踪贷款，到使用电子表格，再到定制的小额信贷应用程序，最后终于发展为核心银行系统。

提高小型金融机构系统效率的三种途径正逐渐明晰，每一种都分别适用于不同级别的机构。小微型金融机构和信用社可以采用开放源码（是一种软件编写方面的公共协作——译者注）的解决方案。中型机构可以合作或结合外包，将后台操作统一为一种形式，使信息技术供应商能够参与。大型金融机构则可以外包其大部分信息技

---

① "Grameen Outsources Open – Source Development to India," Symbiotics, www. symbiotics. ch.

术功能。

只要供应商考虑到从前细分小额信贷软件市场的情况，那么以上 3 种途径都可谓是技术公司的商业机遇。小额信贷机构使用的贷款方法，不仅与主流银行不同，而且彼此间也大相径庭，同时又不希望做出任何调整。它们使用多种不同的语言、监管要求和操作方法从事经营。在机构形式、规模和复杂程度上，小额信贷机构也各不相同，从非政府组织到信用社再到商业银行，可谓是五花八门。

此外，由于小额信贷机构服务于低收入人群，他们往往对成本较为敏感。举例来说，由于金融资源的限制，中小型小额信贷机构可能不愿为核心银行系统支付超过 20 万美元。大型机构也更愿意寻找低于 500 000 美元的解决方案。核心银行系统提供商必须相应地调整价格或者把软件和外包服务相结合，从而帮助小额信贷机构降低银行系统整体的拥有成本。

格莱珉基金会在奥米迪亚网络的支持下，领导创建了一个名为小额信贷管理系统（Mifos）的开放源码核心银行系统，旨在使不受管制和小微型金融机构更多地使用核心银行系统。该解决方案被用于印度的一家小额信贷机构格莱珉库塔（Grameen Koota），以及肯尼亚、突尼斯和菲律宾等国的小额信贷机构。金仕达（SunGard）公司和国际商用机器公司（IBM）都为系统的开发和运行作出了贡献。起初，系统开发与技术支持是无偿的，但随着越来越多的小额信贷机构使用小额信贷管理系统，给为特定国家或公司定制系统的供应商和顾问带来了商机。同时该项目也给当地那些将系统看作商机并愿意进行学习的技术支持提供商们带来了商机。开放源码软件可以由国内的软件开发人员和支持快速采纳和持续改进的网络社团进行改写。

一些供应商，如坦密诺斯（Temenos）和艾福莱科斯（i‐flex），为小额信贷机构提供标准化全球银行应用。坦密诺斯成立于 1993

年，是金融服务业软件提供商。它已向近 600 家小额信贷机构销售了核心银行系统，其中包含大型商业银行和 120 个国家的小型小额信贷机构。它通过提供其主流产品的廉价压缩版本，来使自己的软件适用于小额信贷机构。服务于这个中档小额信贷市场只需几家大型供应商。通过这一举措，坦密诺斯找到了可以盈利的市场定位。

一些世界大型商业银行已经意识到，他们可以通过向应用服务提供商（ASPs）外包信息技术业务来实现效益。这促使艾福莱科斯和塔塔咨询等应用服务提供商瞄准了小额信贷机构。销售力网络公司（Salesforce. com）为小额信贷机构开发了名为"销售力量小额信贷版"的信息管理系统。这款按需定制软件可通过互联网跟踪付款，管理工作流程，以及分析客户数据。我们预计，应用服务提供商模式会在未来几年里普及范围更广。

帮助小额信贷机构走向以上提到的三种途径为信息提供商带来了商机。许多小额信贷机构不具备进行这种升级的必要专业知识。即便是有着合理系统的小额信贷机构，也需要信息技术供应商的帮助来以经济有效的方式将其业务扩展至偏远地区。前端解决方案，如销售网点设备、银行卡和手机银行必须融入其主要核心银行系统，这为能够支持这种集成的信息技术公司提供了机会。

小额金融机构的软件需求为小型软件公司提供了机会。购买设备、培训员工、系统升级、系统维护和新产品开发都可以视作国内外信息技术专家的机会。伴随着小额信贷的增长，对高效软件和系统的需求也在增长。而随着软件、信息技术平台、网络工程和硬件的日益成熟，金融服务也将改善和发展。

参考文献

[1] "Access to Finance," highlights report, International Finance Corporation, October 2007.

［2］Arnold, Debbie (former vice president, Emerging Markets, Visa Inc.), discussions with ACCION, 2007.

［3］"Clearing and Settlement Systems for Retail Payments in Selected Countries," Committee on Payment and Settlement Systems, September 2000.

［4］"Financial Sector Assessment 2005," Chapter 2, State Bank of Pakistan, www. sbp. org. pk.

［5］"Grameen Outsources Open – Source Development to India," www. symbiotics. ch.

［6］"Visa Asia – Pacific Consumer Debt and Prepaid Card Growth Outpaced Visa's Global Rate," press release, Visa Inc. , May 28, 2007, www. visa – asia. com.

第十四章　建设小额信贷投资市场

许多坚毅的专业人士都在致力于为小额信贷投资进入国际资本市场进行市场整合。一个成熟的小额信贷投资市场包括如下特点：及时有用的高品质小额信贷机构信息，广泛的投资者和活跃的交易，以及较低的进入和退出壁垒。当这一天来临时，小额信贷机构将能以准确反映其风险和收益的有利成本筹集资金。

投资者信息：顾问、数据和评级

创造市场方面面临的最大问题是为潜在的投资者获得正确的信息。华尔街专业人士都习惯浏览彭博商业网来查看大量即时数据。但彭博商业网并没有小额信贷页面。在 2005 年《经济学人》第一次认真看待小额信贷时[①]，它抱怨数据的缺乏和指标的晦涩，这些指标只有小额信贷内行能理解，对标准投资者却毫无意义。这样的网页令人很是失望。

在他们看来，小额信贷机构应为响应投资者的信息需求而成长。小额信贷机构最近才开始学着去了解投资者如何利用信息做出决策。起初，起源于非营利组织的小额信贷机构甚至有可能将投资者索要资料的行为理解为"与你有何关系"或看作缺乏信任的信号。

如今正在开发的支持小额信贷的信息基础设施是多方面的，其

---

① "Microfinance：A Survey," The Economist, November 3，2005.

中包括中央数据源（小额信贷信息交换或小额信贷信息交流中心），主流和专业投资顾问、投资协会，以及评级机构。本章将为我们简要介绍这几方面。

投资银行服务

投资银行家们不仅通过证券深化市场，他们还帮助投资者和小额信贷机构相互理解。如果想要找到投资者，小额信贷机构需要顾问提供的专业知识，以及与主流市场参与者合作带来的合理性。至于顾问方面，《投资交易商文摘》坦率地写道："历史表明，在任何时期，只要出现一类新的资产，华尔街就会主张通过承销新证券，并将其出售给经纪公司客户以获得丰厚盈利。"[①]

主要投资顾问中的花旗银行，德意志银行和摩根大通都已推出了小额信贷单元。它们和专业新兴市场，以及像蓝色果园（Blue Orchard）和发展中国家市场（Developing World Markets）等的小额信贷顾问，都是本书中所讲到的国际小额信贷交易的主要参与者。举例来讲，如果没有花旗银行，墨西哥的机构和个人投资者可能永远都不会对 2004 年和 2005 年发行的康帕多债券感兴趣。瑞士信贷也对 2007 年康帕多银行的成功首次公开上市起到了重要作用。

投资银行进军小额信贷的背后动机是复杂的，且并不纯粹出于利益。德意志银行的元老之一，阿萨德·马哈茂德坚信若不是出于社会使命，小额信贷不会得到这些企业的承诺。他认为小额信贷的产业规模实在是太小了，且在一段时间内，相较于其他行业，都将维持在这个水平。尽管投资银行期望从他们设计的小额信贷交易中盈利，他们可能还是会安排更多的人员在其他部门工作。另一方面，

---

① *Investment Dealers Digest*, February 2005.

仅仅为了塑造形象和无愧于良心，也不能放弃对小额信贷的承诺。吸引投资银行的原因包括，可以向新兴和前沿市场进行渗透，可以在金融领域的前沿工作，以及可以参与不断增长的社会投资运动。在美国金融危机之后，我们还可以加上一条，进行反周期投资。

最强烈的动机之一也许包括建立一支积极进取的队伍。许多从事小额信贷的投资银行工作人员都热爱着他们的事业。他们去有趣的地方，解决有挑战性的问题，并有助于需求者。像马哈茂德这样的人，他们会跟从自己的激情，作为内部主办人兑现对企业的承诺。有远见的高层领导人响应的原因则是因为，他们明白小额信贷的实践能够提高公司知名度和留住自豪和有能力的积极员工。

小额信贷投资中介/工具

绝大多数的小额信贷国际投资都是通过小额信贷投资中介/工具（MIVs）进行的：即专用于小额信贷的债务或股权投资基金，有时也包括其他形式的社会投资。截至 2007 年底，有价值 54 亿美元的 91 种小额信贷投资工具。[1] 这些投资工具的增长是宏观现象"投资影响力"的重要部分，其中包括可再生能源、社区发展，以及其他能带来社会或环境益处的投资活动。小额信贷投资的发展有些独立于其他形式的投资影响力，但联系也在日益增强。[2]

2007 年，小额信贷投资工具的数量和规模都呈指数级增长。2006 年到 2007 年，小额信贷投资工具的投资增长超过一倍。部分（78%）投资来源于债务；然而，股权投资的增长更为迅速。2005 年至 2007 年，至少有七种新的股票型基金成立。这种增长势头一直

---

① CGAP MIV 2008 Survey Benchmarks, October 1, 2008.

② "Investing for Social Impact: A Design for Catalyzing a New Industry," Monitor Institute, January 2009.

持续到 2008 年中，直到因为 2008 年末的金融危机才被迫终止。东欧和拉丁美洲获得了大量投资，南亚和非洲也开始吸引更多的投资者。

传统上将小额信贷投资工具构造为债券基金，以吸引那些尚未准备好进入新兴和前沿市场，以及低于投资级评级的投资者。在债务抵押债券的鼎盛时期，债券产品进行了结构化分级，以满足投资者的不同风险偏好。由蓝色果园（蓝果一期和蓝果二期）和发展中国家市场（小额信贷证券 XXEB）创建的结构性融资工具筹集了 2.7 亿美元，这还只不过是过去几年里开展的一些较知名的交易。

第一个小额信贷投资工具，权益基金"专业基金"（ProFund），于 1995 年由具有社会责任感的投资者和国际小额信贷机构（IFIs）创建。它在拉丁美洲以 2 000 万美元投资了 10 家小额信贷机构，而后在 2005 年撤出。国际金融机构，如美洲投资公司和荷兰发展银行（FMO），通过推动多个小额信贷投资工具的发展，启动了小额信贷投资工具产业。然而，扶贫协商小组称，国际金融机构的投资工具资金份额在 2007 年下跌至 19%。散户投资者也是早期的支持者，其投资量一般都很小。而现在，他们已成为小额信贷投资工具资金的中流砥柱，占总量的 30%。机构投资者是近期的新成员。其投资份额从 2006 年的 14% 增加至 2007 年的 41%。该份额在一年内的飞跃反映出机构投资者的大规模投资。养老基金，如美国教师退休基金会和荷兰的总部基地（ABP），在小额信贷投资资源的配置方面成为了主导。小额信贷投资工具投资在欧洲的发展快于美国：投资额占管辖总资产一半以上的前五大小额信贷资产管理公司，全部设在欧洲。[①]

有远见的小额信贷投资者想要通过小额信贷投资工具进行投资，

---

① Sarah Forster, "CGAP 2008 MIV Survey Main Findings," Presentation. CGAP, September 2008.

可能会从在小额信贷信息交流中心（MIX）上阅读关于小额信贷投资工具的信息入手。他们还会希望和以下两个协会之一取得联系：国际小额信贷投资者协会（IAMFI）或小额信贷权益基金理事会（CMEF）。国际小额信贷投资者协会成立于 2007 年，包括了通常作为有限合伙人的小额信贷投资工具的机构投资者。小额信贷权益基金理事会的成员由小额贷款投资中介组成，这些中介大都是权益基金的普通合伙人。这两个组织都致力于小额信贷投资的实践。例如基金理事会，一直专注于与估价、道德规范、补偿标准、行业风险以及小额信贷机构治理有关的项目。通过这类项目，在投资小额信贷方面的最佳实践正逐步达成共识。

基瓦和"小额信贷据点"网站

在小额信贷与个人散户投资者间创造联系格外具有挑战性。比如，要将一位繁忙的美国超级奶妈与一名勤劳的乌干达女性农民相联系，这一概念承载的情感太过伟大，以至于一些企业家为其搭建了桥梁，其中包括基瓦（Kiva）和"小额信贷据点"网站（Micro-Place）。基瓦尤其吸引了媒体的想象力，正如福布斯的滥情宣言所说的："基瓦使谷歌的企业家精神与波诺的社会改良者气质相得益彰。"[1]

基瓦和"小额信贷据点"网是利用互联网技术支持个人在网上进行投资，以经济节约有效的方式从众多小型投资者中筹集资金。在某种程度上，他们的任务类似于从事高性价比的小额信贷贷款。但这二者采用的模式略有不同。小额信贷据点网是一项与易趣网相关的创举，它显然是一种投资工具。其放款人将 500 美元左右的小

---

[1]　"When Small Loans Make a Big Difference," *Forbes*, June 3, 2008.

额贷款通过对社会负责的小额信贷投资工具，如卡尔弗特基金会和微额信贷（Oikocredit）进行投放。小额信贷投资工具聚集贷款，再借给小额信贷机构。该小额信贷网站通过允许放款人以照片和客户的故事为基础，来选择贷款给哪家小额信贷机构，营造出一种私人关系之感。

基瓦成立于2005年，将私人联系又推进了一步。在贝宝捐赠服务的帮助下，基瓦接受小到25美元的"投资"，并允许用户选择自己希望协助的个体微型企业。基瓦直接将投资者的资金借给小额信贷机构，而不通过小额信贷投资工具进行，因此它必须代表卡尔弗特基金会和微额信贷进行尽职调查并完成投资整合任务。

基瓦的个人对个人模式在公众界取得了惊人成功。当我的大儿子和女儿建议投资基瓦而不是要圣诞礼物，以及小儿子同校的四年级学生说他们的家人也投资给基瓦时，我才意识到基瓦已经广泛、迅速地渗入美国人民的意识中。甚至一些美国行动国际的员工也投资了基瓦。

抛开技术的奇迹不谈，为借款人与贷款人搭建私人联系是可贵的，而且影响着投资回报。基瓦涉足慈善事业和社会投资而不求回报。小额信贷据点网则属于社会投资类别，提供的回报率不超过3%。因此，尽管这些组织代表着重大突破，美国小额信贷的零售投资尚未完全商业化。它在欧洲的发展更进一步，这得益于荷兰等国的支持性立法。

评级

投资者极其依赖评级机构的判断，他们认为其判断是合情合理和公正的。一个公司的评级，既能衡量其违约的可能性，也决定了哪些投资者可以购买它的票据。许多管理庞大投资组合（货币市场共同基金、银行、信用社、保险公司、国家养老基金、地方政府）的机构投资者，都要遵循限制，其必须选择高评级证券。资本市场对达到投资级评级的小额信贷机构完全开放。

达米安·冯·施陶芬贝格，小额评估（MicroRate）公司的创始人和CEO，是把握评级对于向小额信贷开放资本市场的重要性的先驱者之一。他于1996年创办了小额评估公司，作为专门从事小额信贷的评级机构。起初，公司的评级需求主要来自发展机构，它们在当时仍然是小额信贷机构主要的资金提供者。随着小额信贷增长以及商业化的开始，投资者对评级的需求猛增，而新的专业评级机构也出现了，其中包括：沛丰评级（欧洲），微费南泽（意大利），以及小额信贷评级国际公司麦可瑞（印度）。然而小额信贷机构往往无法理解第三方评级的重要意义，因而不愿支付全部费用。所以小额评估公司和其他公司不得不靠补贴才能维持经营。如今，小额信贷信息交流中心列出了14家不同的小额信贷评级机构，包括两家主流评级机构，标准普尔和惠誉。截至2006年，大约900家小额信贷机构已经完成评级，绝大部分由专门的小额信贷评级机构进行。[①]

这些小额信贷专业化评级机构既有优点也有缺点。这些机构已经针对小额信贷开发出了工具和测量方法，这为小额信贷机构之间的比较创造了条件。这为赞助商和社会投资者提供了帮助，也为小额信贷机构萌发了关于财务表现、管理和他们需要满足评级机构信息质量的意识。然而，主流资本市场并不使用这些评级工具，因此商业投资者也并未将其看作明了或有用的比较工具。第九章中着重描写的大多数著名交易都要求由主流评级机构进行评级。

类似2004年和2005年康帕多债券这样的交易，促使标准普尔创建专责小组，以开发自己的专业小额信贷评级协议，我很荣幸能

---

① Sanjay Sinha, "Davids & Goliaths in International MicroFinance: The Challenge for Specialized Raters," Micro – Credit Ratings International, July 2006, 2.

够参与其中。① 辛西娅·斯通，标准普尔全球业务运营的前任总经理，负责领导该活动，她认为主流评级的空缺在小额信贷快速发展时期会对投资造成阻碍。我发现，标准普尔的专责小组辩论的两个棘手问题具有极其重要的意义。

专责小组努力去掌握小额信贷机构的社会使命，并将这视作其独到之处。是否应该将社会使命融入评级，由于对社会使命强有力地贯彻，是否会增强小额信贷机构的信誉（例如，因为它代表了良好的客户关系）？还是说社会使命无关于信誉，它只值得投资者对社会利益进行侧面关注？换句话说，社会使命和企业目标之间的相互关系精确到什么程度？你如何衡量社会使命？我们将在本书的第四部分探讨这些问题。

另一个问题是如何对待高风险国家可靠的小额信贷机构。在标准处理方法中，受"一个国家的政治风险会影响其边界之内的所有企业"这一理论影响，公司评级不能超过本国政府的主权债券评级。许多小额信贷机构位于世界上最不发达的国家，这意味着全球小额信贷行业的巨大部分，包括许多领先机构，都只能获得极差的评级。国家风险会掩盖机构的质量，使国际间的比较难以进行。标准普尔建议制定一个用于比较的全球性小额信贷机构评级，不受主权评级的限制，不作为"官方"评级。

主流评级机构很难对小额信贷机构做出承诺，因为小额信贷机构十分分散，而且往往处在评级机构不活跃的国家，同时只有少数的小额信贷机构愿意支付评级的全部费用。另一方面，领先的小额信贷机构选择主流评级机构时，专业的小额信贷评级机构正流失其优质客户。

但是情况一直在变。小额信贷评级机构正在将主流工具纳入到

---

① "Microfinance: Taking Root in the Global Capital Markets," Standard & Poor's, June 2007.

自身范围之内，并形成彼此之间或与主流评级机构间的联盟。例如，小额评估公司的冯·施陶芬贝格已经与印度的专业小额信贷评级机构，麦可瑞（M－CRIL）的创始人桑杰·辛哈协商结盟。小额评估和麦可瑞联合，是小额信贷评级专业机构的强强联合，处理了超过70％的小额信贷评级业务（超过 400 家小额信贷机构）。[1] 尽管在小额信贷行业享有强大地位，冯·施陶芬贝格和辛哈仍关心二者作为独立机构的长期生存能力。他们的联盟，国际小额评估（MRI），是走向合并的第一步。

其他国家和地区的非专业化评级机构也开始考虑将小额信贷作为潜在可行的业务方向。印度的一家主流评级机构，印度信贷评级资讯服务有限公司（CRISIL），在私营和公共部门的赞助下，在加勒比地区创办了一家区域信用评级机构，加勒信贷评级（CariCRIS）。小额信贷商业化在秘鲁、玻利维亚和厄瓜多尔相当发达。覆盖这些地区的太平洋金融信用评级机构，期待小额信贷能成为一项持续发展的业务领域。

数据在哪里？小额信贷的信息交换

如果我们将目光转向信息的提供者，我们会看到与专业评估者相似的两难处境。小额信贷信息交换，或小额信贷信息交流中心，是为了向潜在投资者提供关于小额信贷机构的信息而设立的。它力图成为小额信贷方面的彭博商业网，也是现在投资者需要小额信贷行业数据时第一个访问的地方。小额信贷行业最"权威"的数据，绩效指标，以及个人小额信贷机构现在都来源于小额信贷信息交流中心。但主流投资者不经常查询小额信贷信息交流中心，当他们查

---

[1] "MicroRating International," press release, MicroRate and M－Cril, February 2007.

询时，也没有找到他们以往习惯浏览的市盈率和股价历史。没有主流用户，小额信贷信息交流中心只能依靠补助，这就限制了其促进信息系统朝主流品质发展的能力，这便是所谓的"不可逾越的鸿沟"。然而，小额信贷行业参与者对小额信贷信息交流中心做出委托，交流中心也承诺将在一段时间内继续做小额信贷的顶级数据来源。

上升的回报

很难说小额信贷机构的股权投资是否提供了可靠而有吸引力的回报，因为历史上小额信贷的退市十分有限。从专业基金的 6.6% 到康帕多首次公开上市的高盈利率，收益差距范围巨大。

领先的小额信贷机构往往赚取非常有吸引力的股权回报。自1999 年以来，几乎每年康帕多的净资产收益率都接近 50%，2007年，美国行动国际的分支机构自助银行（秘鲁）和玻利维亚阳光银行（玻利维亚）分别实现了 37% 和 33% 的股权收益。[1] 大量盈利小额信贷机构的资本收益率出现下降，下降范围从 4% 至 18% 不等。[2]

然而国际投资者并未直接收到这些回报。在专业基金的案例中，以权益作为投资工具的投资者在调整基金管理费（通常在每年 2% 至 3% 的范围内）和外汇风险后收到回报。如果没有汇率损失，专业基金的回报将更丰厚。即便如此，专业基金仍然跑赢了同一时期拉丁美洲非小额信贷投资的平均收益。收益严重依赖于销售时的估值，它包含了对未来盈利潜力的估计。小额信贷的资金回报率已经呈上升趋势。在 2007 年，股票型基金的平均总回报率为 12.5%。[3]

---

[1] ACCION International data.

[2] Microfinance Information Exchange Industry Benchmark Tables, www. mixmarket. org.

[3] CGAP MIV 2008 Survey.

债务金融的收益则较为简单。"对于很多机构投资者，小额信贷证券已被证明是一种波动幅度小，收益率堪比伦敦银行同业拆借利率，或货币市场投资的不相关类别资产。小额信贷证券虽然近期沉浸于新兴市场，回报率却一直很强劲，"扎克·福克斯在电子杂志《欧洲货币》中写道。[1] 对于债务，疑问则存在于小额信贷机构的违约率。到目前为止，这个话题只受到很少的审查，但一项由小额信贷投资者协会进行的研究，将会确定和调查违约的先例（这是少数），让投资者更清晰地了解小额信贷行业的风险。2007 年，收益基金的平均净回报从上一年的 5.8% 增长到 6.3%。[2] 随着 2009 年的信贷紧缩，小额信贷的债务供应商一直在寻求更高的收益。

规模

小额信贷与完全普惠的资本市场间还存在什么差距呢？其中的一个因素是规模不足，难以避免成为以微小贷款为基础的行业。大银行不愿安排小型或中型的交易。就像小微型企业贷款一样，它们在与潜在回报相关方面的部署上花费了太多成本。小型交易吸引那些不介意规模较小的个人投资者，其中包括那些具有社会责任感的人。在使交易量停滞不前的因素中，缺乏大型的盈利小额信贷机构是原因之一。

一项更为暂时性的影响因素是国际小额信贷机构（IFI）"挤出"私人投资的行为。出于经验，法律地位，盈利能力和规模的考虑，投资小额信贷机构的候选人有限。这些"一级"小额信贷机构从国际金融机构获取了低成本的债务和权益基金，从而使得私人资本失去了生存空间。理想情况下，考虑到自身的社会使命，国际金融机

---

[1]　Zach Fuchs, "Microfinance: Beyond Philanthropy," *Euromoney*, September 2006.

[2]　CGAP MIV 2008 Survey.

构应承担风险较高的小型二线金融机构的产品，并投资以帮助这些机构做好投资的准备。但像任何聪明的投资者一样，国际金融机构也想参与规模大，回报高（且安全）的交易。它的作用正日益减弱，直至 2008 年市场崩溃榨干了全世界的流动性，于是公共部门，包括国际金融机构，开始复出以填补漏洞。

外汇

管理外汇风险是小额信贷面临的特别问题，因为他们大多在使用软货币，包括不易对冲货币的国家中。许多小额信贷机构，尤其是拉丁美洲的美元化经济体，它们能够以美元借入款项是因为他们能够用美元借出款项。然而这种策略本身就存在风险。更安全的策略则是通过花旗银行、渣打银行，或德意志银行这类在当地经营而且可提供本地货币贷款的银行，以本地货币进行融资。其中，并且可以提供当地货币贷款。更复杂的解决方案也开始出现，如在由众多基金组成的小额信贷投资组合中多币种交易，以及最近的对冲交易和货币掉期等。

摩根士丹利从 20 家使用贷款抵押债券的小额信贷机构中购买债券以使用货币掉期来减轻 2007 年的外汇交易风险。以当地货币进行贷款可以降低小额信贷机构的汇率风险，同时这些货币在未来将以约定的利率进行交换。

2007 年，由具有社会责任感的投资者、国际金融机构以及商业银行投资者组成的财团提出了一项倡议，以管理外汇风险。货币外汇基金（兹克斯基金）将其资产分散于多个不同币种，以降低汇率风险。该基金的总承诺资本合计 4.7 亿美元，这为它提供了从 1 美元至 300 亿美元的交易空间。兹克斯（TCX）对发展中国家的私营部门投资者提供长期外汇对冲，包括住房和基础设施，以及小额信贷。[1] 为了促进交易量相对较小的小额信贷机构使用兹克斯基金，它们还开发了一只名为微菲克斯（Microfix）的基金，并于 2009 年初投入运营。[2]

退出投资

尽管退出投资选择范围在扩大，小额信贷的股票投资者所面临的退出投资选择仍然受到限制。当专业基金将自己包装为第一只股票型小额信贷基金时，就很难找到退出投资的方法，导致估值流动性大打折扣。如今的康帕多作为上市公司，对其股东来说流动性折扣已不复存在。但上市是复杂且成本高昂的，只有极少数的顶级小额信贷机构才可行。与此同时，其他退出投资的可能性正在出现，其中包括收购新的战略投资者、兼并和收购以及不断扩大股权投资基金的数量等。

以上简要回顾表明，在建设投资市场方面，挑战仍将持续。因此，某些形式的信用增级仍将继续，尤其是在开创性交易方面。这种改进的需求一直在随着时间的推移而下降，尽管它在应对金融部门危机时有所上升。公共国际金融机构和私人社会投资者将至少和主流商业投资者一样保持活跃，尽管这种趋势将继续走向商业末端。在未来的一段时间内，小额信贷将占据有利地位，在受益于资本市场的同时，会由很多具有社会责任感的参与者支持。这种有利局面孕育着行业的扩张，是有利于普惠金融发展的好消息。

---

[1] "Facts and Figures," The Currency Exchange Fund, November 5, 2008, www.tcxfund. com. And, "The Currency Exchange Fund N. V. Overview," The Currency Exchange Fund, October 2008.

[2] "Microfix：The Micro Finance Local Currency Connection for Micro Finance Organizations," *Symbiotics*, October 20, 2008, www. symbiotics. ch.

参考文献

［1］"CGAP MIV 2008 Survey Benchmarks," October 1, 2008.

［2］"The Currency Exchange Fund N. V. Overview," Currency Exchange Fund, October 2008.

［3］"Facts and Figures," Currency Exchange Fund, www. tcxfund. com.

［4］Forster, Sarah, "CGAP 2008 MIV Survey Main Findings," presentation, CGAP, September 2008.

［5］Fuchs, Zach, "Microfinance: Beyond Philanthropy," Euromoney, September 2006.

［6］"Investing for Social Impact: A Design for Catalyzing a New Industry," Monitor Institute, January 2009.

［7］*Investment Dealers Digest*, February 2005.

［8］"Microfinance: A Survey," *The Economist*, November 3, 2005.

［9］The Microfinance Information Exchange, www. themix. org.

［10］"Microfinance: Taking Root in the Global Capital Markets," Standard & Poor's, June 2007.

［11］"Microfix: The Micro Finance Local Currency Connection for Micro Finance Organizations," *Symbiotics*, October 20, 2008, www. symbiotics. ch.

［12］"MicroRating International," press release, MicroRate and M – Cril, February 2007.

［13］Sinha, Sanjay, "Davids & Goliaths in International MicroFinance: The Challenge for Specialized Raters," Micro – Credit Ratings International, July 2006.

［14］"When Small Loans Make a Big Difference," Forbes, June 3, 2008.

［15］Reille, Xavier, and Sarah Forster, "Foreign Capital Investment in Microfinance: Balancing Social and Financial Returns," CGAP Focus Note 44, February 2008.

第四部分

具有社会责任感的回报

第十五章　如何履行社会责任

具有社会责任的金融服务会对使用它们的人的生活产生强大影响。有的人会抓住机会利用这些金融服务，也有的人会与之擦肩而过。利用这些金融服务是否会使人们的生活产生截然不同的效果，贷款会使人们更早地住进好房子，会使人们易于从灾后恢复或者会使人们由此陷入贫穷。由于其本身性质的特殊，普惠金融具有双重底线，即金融回报和社会回报。

设想一家航空公司因为没有把乘客安全作为经营重点而过早地结束了经营，虽然从表面上看客户把他们的生命交在航空公司的手中，但在一些关键的方面，这还是要取决于金融服务提供者。金融服务提供商有责任为他们的客户谋利，同时，也应该仔细考虑他们的服务是如何使其客户过上更好生活的。遗憾的是，这些金融服务者并没有坚持这样做去赢得客户持续的信任。

企业文化、提供服务更容易使得普惠金融服务商成功或成为行业精英，他们把社会底线作为其战略的一个组成部分。那些忽视社会底线的服务商不仅使自己的业务面临危机，同时也损坏了其他金融服务商的声誉。

改变企业社会责任的观点

公众对待企业社会责任（CSR）的态度正在快速变化。往好里说把社会责任作为企业的强制性成本，往坏里说把它作为保障性策略，而这一观点已不能适应当今潮流。根据麦肯锡 2007 年的报告，89% 的消费者认为"企业在实现股东利益最大化这一目标的同时要兼顾公共社会责任"，[①] 这一结论并不使我们感到震惊。使我们更为震惊的是，84% 的高管也同意此种说法。这种共识是未来行动的关键起点。

然而，企业的社会责任实际履行的效果存在着分歧。各个关键利益相关者，如企业高管、雇员、投资者、消费者以及整个社会，有着不同的观点。研究表明，北美 68% 的高管认为大公司对于社会责任贡献就是"一般"或"稍微"积极。然而，这个观点只有 48% 的消费者认同。当消费者被问及大型的跨国公司是否以对社会的最佳利益行事时，仅有 33% 欧洲消费者和 40% 美国消费者持肯定态度。调查还发现，79% 的中国消费者拒绝购买他们认为违背公众利益的公司产品或者服务，而在美国，这一比例仅占 49%。

从传统意义上来说，企业社会责任被看作是维持积极声誉的关键，信誉不只是一个软实力。品牌认同、顾客忠诚度以及商誉都是有价值有用之物。而且，随着更多具有社会意识的股东、投资者和消费者的出现，信誉作为社会责任的核心变得更有价值。但是，尽管声誉是社会责任的重要驱动因素，但企业往往是被动地把社会责任放在风险管理领域。

虽然尚没有唯一的企业社会责任理论获得普遍接受，但是主流商业学家们正在寻找令人满意的理论基础。和我有相似观点的前麦肯锡首席执行官伊恩·戴维斯指出隐式的社会契约：社会创造了商业，因为商业提供了有益于社会的商品、服务和就业。[②] 与股东价值最大化不同的是，戴维斯指出，"这将更精确，更加有效地描述出商

---

① Shelia M. J. Bonini, Kerrin McKillop, and Lenny T. Mendonca, "What Consumers Expect from Companies," in Business in Society, 2007 Anthology, McKinsey Quarterly, 2007.

② Ian Davis, "The Biggest Contract," *The Economist*, May 26, 2005.

业作为提供有效的、社会真正需要的商品和服务最终目的，而且也的确更有益于长期股东价值"。这种看法并没有背离传统经济学家的观点，即具有最大的社会影响力的商业在于其基本运作。而保守的思想家认为比尔·盖茨通过微软产生了比他价值数十亿美元基金会更大的社会影响。

双重底线

在普惠金融的圈子里，人们经常谈论到"双重底线"，即金融回报和社会回报。但每个人在不同的立场上有着不同的着手点。20世纪 90 年代初，当小额信贷团体首先考虑到商业银行小额贷款时，包括我自己在内的倡导者，完全地把利润作为达到目的的手段。我们的目标是使数以百万计的人们长久地使用小额贷款，同时把利润作为实现这个目标的工具。企业高管更愿意从金融底线着手，把社会福利作为利润最大化战略的一部分。一个企业如果它想保留住他们的忠诚度，一定要惠及到它的客户（也包括它的员工）。长远来看，股东和客户的利益有着很强的联系，因为股东价值在很大程度上依赖于客户价值。

从数学和逻辑上来看，无法同时实现金融回报和社会回报两个目标的最大化，所以永远不可能有完全令人满意的双重底线理论。但我们生活在现实世界中，在大多数情况下我们不需要知道哪个底线是更重要的，因为两者都深深地交织在一起。

在有影响力的《哈佛商业评论》关于企业社会责任的一篇文章中，迈克尔·波特和马克·克雷默的核心观点是企业与社会的相互依赖使得公司能够把握社会趋势并为之采取相应的行动。波特和克雷默断言，"公司可以建立相互依存的商业和社会关系，而不是淹没于他们之间的冲突中"。^① 对于公司来说，可以学到的是将社会责任直接纳入其公司战略。

将社会责任纳入经营战略

将社会责任成功地纳入经营战略要求公司对于自身特定社会背景进行深入探索。根据戴维斯的观点，社会压力可能预示着公司在消费者需求方面的机会，因为消费者的需求没有被充分满足。对这种机会，非常敏感的公司可以利用其创新和研究，来创造社会价值和金融回报，比如丰田普锐斯巨大的成功。通过长期关注能源的发展趋势，丰田早就在大众市场准备好的时候引入混合动力汽车，因而及早地应对得到了长久的优势并且赢得了声誉。

全食超市将其业务战略放在有机食品运动上，使得人们对有机食物的兴趣高涨，从而使其变成大公司，同时也引来其他连锁超市的关注。另一方面，人们也见证了快餐业迅猛发展的时候，对于美国肥胖问题的担忧与客户忠诚度的流失并没有立即引起大家的关注。

我们将记住这些把社会责任纳入经营战略成为成功例子的熟知的企业。接下来我们回到普惠金融。

金融服务业的社会责任

普惠金融将社会行动置于业务战略的核心。客户可以提高他们的生活质量并且增加资产，从而刺激了当地的经济活动。追求普惠金融的企业，如花旗银行和维萨公司都建有成熟的业务线。更重要的在于他们对自己未来的定位，像丰田的普锐斯，一下子定位到一

---

① Michael E. Porter and Mark R. Kramer, "Strategy and Society: The Link Between Competitive Advantage and Corporate Social Responsibility," *Harvard Business Review*, December 2006.

个迅速扩张的市场。

本书中，社会责任的重点通过商业转移到普惠金融领域的案例来呈现。我们看看倡导企业社会责任的公司是如何开展普惠金融业务的。这些例子是从那些传统的社会责任（例如耐克）到更具战略性的企业社会责任排序的。所有的努力都值得赞扬，而且重要的是它们也说明了如何将社会问题纳入商业。其经验教训包括：利用非营利组织和政府的合作关系；运用各种慈善事业和直接商业媒介；以及分析客户、员工和社会的需求。最后两个例子，西麦斯（Cemex）公司提供的 Patrimonio Hoy 程序和荷兰银行的真正小额信贷，都显示出首次将企业社会责任纳入主流商业战略方面的力量。[①]

耐克的乡村发展项目，泰国

20 世纪 90 年代，世界一流的运动鞋制造商耐克，因为把工作外包给廉价劳动力的血汗工厂，在国际上遭到严厉的批评。为保护其名誉，耐克开始大力推进社会责任活动，专注于其雇员的福利以及他们的社会福利。同时，耐克公司致力于将生产转移到低成本的地区。

这样低成本的地区之一就是泰国的农村。耐克公司同人口与社区发展协会（PDA）和泰国最著名的非政府组织（NGO）结成伙伴关系，对员工、当地新工厂的工人带来一系列的服务，其中包括贷款基金。从 2001 年到 2004 年，这一贷款基金协助了 700 位借款人，而且借贷金额增至 560 000 美元。虽然这一数额并不突出，也并不是主要的金融服务项目，但耐克公司在更广泛的社区发展中提供普惠金融服务。

---

① Wolfgang Frank, "Successful Partnership for CSR Activities in Thailand: The NIKE Village Development Project," Population & Community Development Association, www. pda. or. th.

Betagro 集团员工的贷款，泰国

Betagro 是一个在泰国价值数十亿美元的鸡肉和猪肉加工公司，它的生产依赖于成千上万的短工，而这些短工需要乘公共汽车从 120 英里之外而来，以应付季节性需求。因为工人的生产能力变化很大，Betagro 公司 13% 的月度周转率成本是非常昂贵的。公司领导意识到，对于工人来说周转率或许是导致在外工作压力以及个人经济压力的主要因素。员工经历着高利贷债务、医疗危机和其他紧急情况应变的金融压力。

Betagro 与政府储蓄银行和人口与社区发展协会合作，人口与社区发展协会是和耐克合作的同一个非政府组织。政府储蓄银行，通过其人民银行小额贷款计划，在工厂和工人宿舍现场提供金融服务。2008 年初，对于 Betagro 来说，该项目仍然太新而不能用来确定它对营业额是否有直接的影响。然而，已有明显迹象显示了 Betagro 员工的态度改变。Betagro 高管强调这个项目是一个商业活动，是可持续竞争优势的一项投资，而不是企业社会责任。①

鸡肉加工商和鞋制造商能够参与普惠金融可能会使人惊讶，这也是为什么普惠金融能够成为商业战略的一部分。对于耐克，这是一种非常传统的企业社会责任途径，旨在创造积极的社会关系。对于 Betagro 来说，它用的是与战略更加紧密的途径去解决其生产力的问题。

澳新银行，太平洋岛屿

处在太平洋主要中心区域运作的澳新银行，关注到在偏远的和

---

① Walailak Keeratipipatpong, "Betagro Postpones Planned SET Listing: Business Thriving from Focus on Efficiency," *Bangkok Post*, August 25, 2008.

低收入人口的太平洋岛屿上存在市场机会。首先它必须更加了解这一市场。银行工作人员走遍该群岛，并进入农村社区。他们提出问题，并且认真聆听当地居民的述说，发现岛上的居民们担心易遭受自然灾害的袭击。澳新银行则相对应地推出一套防范灾害的针对农村的产品。为了使储蓄账户能够在远离电网的地点运作，澳新银行开发太阳能供电的自动取款机。

澳新银行打算长期推广这个项目，认为这将奠定未来的利润，但并不是所有的试验都是盈亏平衡的。在 Betagro 的例子中，在得到社区成员、当地的政治领袖和主流客户关于自身对于国家发展的支持时，澳新银行很快以商誉的形式赚回了利润。其中的一些人可能是影响澳新银行的经营环境的决策制定者。这可能是一个一般性的教训：短期内社会责任的优势以形象、声誉和商誉体现。如果声誉是主要动机，那么公司很可能会叫停而非继续一个做出很少努力就能盈利但会伤害声誉的项目。

澳新银行案例也强化了伙伴关系在程序设计中的作用。在公共部门或非营利组织中的合作伙伴可以协作应对挑战，这个挑战是把目前没有商业解决方案的新想法变为能够孕育出商业机会的孵化器。

Betagro 和耐克公司开发了这种伙伴关系。澳新银行与联合国发展计划署（开发署）结成伙伴关系，联合国发展计划署（开发署）在澳新银行想要发展的地区提供金融扫盲培训。金融知识有助于为澳新银行建立提供客户关系的服务市场。澳新银行没有得到开发计划署直接的支持肯定也是有利可图的。在建立伙伴关时，重要的是业务盈利能力不依赖公共或非营利组织的存续。

小额信贷团体为潜在的伙伴关系提供了一个丰富的来源。它与低收入部门深入合作并且持续地给客户带来深远的影响。最著名的合作关系的例子之一是格拉明电话计划，由格莱珉银行和诺基亚发起并借钱给农村妇女购买手机，农村妇女接着卖给他们的邻居电话服务以得到收入。这项金融服务提供给客户一个具体的赚钱的机会，手机也通过新的商业机会、更好的市场信息和服务途径更好地服务于社区。在同类型的投资机会中，很多小额信贷机构都是潜在的合作伙伴。

公平银行教育产品组合，肯尼亚

最有远见的公司往往积极地找出如何在生活上给予他们客户较为深远的影响，即使这意味着超越金融服务的标准配置。蓝色海洋战略实际上是创建新的市场，而不是争夺饱和的市场。肯尼亚的公平银行是一个非洲最成功的小额信贷银行，它看到关于教育价值的商业机会。

公平银行的经理发现他们给大量的正在发起建立针对低收入家庭的私立学校得教育家和企业家。公平银行在这些学校里制定了一系列的产品和服务，把以前毫无关联贷款变成多面的业务线。基于学校公平银行的金融服务包括青年储蓄账户、家长和教师的储蓄和贷款以及学校（发薪服务、建筑贷款和其他）建立的金融服务。公平银行用高额的奖学金计划扩充此服务，向每个银行经营区的尖子学生提供大学奖学金。最近，公平银行基金会一直在寻找慈善资源来进一步加强它与银行的合作。在非常重视教育的国家，公平银行资助的学校重点把智力定位和真诚的承诺相结合来解决一个重要的社会问题，以及有关青年的方向问题，以确保未来庞大的客户基础。

公平银行教育项目最有意思的方面之一就是其业务、宣传和慈善部门彼此的支持方式。随着更深层次的社会责任纳入企业战略，公司可能会担心慈善和商业活动之间的界限变得模糊不清时失去它们的方向。对公司来讲，损害自身利益来从事社会慈善活动也是不可取的。如果权益银行向那些偿付困难的学校提供贷款就会带来上述问题，而通过教育产品组合的使用能很好地把企业活动和社会责任融为一体。

西麦斯（CEMEX）的今日资本（Patrimonio Hoy）项目，墨西哥

如果一项活动能够以利润为中心来设计，它们就会有更好的机会推广并维持下去，这也意味着它们有更好的机会去使更多的人受益。以社会责任为核心的概念创新通常很难推广，平心而论它们就是慈善，而不是商业机会。

墨西哥水泥业的巨头公司西麦斯公司最初将社会责任融入其今日资本（今日权益）项目中。西麦斯公司为低收入人群贷款，使得他们得到建造房子所需的水泥和其他建筑材料。这个项目是成功的，因为它使得想要接受贷款的人建造房子。这也同样使得西麦斯公司赢得了国际声誉。然而，在其最初的形式中，今日资本项目并没有使西麦斯公司盈利，也因此不能追本溯源地向成百上千的潜在的可能成为顾客的人群中推广。

重新构建这项计划使其能够盈利和扩大规模需要重新考虑每一件事情。计划的运作需要流线型作业，需要把产品调整地更适合顾客。合法的框架协议需要得到规则制定者的同意，（包括非营利组织允许的金融活动）把 PH 项目扩大规模也意味着西麦斯公司面临新的挑战，那就是它是否想成为这项计划的先行者，或是成为一项严肃的商业策略。

美国行动国际（Accion International）和西麦斯公司合作重新构建今日资本计划，目的是使其扩大规模和产生盈利，但这却并未得到公司高管的立即同意。那些产生犹豫的高管中大部分的人认为 PH 有潜在的盈利性，同时考虑到有额外的认知和声誉风险。如果西麦

斯公司从穷人那里获得利润，是该受到表扬还是批评？最终，西麦斯公司决定重新设计并运行该计划，而且今日资本项目的受众达到18 500个墨西哥家庭。然而，高管们所面临的问题是，他们将预见我们将在下一章讨论的顾客保护问题。

荷兰银行和真正小额贷款，巴西

美国行动国际有和其他主要公司和荷兰银行合作的权利，而且能够从商业盈利和社会责任中两者相得益彰。进行这种计划的培育确实是美国行动国际的价值观。荷兰银行巴西分公司给美国行动国际公司的小额贷款业务部的投资进行缩减，这一技术将在第七章讨论。真正小额贷款第一次发放是在2002年在圣保罗进行的。

在最初的两年，这个项目规模依然很小。我经常听到美国行动国际的职员感到备受挫折，因为这个项目真正是由荷兰银行提供的，但却放在分公司的业务中，例如他们大量的分支机构业务网中。即使荷兰银行能够获得短期的荣誉，也不能将这项计划推向真正的商业成功。在这项计划的第三年，该银行改变了他们的观点，而且开始跟随真正小额贷款来组建自己的分支机构。从此之后，其增长曲线极速上升，到2007年，这项盈利的真正小额贷款项目已经拥有53 000名客户。

结论

公平银行，西麦斯公司以及真正小额贷款显示了战略性方法是如何产生社会价值的双重底线的。他们都表明社会责任和金融回报并不是完全对立的。把社会责任和目标融入企业经营战略会以各种各样的方式创造利润。

普惠金融的社会责任项目一定要充分考虑到社会福利，这也是我们第十六章要考虑解决的问题。美国次贷危机告诫我们，借款人一旦被利益驱使，他们就会鼓励贷款人借入过多的款项，但贷款人并无力偿还。社会责任的最基本一项挑战是如何衡量它的价值，这也是它无法获得公司关注的原因。要使得社会底线赢得和金融底线一样的认可，需要更好的量化方法。我们在本部分的最后一节讲述这个问题。

参考文献

［1］Bonini, Shelia M. J., Kerrin McKillop, and Lenny T. Mendonca, "Business in Society: Special Report," *McKinsey Quarterly*, issue 2, 2007.

［2］Davis, Ian, "The Biggest Contract," *The Economist*, May 26, 2005.

［3］Frank, Wolfgang, "Successful Partnership for CSR Activities in Thailand: The NIKE Village Development Project," Population & Community Development Association, www. pda. or. th.

［4］Keeratipipatpong, Walailak, "Betagro Postpones Planned SET Listing: Business Thriving from Focus on Efficiency," *Bangkok Post*, August 25, 2008.

［5］Porter, Michael E., and Mark R. Kramer, "Strategy and Society: The Link Between Competitive Advantage and Corporate Social Responsibility," Harvard Business Review, December 2006.

第十六章　客户保护和产销者普惠金融

当穷人被当成商业客户来对待得到更普遍的认同时，"穷人"和"利润"出现在同一个句子中还是会令人眉头紧缩，尤其让人头痛的是涉及金融服务时。

这些怀疑并不是空穴来风。从早期的金融服务中，尤其是贷款，有着不为人知的黑暗面。历史上邪恶的资金借款人如今则扮演着工资日贷款的借款人的角色。这样一来，我们就不会对诸如西麦斯公司的高管担心关于他们声誉的潜在风险感到奇怪，这些风险来自把PH计划从公司责任为最初目标转换为在大众市场中以盈利性为目标的过程中。并不是只有他们这些高管活跃于与穷人做生意的公众反应的问题探讨中。

当普惠金融达到一定规模时，就会得到社会的关注，同时也为人们批评它和促进它提供了机会。在服务供应商之间，不免会出现贪婪的机构、债务人自杀等情况，此时需要政府组织者来实施保护。在大众传媒中，坏消息的反响是好消息的反响的10倍之多。而且坏消息通常传播的更快，而且所有的部门或者特定的普惠金融都会受到影响，而不仅仅是坏消息本身所涉及的部门。许多人不相信这个模式，因为它是不合理、不恰当的。虽然这不经常发生，但确实是可以预见的。

关于上述风险的矫正方法就是采用强烈的产销者原则。因为为穷人服务的金融服务常常被误解，顾客保护成为提供普惠金融服务公司的最高日程。商业案例和顾客保护的紧迫性都是引人注意的。

本章中我们认为保护顾客的责任位于提供普惠金融服务之前。如果规则制定者是同样重要的，全行业的广泛成功依赖于值得信任的商人团体。

难处理的掠夺性借贷问题

尽管拥有百年的实际经验，金融系统还没能创造出一种消除掠夺性借贷的系统，也就是使其实际活动保持谨慎。

这个问题产生于金融和人性固有的本质。当贷款人签订贷款协议时，他们打算还贷款，而且也认为自己有能力还。但是实际经验则表明，尤其是那些穷人，总是高估自己未来还款的能力。无论是来自过度自信还是自卑，脆弱的消费者往往会接受那些对他们自己不利的条款。

长远来说，把客户的福利看作神圣的信任是明智之举。这样做需要严格要求借款人，以确保脆弱的贷款人没有陷入债务陷阱。但是只要人们想要过度借贷，就会存在一些利益追求者过度出借。由丁正规商人与低文化水平、低收入人们信息和权力的极度不平衡，这种问题对于在金字塔底部的客户会产生放大的效应。而且，由于像过度借贷这样不好的金融活动能在短期创造利润，并能增加短期的竞争优势，他们倾向于传播这样的做法，即使这些借贷人想要追求良好的金融活动。

玻利维亚的顾客借贷风险显示出了这样的情况，当出借人通过提供更大的贷款使顾客远离小额贷款机构时，小额贷款机构提高它们的借贷限制以筛掉不合规定的顾客。几年之内，过热的市场冷却下来，所有机构都严格地付清了贷款。

由于在实际中对消费者应该承担的利率上限缺乏统一规定，从而阻碍了普惠金融的发展。消费者支付收入的25%来偿还债务是合适的吗？40%呢？世界范围内的规则各种各样。

次级抵押贷款危机和其他崩溃的时刻

美国的次贷危机的原因和后果为如何保护消费者提供了客观的教训。次贷危机给整个世界经济的冲击波，从违反消费者保护的基础原则开始。低收入或不良信用历史的次级贷款的贷款人被具有最初很低的可变利率或甚至是零抵押贷款所引诱，但之后几年利率急剧上升。许多贷款人签订这样的合约（违反谨慎性原则）是希望在接下来的几年里，他们的收入会上升到足以支付更高利息成本的程度。抵押贷款发放者解释收入不足或首付款不足的理由是房价的节节攀升将弥补之前的损失。根据美国联邦存款保险公司副主席马丁·格伦伯格的观点，多达40%的次级抵押贷款没有进行收入核查。[①] 当这些贷款开始无法偿还时，次级抵押贷款市场的崩溃也瓦解了住房市场、更广泛的金融部门甚至世界经济，并对那些失去家园的家庭的影响是毁灭性的。

反讽的是次级抵押贷款产品的初衷是让穷人更容易拥有自己的房屋。而意想不到的后果给普惠金融提供者一个狠狠的警告。

为什么在有着高度监管的金融部门以及强有力的消费者保护法的美国仍然有很多不良贷款？更可悲的是，各个公司在不同的程度上都导致了这个问题。在华尔街的金融家们制定的债务抵押债券（Cdo），把较低利率的更为传统的贷款与较高利率的次级贷款相结合。他们把风险分层，赢得了评级机构的认同。债务抵押债券受到投资者们欢迎，所以抵押贷款经纪公司不断扩大他们的业务。这些经纪公司从贷款中赚了钱并且承担违约风险很小。因此一条连接的

---

① Martin Gruenberg, Presentation at the World Bank's Global Seminar on Consumer Protection and Financial Literacy, September 2008.

纽带就产生了，它保护重要参与者不受糟糕决策的困扰，同时把有利于贷款者的利率和那些运作机构，比如抵押贷款和债务抵押债券机构相联系。

监管者不作为是因为他们不管制抵押贷款经纪人。

普惠金融的次贷事件的教训值得深思并且给予我们远远超过本章所涉及的想法。我只想说，我们已经知道消费者保护对于阻止这场危机的重要性。偿付能力是一个简单的原则。银行开办以来它一直都是"五 C"的信用级别之一。次贷危机告诉我们危险在于借款人是否遵循这些原则来进行激励，以及贷款人是否愿意继续贷款。

其他国家的过度借贷危机

美国次贷危机的规模可能是前所未有的，但绝非只是不负责任地放贷就能使得整个金融体系动摇。发展中国家的金融部门在受到这种现象影响时至少和美国一样脆弱。过去的十年期间，消费贷款在南非和玻利维亚的潮起潮落就是例子。

在南非，政府设法向大多数先前种族隔离时期被拒之门外的新解放的黑人开放经济。政府改善了监管环境，消除了关于小额贷款利率上限，从而为新企业进入市场提供了空间。消费信贷公司把握住这次机会，以很高的利率宽松信贷政策向人们提供固定的贷款。他们称其为小额信贷，虽然大多数贷款是个人和消费贷款，和从微型企业以最佳形式贷款有很大不同。其结果是小额信贷使得低收入人群普遍债台高筑，在公众眼中政策制定者对穷人进行掠夺。心系社会的组织希望现在进入南非市场，但必须克服金字塔底部金融已受损的形象。[1]

----

① The preceding three paragraphs were adapted from a memorandum to ACCION by Larry Reed.

在玻利维亚危机中，消费贷款银行从智利引进贷款手段为中产阶层工薪阶层贷款，并且为自雇人士贷款。在短短几年里，他们贷出很多款项，相当于过去玻利维亚微型企业十几年的贷款额。贷款人不习惯被追债，他们就继续贷款，通常用一笔贷款来偿还另一种贷款。玻利维亚进入经济衰退期时，消费者贷款组合迅速崩塌，而且他们的崩溃差点也击垮小额信贷。

这些例子说明过度放贷是迄今为止最大的消费者保护问题，是导致系统性崩溃的唯一原因。对于客户来说它也带来最严重的后果，如果陷入债务陷阱其生活可能会遭遇到很多变数。

但过度放贷不是争论中最热门的话题。最热门的话题是定价策略。

利率和定价透明度

普惠金融提供者有时犹豫要不要关注大众的观点和他们自认为合理的观点之间的很大分歧，他们知道什么是必要的。在公众眼中利率问题确实是头号消费者保护问题。服务提供者都知道对于低收入人群来说必须以相对较高的利率来弥补小的规模交易。但是公众的意见是对于穷人比对富人收更高的利率是不公平的。说到这里事实上政客们经常牺牲银行家的利益来达到一定的政治目的，而且普惠金融提供者有强烈的动机来转移人们对公平的定价问题的注意力。

在墨西哥，一个专门的小额信贷银行——墨西哥国民银行，十分重视社会责任。墨西哥国民银行工作人员接受该公司的道德守则的培训和教导，对待客要尊重。该机构有一个强烈的抗议决议方案，对于处于社会边缘的客户——贫穷的农村妇女，进行透明的定价，同时致力于资源开发来扩大它的服务范围。但是墨西哥国民银行的利率也高：

在 2007 年总体利率为 86%，不包含墨西哥政府的额外征税①。

作为其利率的解释，墨西哥国民银行声称它需要形成留存收益来支持快速增长。而且事实上，在 2008 年墨西哥国民银行成为美洲首家服务 100 万名贫穷妇女顾客的小额贷款银行。高利率所带来的高盈利能力和成长能力很大程度上使得其在 2007 年的首次公开募股中（IPO），其售价高于账面价值 13 倍。为了充分披露，美国行动国际组织出售持有的墨西哥国民银行一半数量的股份，是此次首次公开募股的主要受益者之一。

买了墨西哥国民银行股票的主流投资者们和帮助它进行首次公开募股的投资银行，并未使利率下降。然而，来自墨西哥国民银行的小额信贷团队做到了。团队包括其核心的标志性人物，穆罕默德·尤努斯，极力批评墨西哥国民银行利率，因为那种高利率在他们眼中相当于放债。因此，批评的声音吸引了主流新闻媒体，其中包括《商业周刊》、《福布斯》、《华尔街日报》、《金融时报》等，促使知情的投资者和公众第一次对小额信贷的适当利率发出严厉的质疑。

然而这并不是关于康帕多银行设立的利率是否太高问题争论点，我的观点是，在不久的将来，这个利率一定会降下去。我们从这项争论中能够了解到许多关于消费者保护的问题的变化。② 教训之一就是康帕多银行作为前消费者组织的荣誉，是小心翼翼地通过许多既定成就建立起来的，但随着一个热点问题其声誉基本上已经消失。

---

① In its local context an 86 percent yield is not as high as it may seem. A number of other Mexican microfinance institutions have similar rates. High rates in Mexico are due in part to high funding and labor costs.

② For more on the IPO and resulting controversy, see Richard Rosenberg, "CGAP Reflections on the Compartamos Initial Public Offering: A Case Study on Microfinance Interest Rates and Profits," CGAP Focus Note 42, June 2007; Elisabeth Rhyne and Andres Guimon, "The Banco Compartamos Initial Public Offering," ACCION International, InSight, no. 23, June 2007; and Chuck Waterfield, "The Implications of Increased Commercialization of the Microfinance Industry: What Can We Learn from the Discussions that Followed the Compartamos IPO?" July 2008, www.microfin.com/commercialization.

康帕多银行的公众形象的深刻转变强调了客户保护措施的失策引起的声誉风险的严重性。

为什么康帕多银行忽视了这样的风险或者说不管风险如何也要保持高利率？康帕多银行的股东对于高利率感到适合，也同样愿意再继续下去，尤其是当他们得到极大的商业成功时。康帕多银行利率在整个墨西哥银行业中并不算特别高的，首次公开募股的投资者和投资银行也并未卷入这场风波，而且肯定的是，他们一定从高利率中获利。康帕多银行对于顾客态度的监控并没有把利率作为一项重点关注的问题。这些与康帕多银行最相关的人包括在美国行动国际中的许多人，都非常惊讶于首次公开募股之后康帕多受到的强烈地批评和媒体反应。我们并没有预料到人们对利率的反应是如此激烈以及媒体并没有表现出以往对于小额信贷机构的相对乐观和宽容的态度。

康帕多银行的例子表明需要给予利率（披露）透明度以及利率本身（公允定价）特定的关注。两者都是关键的，但是从不同的方面。康帕多银行一直以来都以自己给予顾客充足和清晰的价格信息而自豪。然而，要提高价格透明度的争论不断产生。因此，一个新的组织，由恰克·沃特菲尔德创立的透明小额信贷诞生了。沃特菲尔德是批评康帕多银行公开上市的众多批评者之一，同时他也促进了小额信贷机构中利率的披露问题，透明度和信息披露在整个政治范围内得到广泛的支持。

然而，更加棘手的问题是，利率实际水平以及它带来的利润结果，这个问题也涉及更广泛的公众。政客们发现当他们想要追究普惠金融机构之后，利率是一张可以掌握的牌。所有人都认为降低利率对于客户是有利的，而且几乎没有人，包括政客们，愿意去关注令人乏味的小额贷款的成本结构的发展。当小额信贷的出借人自夸他们是产销者时，他们或许不会使利率区别于其他商品部门的利率。

正如阿兹台克银行一样，当它发放贷款时，有时会被批评，认为其是不完全的产销者。在美国，不管付薪日借贷是否是好的小额借贷还是掠夺性借贷很大程度上依赖于你对更广泛社会、经济以及政治问题的认知，它们的界线还不是很清晰。

许多金字塔底部出借人应该为满足于高利率和更愿意享受利润而不是试图缩减成本来降低价格的自满行为受到批评。似乎只有竞争才能有效地降低利率。竞争已经在玻利维亚极大程度地降低了小额贷款的利率，而且在许多拉丁美洲的小额贷款市场，利率已经在激烈的竞争中下降，但这是以越来越少的商业出借人提供给穷人客户越来越少的借贷额为代价的。但是帮助穷人的利率趋势咨询组织的分析表明，在大多数国家，即使在竞争中，利率也是非常高。[1]

政府对于利率的关注对于利率本身似乎并不起作用，也就是说金融机构必须在敏感的媒体和政府关系之间提供良好的纽带作用。2006 年在印度安德拉邦，因为政府干预关闭了两家小额贷款机构。真正的问题在于小额信贷机构与政府运营的小额贷款项目之间的竞争，使得小额信贷机构流失了客户。然而媒体和政客把目光聚焦在利率上，尽管事实是印度小额贷款的利率（大概是 20%）是世界上最低水平。小额贷款的领头人和银行家们之间的直接的和频繁的对话对于降低利率是必要的。

相同地，拉丁美洲人民党党员、政客已经把利率看作是打击小额贷款的武器。2008 年在尼加拉瓜，主席丹尼尔·奥特加严惩了高利率的小额贷款机构，造成了暴力冲突，也使一些人们受伤了。人民党党员降低利率或许是为了赢得选民的支持。而且，在印度，许多政客也会给政府所有的人民银行优惠政策。

催收政策。掠夺性的借贷和高利率是普惠金融的提供商面临的

---

[1]　David Porteous, "Competition and Microcredit Interest Rates," CGAP Focus Note 33, 2006.

消费者保护风险。最后一个问题需要简要的提及，即公平催收政策。印度工业信贷投资银行和墨西哥的阿兹台克银行会时不时从关于催收的高压手段中得到负面压力。2008 年 6 月，法国电视台拆穿了格莱珉银行的做法。在新闻中，一位德国银行前收集运营官坐在黑暗的屋子里，脸部做了马赛克处理，像一个犯人或是恐怖分子那样，"坦白"了他们使用高利率压力策略来恢复贷款。

以新闻调查方式出具的这项报告，或许会也或许不会暴露出重要的潜在问题。尽管金融机构很容易受到非议，它们最重要的仍是要采取积极主动的方法来确保实施消费者保护原则和最优原则。

对消费者保护负责

围绕产销者金融服务的基本原则问题存在高度一致性。在小额贷款行业，一些小额信贷机构网络系统已经采用了像我们谈到的美国行动国际网络和小额贷款网络的基本原理。

然而，对于这些原则的遵守情况，服务提供商的实际做法只能算是勉强说得过去。许多供应商更希望监管机构维护产销者实践，放开他们做一切未明文禁止的事情。因此，这就产生了猫和老鼠的游戏，提供商设法回避法规从而使监管者变得比以往更加严厉。

当然，监管机构对于消费者保护有着关键责任，尤其是因为个体公司经常发现当自己采取产销者的立场时处于竞争劣势，那么，不好的运作就会波及整个市场。许多发展中国家的规章制度和执行他们的权力机关都是很软弱的。但即使在最发达的地方，规则总是落后于现实，如美国次贷危机所展示的。

这意味着供应商必须成为保护消费者的守护者。他们的职责包括颁布强强有力的准则和最佳做法的标准。然而狭义的社会责任经常塑造公司的态度。市场研究专家丹尼尔·洛维认为许多公司都遵循"嗅觉测试"来运作，这种测试把不违反《基本法》或不违反广泛适行的伦理规范①的行为都看作是可以接受的。洛维希望公司能实施"管理伦理"，它们会成为领导人更大的社会挑战，比如消费者福利。

保护消费者的业务案例

我们一直强调消费者保护的声誉风险，它可以迅速地重创企业。实际中有很多可靠的保护消费者的商业案例，其中一个朴实的观点就是对客户有利的就是对公司有利的。

没有公司对明知道他们借给顾客的钱不能偿还而形成的企业长期增长业务感兴趣。从本质上说，消费者保护原则是服务质量的原则，要公平、有尊严地对待客户。如果该公司的福利取决于公司提供给客户的价值，那么就尽可能努力为客户提供尽可能多的价值，因为它确实是这样。

采取行动的构想私营部门该如何应对关于消费者保护领导力的必要性。以下是一些想法：

- 金融机构内部。
- 以评估偿债能力为核心来确定贷款数额。
- 审查内部的激励机制，以避免过度奖励员工。
- 当签订合同时用简单的语言向客户披露所有的定价和收费标准。
- 金融机构作为一种行业。
- 开发消费者保护认证流程，对那些提供良好服务的供应商发放合格标志达成全行业披露定价的统一做法。这样，如果一

---

① Daniel Yankelovich, *Profit with Honor: The New Stage of Market Capitalism* (New Haven: Yale University Press, 2006).

些企业透露而另一些企业未披露时，它们就不会处于不利地位。

- 推出金融扫盲运动来打造精明的消费者，使其了解自己的权利和责任。
- 积极开展与监管者、政治家和新闻媒体的对话来提高他们和大众对于本行业的认识。
- 对于普惠金融的投资者。
- 把消费者保护实践的监督融入到尽职调查中去。
- 需要投资者证明消费者保护行动计划或由第三方认证。

所有这些想法是在小额信贷行业运动谋求保护小额信贷客户时产生的。这是对于社会底线的底线：参与到普惠金融的公司与他们的执行官、前线员工、客户、竞争对手和一般公众相比在推动产销者政策中要扮演主要角色。消费者保护必须成为普惠金融核心的一部分。

小额信贷中的消费者保护的原理

来自美国行动国际网络和小额供资网络

1. 优质服务。服务网络成员必须尊敬地对待每一个客户。成员应尽可能地为客户提供方便和及时的服务。

2. 透明定价。服务网络成员将会给客户提供完整、可理解的关于真实他们正在为贷款和交易服务付出的储蓄成本的相关信息。

3. 公平定价。服务网络成员应该给予客户完整、易于理解的信息，这些信息包括他们贷款和交易服务的真实成本以及他们能够贷款的金额。

4. 避免过度负债。为了避免客户债台高筑，服务网络成员不应借给超过客户偿还能力的债务。

5. 适当的债务催收。债务催收必须考虑拖欠人的精神感受，服务网络成员应尊敬地对待客户并且不会由于偿还贷款而剥夺他们基本生活费。

6. 客户信息的隐私。服务网络成员应保护客户的私人信息不把信息透露给没有权限查看的人。

7. 工作人员的道德行为。服务网络成员应以较高的道德标准要求其雇员以免其与客户产生利益冲突和不道德的行为，特别是危害（如收取回扣）客户的行为事情。违反这些标准的员工将会受到制裁。

8. 反馈机制。服务网络成员应提供正式的渠道使得客户可以通过沟通在服务质量上给予反馈。这些途径应包括针对特定客户的个人投诉机制。

9. 产销者政策融入企业运行。服务网络成员应把产销者定位为标志，通过员工培训与激励、培训客户金融知识、客户满意程序等方式来开展他们的业务。

参考文献

［1］Gruenberg, Martin, presentation at the World Bank's Global Seminar on Consumer Protection and Financial Literacy, September 2008.

［2］Porteous, David, "Competition and Microcredit Interest Rates," CGAP Focus Note 33, February 2006.

［3］Yankelovich, Daniel, *Profit with Honor*: *The New Stage of Market Capitalism* (New Haven: Yale University Press, 2006).

第十七章　衡量社会底线

　　双重底线的拥护者，对问责制的追求一直把衡量企业社会绩效的工具当做重心。认真来说，社会底线需要有像财务指标那样令人信服的关键指标。构造出社会绩效指标的挑战令人生畏。永远不会有一套的指标能比得上资产负债表和利润表，也不会有能解释股东权益回报率的高低的社会回报指标。

　　与财务业绩不同的是，每个公司的社会影响各不相同。一家制药公司会看中拯救了多少人的生命，而一家木材公司则会看重自己种植的树木。如果要真正把社会责任纳入业务战略，就像第十五章所讨论的那样，供内部使用的社会指标必须高度适应每个公司各自独特的比较优势的追求。更具体地说，一家银行可能追求在偏远地区的发展而另一家银行则提供帮助客户支付卫生保健费用的服务。但衡量标准还需要考虑想要比较不同公司的业绩的外部利益相关者如投资者。不幸的是，衡量标准很可能无法衡量一些最重要的公司层面对于社会目标的特有贡献。

　　然而，固有的困难并不表明不应该为之付出努力。需要更好的测量工具是好的。只不过，这项任务应以灵活性和现实精神来实施。

　　一个显而易见的解决方案是用两种不同方法对待标准社会目标和定制社会指标。标准社会指标其实是衡量良好企业公民意识的指标。

　　这一章第一节着眼于一些努力建立适用于所有或几乎所有企业的公民社会业绩报告框架，定制社会指标针对特定类型的企业或甚至特定公司的战略贡献。在本章后面我们具体到普惠金融来考虑社会指标。包容广泛的金融的总体目标——以高质量的金融服务来为更多的人服务，尤其是低收入人士，以使他们可以改善他们的生活，同时为经济增长作出贡献，这意味着与社会绩效衡量有一些相似之处。

企业公民意识的指标

良好的企业公民意识是所有的公司最起码都应具备的。优秀的具有公民意识的企业做生意的方式是遵守社会的基本准则。反过来它获得社会的认同，甚至祝福。具有公民意识的企业现在主要包括4个任务：

- 做个好雇主。
- 保护环境。
- 支持你的社区。
- 公平地对待你的客户。

这些适用于汽车制造商、连锁超市的通用要求，也同样适用于金融机构。如果它们适用于每一个企业，标准化衡量就成为可能，尽管正如我们看到，按部门、公司和国家的调整仍然很复杂。

全球报告倡议组织

全球报告倡议（GRI）对于衡量社会绩效是一个好的开端，但他的不足之处也说明全面社会报告是多么的困难。全球报告倡议始于1997年联合国环境计划组织参与可持续发展报告，它的标语是"人民，利润，星球，"从根本上是具有公民意识的议程。由于全球报告倡议起源于环境保护运动，能源使用、废物回收、碳排放量等成为星球衡量标准的核心。与人相关的指标涉及就业的做法，例如非歧视性招聘、公平的工资和与社会的关系。

全球报告倡议自称"真正的全球报告标准"，并声称超过1 500家企业和组织是它们的用户。[①] 其中包含 60 多家银行和金融机构，包括多家出现在这本书中的银行：澳新银行、德斯、花旗银行和德意志银行。全球报告倡议有一天可能实现其目标，但在它成为一个被广泛认可和使用的全球标准之前它仍然有很长的路要走。

全球报告倡议克服了一些社会报告最大的困难。为了应对各个公司不同的社会目标，全球报告倡议允许每个公司从一系列可能的指标中选择自己的指标。它针对关键利益相关者提供适当的指标指导。它以具体行业补充——具体以某一类型行业相关的建议指标清单来解决各个公司不同社会目标的问题。全球报告倡议不仅仅试图将企业的公民意识融入到社会绩效指标中，还试图将其他社会目标都融入进去，这可谓是吃力不讨好的尝试。现在正在修订的金融部门的补充协议，考虑拟议的指标清单来解决普惠金融问题。

全球报告倡议希望这不仅仅是公共关系运动。它要求每个提交报告的公司解释社会绩效指标如何用在企业管理及治理问题中的，以及提供社会目标和战略的陈述。

全球报告倡议组织和其他社会的报告框架组织的主要挑战，是如何使他们的报告对利益相关者有用。理想情况下，报告将在基于管理层、董事会成员和投资者的基础上形成。客户、员工、媒体和社区领导人也会阅读它们，至少是阅读摘要。除非社会报告对利益相关者提供令人信服的信息，否则他们将不会实行真正的问责制。然而目前，企业可以通过选择自己表现良好的指标披露来展现亮丽的一面，其中有很大的灵活性。如果一家公司想要用全球报告倡议来

---

① Global Reporting Initiative, www.globalreporting.org.

粉饰业绩，而不是来衡量它的企业绩效，它可以达到目的。

全球报告倡议是用来衡量企业公民意识最好的机制，但它依然存在着缺陷。

赤道原则

赤道原则更接近于普惠金融。它们是由顶尖的金融机构如国际金融公司和世界银行为了创建项目融资的自愿准则创造的。

项目融资贷款为主要新的设施，如发电厂或工厂提供资金，它们往往引起争议，特别是基于环保的说法。赤道原则是被金融机构应用在批准项目融资贷款前的社会和环境原则①。超过 60 家领先金融机构都已签署赤道原则协议以及遵循它得到治理条款。这些原则包括企业融资环境的影响、禁止对某些社会不利的企业（如卖淫和武器）融资，以及审查劳动做法（没有血汗工厂或童工）。

人们在付诸努力，例如荷兰开发银行将赤道原则应用于普惠金融，却遇到了大部分普惠金融所面临的规模问题和不正规问题。比如个人及家庭企业因规模过小或组织形式不标准使得普惠金融无法实施。所以，使用赤道原则来衡量普惠金融的社会价值就像鞋子穿错了脚。

普惠金融的社会评价

当我们超越普惠金融企业公民意识对社会的战略目标时，我们发现反复出现的主题是一些常见的衡量标准。

全球报告倡议组织（GRI）内部正考虑一套把普通金融附属部门考虑在内的普惠金融指标。一些建议的指标是：

---

① Equator Principles, www. equator－principles. com.

- 分支机构和客户服务点的物理位置。
- 推广到边缘人群，包括低收入、残疾和处境不利的人口群体。
- 这些组中的客户满意度。
- 负责任的借贷运作和投资建议（遵循产销者政策）。
- 金融扫盲工作。
- 产品范围（小额贷款、汇款、社区投资）。[1]

这些指标被关注的基本问题是：你服务谁以及如何更好地服务对方。这是一个常识性的方法。它避免了棘手的问题带来的影响，稍后我们将详细讲述。它包括定量、客观指标（人与产品）和定性、主观指标（客户满意度、消费者保护）。

计算客户数量

计算客户数量是最重要的衡量普惠金融机构勤勉程度的标准。它是最基础的标准以至于不必多说，而且也很容易追踪。小额信贷机构长期以来首先以活跃客户的数量来衡量他们的成功。其次，以客户中穷人的数量来衡量成功，通常用平均贷款规模作为代表变量。然而，主流金融机构更喜欢跟踪货币数量。信息技术可以很容易地提供多方面的客户信息，但经理和分析师们的思维习惯变化缓慢，而且大多数财务报告中的指标是滞后的。

贫困指数的进展

计算客户数量无法具体告诉你谁是真正的客户。对客户进行更深入了解的方法是定期调查其社会经济状况。小额信贷公司们联合

---

[1] Global Reporting Initiative.

起来寻找衡量客户贫穷程度的方法，以应对缺乏客户实际收入和资产信息的情况[1]。一些向贫困客户提供服务的小额信贷机构会将客户的贫困状况记录在案，其他公司可以共享信息。例如，格莱珉基金会制订了摆脱贫穷指数（PPI），以及一系列 10 个问题预测该家庭是否是贫困的[2]。鉴于衡量贫困的学术复杂性，如果要使一个工具是在现实生活中发挥作用，一种简单的方法是至关重要的。格莱珉银行采用了许多研究人员的详细工作设计出的指数，这是一个用户友好型的测量普惠金融客户贫困程度的工具。

当信贷员签约新客户时以及之后定期应用该指数，来判断一个家庭是否已经摆脱了贫困。摆脱贫困指数囊括儿童，教育、住房、土地、能源使用、就业和消费商品。其问题针对每个国家的不同情况做了修改，因为虽然这些元素是相当普遍的贫困指标，但它们以不同的方式出现在每个地区。在巴基斯坦，摆脱贫困指数的研究人员发现，是否拥有一辆摩托车是一个家庭的状况很好的预测；而在玻利维亚，家具和电话是最好的预测因子。

应该注意，摆脱贫困指数不测量金融服务对客户的影响。

社会等级

另一种方法是社会等级，它能够识别出机构层面社会目标的本质同时还能够绕开怎样衡量贫穷程度不能达成一致的弊端。社会等级审查机构的过程，本质上是看它是否有可靠的追求其既定的社会目标的解决办法。美国行动国际的国际社会评估框架——"社会"，试图把企业公民意识问题与财务具体问题相结合，把它们都放在公司的目标

---

[1]　See, for example, ACCION's poverty measurement methodology and institution – specific studies, published in its InSight publications series.

[2]　"Progress Out of Poverty Index," Grameen Foundation, www.progressoutofpoverty.org.

中。其他专门的小额信贷评级，例如小额信贷国际评级公司（M－CRIL）和微评级，二者正走在一个类似的路径。然而，这些评级的主观性太强，使得它们难以设置能够互相比较的评分。目前他们是能够让投资者和其他外部利益相关者更清楚更有效的评级管理工具。

影响

最终，我们想知道普惠金融是否让人们的生活变得更好。客户并不把金融服务看作是最终目的，而是要实现诸如更高的收入、金融安全或更好生活的其他目标。

普惠金融带来的影响对于公共捐助者和慈善家们是特别重要的，他们必须决定是否要投身到普惠金融或别的东西，例如初等教育或是农村道路建设。这个问题对社会负责的投资者来说也很重要。像第九章和第十四章所述的小额信贷投资中介需要根据社会影响的迹象来向他们的投资者报告。其中特里多斯（Triodos）银行，为获得小额信贷银行投资加盟全球报告倡议付出了主要努力。

因为归属的问题，普惠金融的影响是最棘手的社会业绩衡量问题。与摆脱贫穷指数类似的工具，放款人可以知晓他们的贷款是否惠及穷人，以及穷人是否因此变得富有。但他们不能把这变化归因于金融服务的使用。如果是因为经济增长，每个人的收入也随之增长呢？如果家中的女儿搬到美国，开始向国内汇款呢？我们如何知道是因为贷款而导致的呢？

学者认为实施足够统计严谨的正式研究需要对照组并随着时间的推移逐步测量。根据统计，影响评价的"黄金标准"是随机的对照试验（RCT），这是一开始为医药测试设计的，之后由马萨诸塞州技术研究所贫穷行动实验室倡导的。客户被随机分为控制组（贷款）或非控制组。如果两组结果差异有统计意义，我们推断是贷款导致的差别。随机对照试验是昂贵和耗时的，耗资高达 150 万美元而且需要数年才能完成。此外，这种方法仅显示在没有其他服务提供商所在的情况下的影响。

奥巴马的母亲安·邓纳姆是人类学家，早在 20 世纪 90 年代早期，当她还在印度尼西亚人民银行工作时就在研究这一问题。她了解到从印尼人民银行取得的贷款是否比从 BKK（一个省级贷款计划）取得的贷款有更大的影响并没有多大意义[①]。当客户已经有机会从另一个供应商获得信贷时，很难构建真正意义上的非控制组。

定性研究更能揭示出真理。定性研究可以描绘出金融服务是如何影响客户，而定量研究只关注几个关键数字。定性研究技术包括焦点小组、深入访谈和其他市场研究工具以帮助解释影响是如何发生的，并且同时为改进产品和服务提供有益的建议。像资发和小额信贷机会这样的组织和财务日记这样的项目的提供使主流市场研究技术适应金字塔底部客户的指南。

面对面是最好的衡量标准

最后，我想谈一谈个人的想法：我想推荐一种完全算不上科学的衡量社会绩效的方法，那就是—— 拜访客户。企业管理者总是希望深入了解他们的市场，同时铆足劲去追求社会目标，没有什么是比跟他们的家庭和工作中的客户谈话更重要的了。这本书的开头所述的客户都是我接触过的一个个真实的人，他们的故事激励和鼓舞了我。当我考虑怎样建设普惠金融行业时，我一次又一次地回访他们，倾听客户是怎么以他们的视角来看待双重底线的。

---

① Author's conversation, early 1990s.

参考文献

［1］ Equator Principles, www. equator – principles. com.

［2］ Global Reporting Initiative, www. globalreporting. org.

［3］ "Progress Out of Poverty Index," Grameen Foundation, www. progressoutofpoverty. org.

案例 1　银行模式

印度工业信贷投资银行：构建印度普惠金融版图

印度工业信贷投资银行是印度金融界的巨擘。自 1994 年起，它抓住印度金融自由化的契机实现了迅猛发展，同时将印度金融业从数十年的沉睡中唤醒。

利用 20 世纪 90 年代印度放宽私有银行限制的政策，印度工业信贷投资银行持续发展壮大，其分支机构遍布 20 多个国家，成为印度首家全球性银行。[①] 它在印度银行业很多方面独占鳌头，如第一个将自动取款机（ATM）带入市场，也是目前最大的信用卡发行商等。尽管有时它因激进策略而被人诟病[②]，但此银行充满创意和活力的竞争力在印度经济繁荣中发挥着不可忽视的巨大作用。

在普惠金融中也是如此。印度工业信贷投资银行的野心远超诸多竞争者。它通过了一项在小额信贷中投入十亿的计划。[③] 然而，它并不具备足够为低收入客户直接提供金融服务的相关设施，故采用外包战略，于是产生了提供信贷服务的伙伴关系模式和提供储蓄和

---

① Parveen Chopra, "ICICI Bank Opens First U. S. Branch," *Nerve News of India*, March 1, 2008.

② For example, see, M. Raja, "It Hurts When an Indian Bank Loan Goes Bad," *Asia Times*, November 8, 2007.

③ "ICICI Bank's Microfinance Strategy: A Big Bank Thinks Small," www. microfinance gateway. org.

支付服务的银行代理模式。这个战略的实施需要印度工业信贷投资银行与全国各地的小额信贷机构合作，由此产生的银行与小额信贷机构的互动显著促进了小额信贷市场的成长和发展。

拓宽普惠金融视野

在金融业几乎完全国有化的时代，印度政府和世界银行于1955年建立印度工业信贷投资银行作为一个国有工业发展银行。在接下来的数十年中，印度没有私有银行，只有国有银行以及和一些为外国公司提供服务的国际银行。1994年，因印度开始允许私有银行存在，印度工业信贷投资银行决定建立一家提供存款业务的商业银行。2000年，这家银行通过在纽约证券交易所上市而实现私有化。如今，印度工业信贷投资银行总资产规模位列印度银行业第二（第一为印度国有银行：印度国家银行），市场价值在印度上市公司中排名第二。截止到2008年，银行总资产达49亿卢比（1.21亿美元[①]），其拥有的1 255家分行和3 881台自动取款机遍布印度全境。[②]

第一步

内、外两大因素促使印度工业信贷投资银行涉足普惠金融领域。

外部因素：按照印度储备银行（印度央行）优先贷款的指标要求，所有银行40%的贷款需投放在农业和弱势人群中。尽管如此，据印度储备银行数据显示，该国高达41%的成年人仍无任何银行账户。[③]

---

① 译者注：此处为原书换算的错误（错将 million 写为 billion），经核实，应将 1 210 亿美元更改为 1.21 亿美元。

② Annual Report, 2008, ICICI Bank.

③ Usha Thorat, "Financial Inclusion—The Indian Experience," speech, HMT – DFID Financial Inclusion Conference, London, June 19, 2007.

　　内部因素：印度工业信贷投资银行的公司愿景是成为"印度最大、无所不包的金融服务提供商"，[1] 希望涵盖所有细分市场，包括金字塔底部市场。它还希望以此抵消关于其消费金融业务的批评，毕竟关于拓展小额信贷业务的做法是媒体所喜爱的。

　　如同其他印度银行，印度工业信贷投资银行首次涉足小额信贷业务对象是政府"自助小组银行联系计划"所推动的妇女团体。在这个模式中，沿用国有银行在全国广泛成功的方法，利用非政府组织（NGO）或者中介，首先帮助妇女成立自助团体（SHGs），再通过团体储蓄账户与银行连接，最终通过团体贷款的形式开展业务。到 2001 年为止，大约 1 万个的印度工业信贷投资银行小额信贷客户是通过自助团体模式建立的，尽管这对印度来讲是一个微不足道的数字。[2] 银行决策者认为，自助团体方案是作为银行的一个业务扩展，至少对于印度工业信贷投资银行，其分支营业点主要面向在城市地区富裕阶层，其工作人员也多来自中产阶级。银行经理们明白他们并不具备直接接触金字塔底部客户所需的条件，于是采用了不同的方法。

　　小额信贷机构提供了一个具备更大潜力、更适合印度工业信贷投资银行能力的方法。虽然小额信贷机构越来越多，但只有少数发展到巨大规模。印度工业信贷投资银行将资金借给这之中的一些机构，但小额信贷机构的信誉度不足导致印度工业信贷投资银行不能达到其理想的贷款目标。而且即使是最好的小额信贷机构也存在投资资本不足的问题，同时，只有少数有持续稳定的财务执行情况跟踪记录。银行为克服这一障碍创造了对印度普惠金融有重大贡献的

　　[1]　Nachiket Mor, "ICICI Bank in Microfinance：Breaking the Barriers," PowerPoint presentation, December 2004.

　　[2]　Debadutta Kumar Panda and Jasmine Mohanty, "Product Mix and Product Innovation of Microfinance in India," 11.

"伙伴关系模式"。

伙伴关系模式：改变部门的职权

2002 年，印度工业信贷投资银行开始实行伙伴关系模式：利用小额信贷机构作为借款发起人和收款代理人，由银行直接贷款给小额信贷的借款者。小额信贷机构收取一定费用作为印度工业信贷投资银行的代理费。为了使双方动机一致并保证小额信贷机构能致力于维持一个良好的投资组合，小额信贷机构必须向银行提供初始默认损失保证金（这一资金通常是由银行对其发放贷款来获得）。

在业务上，伙伴关系模式是几乎不可察觉的。对于一个从小额信贷机构借款的妇女来说，整个过程并无显著变化。她仍然从相同团体的相同操作员手中获取贷款，去与以往相同的每周例会。但她可能不会意识到这其中的差别——贷款文件中她的贷款人是印度工业信贷投资银行，而非她熟悉的小额信贷机构。

伙伴关系模式解决了一系列问题：由于是直接贷款给客户而非小额信贷机构，印度工业信贷投资银行不必评估小额信贷机构的信用度。只要贷款投资组合的质量令人满意，就不需要尽可能严格要求小额信贷机构有关内部流程、治理、资本结构、财务管理等方面的指标。此模式关注投资组合质量（这一指标在大多数印度小额信贷机构中一贯良好），使得银行能够在那些明显缺乏专业化的小额信贷机构中得以推行。同时，银行可以帮助小额信贷机构专业化以加深双方的伙伴关系。对于小额信贷机构来说，它们不需要担心筹集股本，因为贷款没有出现在它们的账簿中。借此方式，以往因股本缺乏受限的印度小额信贷机构已取得快速发展。

印度工业信贷投资银行和 Spandana Sphoorty 金融公司的伙伴关系对此模型有重要影响。Spandana 成立于 1998 年，在 2003 年开始与印度工业信贷投资银行合作，最初为 5 亿卢比的贷款，通过合作，Spandana 借款人数量从合作初期的 35 000 户增长到 2007 年的超过 100 万户。[①] 尽管这一增长是多个因素作用的结果，但不可否认的是，与印度工业信贷投资银行的合作是核心因素。Spandana 获得了一个稳定和较低廉的资金筹措方，而与此同时，印度工业信贷投资银行也将业务扩展到了一个新市场。

对印度小额信贷机构更有利的是，印度工业信贷投资银行还开发了贷款证券化模式，收购这些小额信贷机构已经放出的贷款。2004 年，印度工业信贷投资银行和 Share Microfin Ltd（印度安得拉邦的另外一所重要的小额信贷机构）完成了一笔价值 490 万美元贷款证券化交易，这一交易由美国格莱珉基金会提供技术支持，同时 Share Microfin Ltd 提供了相当于投资组合中应收账款数额 8% 的保证金。另外一笔证券化交易是印度工业信贷投资银行与 Bhartiya Sam-ruddhi Finance Limited 签署的价值 4 210 万卢比（约合 957 000 美元）的交易。[②] 这些伙伴关系模式的证券化交易有着相同的优点：实现夹层融资支持，将贷款从资产负债表移除，让小额信贷机构无须筹措更多股本就可以进行更大的扩张。

印度工业信贷投资银行为印度其他小额信贷机构筹措资金，通过帮助他们发展，让印度原本落后于其他国家的小额信贷业务迅速活跃于国际舞台。

与印度工业信贷投资银行合作的小额信贷机构并不完全满意于伙伴关系模式，因为它们并不喜欢作为单一的资金来源而存在。目前存在对印度工业信贷投资银行长期动机的顾虑，也就是说印度工

---

① M. S. Sriram，"Expanding Financial Services Access for the Poor：The Transformation of Spandana," Indian Institute of Management Ahmedabad，working papers，April 2005，5.

② Annie Duflo，"ICICI Banks the Poor in India：Demonstrates That Serving Low‐Income Segments Is Profitable," Microfinance Matters，no. 17，October 2005.

业信贷投资银行会不会过多的控制小额信贷机构运营活动。[①] 然而，与此同时，伙伴关系模式影响着其他银行，它们效仿印度工业信贷投资银行增加了对小额信贷机构的贷款。

伙伴关系模式的突然终结有许多原因，包括印度储备银行要求银行关注对客户的了解。于是，2007 年，印度工业信贷投资银行被迫中止了利用这一发放贷款的模式。这一举动使得那些小额信贷机构陷于急切寻求资金来源的境地，尤其是需要股本来平衡传统债务的负债。Spandana 和 SKS 公司在 2006—2007 年期间的股本交易，其部分原因在于伙伴关系模式的结束。然而，印度工业信贷投资银行发现了为金字塔底部人群筹措资金的其他新渠道。

通过创建小额信贷机构和开发新产品来投资普惠金融

甚至在伙伴关系模式尚未结束之前，印度工业信贷投资银行已经开始构建它自身的普惠金融版图，而不仅仅是利用已存在的小额信贷机构。印度的社会现实是：目前尚存的小额信贷机构并不足以服务所有尚无银行账户的人群。2005 年，印度大约有 15 家大型小额信贷机构，而印度工业信贷投资银行估计要达到 4 000 万客户的需求并需要 200 家这样的机构。[②] 更重要的是，小额信贷机构直到 2008 年仍然只有一种单一产品：向自我雇用的妇女以小组为单位发放贷款。印度工业信贷投资银行的构想涵盖普惠金融的所有领域，所以它在多方面开展行动。在这里我们提及四个方面，其中的每一个都可以作为一个单独的案例主题。

创建小额信贷机构：印度工业信贷投资银行创建小额信贷孵化

---

① Hema Bansal (technical advisor, India, ACCION International), in discussion with the author, February 12, 2007.

② "ICICI Bank in Microfinance," presentation, ICICI Bank, March 15, 2005, www. adb. org.

机构以培训社会企业家如何创建小额信贷机构为主。它设立了一个小组来考察组织或个人的创建小额信贷机构的欲望和潜力。这个孵化机构提供培训、技术援助、财务和小额信贷机构为寻求规模和商业化所需的其他帮助。印度工业信贷投资银行称之为"用企业家为农村授粉"。[①]

小额信贷机构工作者：孵化小组也与网络招聘代理机构 microfinancejobs. com 网站合作，以确保为日益增长的印度小额信贷产业提供充足的劳动力。

小额保险：印度工业信贷投资银行与世界银行（World Bank）和印度工业信贷伦巴德保险公司合作，开发了印度第一批基于指数的保险产品。保险旨在保障农民不因降雨量不足而造成损失，通过降雨量指数来衡量。本产品作为印度工业信贷投资银行生命、健康、意外险的补充，涵盖人数达 50 万印度农村人口。[②]

基于初级商品的农民融资：也被称为"基于仓库收成的融资"，此产品允许农民用存储在仓库中的作物为基准发放贷款。农民可以靠贷款收益，并在他们认为适当的时候出售农产品，而非在刚收获作物时出售（此时往往只能以最低的价格出售）。印度工业信贷投资银行推动基于初级商品的衍生品交易，提高农民对冲风险的能力。

运用科技到达印度的每一个角落

印度工业信贷投资银行，旨在为印度次大陆上的每个人提供服务，并期待通过技术来做到这一点。作为其"无白色空间"（No White Spaces）战略的一部分，印度工业信贷投资银行设下目标，到 2008 年

---

① "ICICI Bank in Microfinance," presentation, ICICI Bank, March 15, 2005, www. adb. org.

② "Preamble on ICICI Pru's Rural Business Initiative," www. iciciprulife. com.

在印度境内建立超过 45 000 个分支机构。① 如果此目标达成，每个印度人距离其最近服务点不会超过三四千米。② 除了低成本的自动取款机，三个相关的措施展示出印度工业信贷投资银行在最后一英里的技术应用：互联网亭、财务信息网络与运营公司和银行代理。

互联网查询点（Internet Kiosks）：印度工业信贷投资银行资助个体企业家建立和经营互联网查询点。这些互联网查询点可以作为提供小额信贷产品和服务的销售网点。企业家支付首付的 5 000 卢比（约合 100 美元），由印度工业信贷投资银行通过借款为企业家提供余款，大约 55 000 卢比（约合 1 100 美元）。③ 每个互联网查询点包括一台计算机及应用程序，如电子邮件、电子政务、农业技术推广和甚至可以将用户连接到医院工作人员做初步诊断的视频会议的技术。截至 2006 年，印度工业信贷投资银行有超过 5 000 家互联网查询点。④

财务信息网络与运营（Financial Information Network and Operations，FINO）公司：印度工业信贷投资银行采用财务信息网络与运营公司所开发的创造性解决方案。财务信息网络与运营公司开发了一套基于银行卡和销售终端设备的生物特征识别多功能支付系统。通过这个系统，银行卡可以用于任何交易（如支付贷款、小额保险、汇款等）。财务信息网络与运营公司的销售终端设备，既增加了银行服务的销售网点，又方便收集更多信息以了解客户。⑤ 通过生物特征识别卡收集的信息以及财务信息网络与运营公司正在进行的其他技术措施，将用于建立信用局，这对于印度的普惠金融至关重要。

银行代理：印度工业信贷投资银行向印度储备银行主张实施基于巴西模式的银行代理模式。银行代理模式通过信用来实现伙伴关

---

① "Rural and Agri Banking," *ICICI Bank – Banking Services*, ebusiness. icicibank. com.

② Gargi Banerjee, "Rural Banking with ICICI Bank," *Businessworld*, September 8, 2006.

③ "ICICI Bank's Microfinance Strategy：A Big Bank Thinks Small."

④ Gargi Banerjee, "Rural Banking with ICICI Bank."

⑤ "FINO, a shared technology platform," ICICI Bank case study, www. icicicommunities. org.

系模式所做的储蓄和支付服务：将印度工业信贷投资银行的客户关系外包给小额信贷机构因为其更贴近客户且服务成本低廉。在印度的银行代理模式中，只有小额信贷机构才允许成为银行代理。

Swadhaar Fin Access，这个在孟买新成立的小额信贷机构，就正在使用银行代理模式进行快速扩张。财务信息网络与运营公司的销售终端技术降低了新设网点的成本（更小的物理空间需求，更低廉的设备和安保成本），同时向印度工业信贷投资银行客户收取的服务费用也起到了助力效果。对于 Swadhaar 来说，在最贫穷的社区开设新网点变得更容易和低廉。能从 Swadhaar 获取贷款的同时还可以设立和操作印度工业信贷投资银行的账户，这一特征吸引了大量客户。另一方面，一些小额信贷机构不愿意使用财务信息网络与运营公司设备，因害怕若印度工业信贷投资银行有渠道获得他们客户的资料会导致客户流失。

此外，印度工业信贷投资银行正鼓励信息技术公司创造一个共享的银行业技术平台，可以让小额信贷机构、合作银行和商业银行在后台进行各种交易，以提高他们的操作效率。一些印度领先的信息技术公司已接受委托来创建这样一个平台。[1] 最后，印度工业信贷投资银行正在建立一个低成本的销售终端网络用来分配现金，因为没有足够数量的分支机构来处理现金业务。

关于普惠金融的研究

虽然印度工业信贷投资银行致力于解决普惠金融的各种问题，但银行领导者感觉关于普惠金融的了解（尤其是关于潜在客户）仍旧太少。他们建立了小额信贷调查中心在更好地发展普惠金融的同

---

① Annie Duflo, "ICICI Banks the Poor in India."

时，回答了以下问题：小额信贷对贫穷的影响是什么？是什么限制了家庭生产率？何种产品能对低收入客户产生最大影响？小额信贷机构的成本和收益是什么？关于以上问题的研究暴露出当前小额信贷行业的空白。小额信贷调查中心还提供小额信贷从业人员的培训。

印度工业信贷投资银行基金

2007 年底创建的印度工业信贷投资银行基金使用银行年度利润的 1% 来促进普惠金融各个方面的发展：如完善市场准入机制、建立人才储备，促进印度穷人的可持续发展。虽然是非商业性的，但此基金在促进市场化商业资本进入金字塔底部市场过程中扮演着重要角色。

例如，2008 年 7 月，印度工业信贷投资银行与财务管理与研究信托机构和印度评级机构 CRISIL 共同发起一项倡议：主要贷款给穷人的企业创建一套信用评级标准，既包含营利性的（如小额信贷机构和合作组织），也包含非营利性组织（如职业培训机构）。信用评级标准的建立会促使小额信贷机构提升它们的信用程度同时也会为潜在的投资者指出高评级的机构。

结论：合作与创新

印度工业信贷投资银行以活力和创造性来对待普惠金融，使普惠金融成为其银行整体战略的有机组成部分。作为 2008 年世界经济论坛副主席，印度工业信贷投资银行的首席执行官在发言中称包容是这一天的首要主题。"对我来说，最主要的主题就是包容。如何让居住在较贫穷大洲上的广大人群融入主流经济世界？如果我们可以做到这点，那我们就极大地改善了你我所居住的世界。"他认为"旧的方式"并不能解决这一难题。"这并不能通过某一方完成,而需要各方的创新和合作",① 虽然是站在整个世界的立场上,但是他也含蓄的描述了自己银行在普惠金融中的做法。

花旗集团促进与小额信贷机构的商业关系

花旗集团(Citigroup),是世界上最大的银行集团之一,为100多个国家的客户提供金融服务,已拥有超过2亿的客户账户。② 2004年花旗集团小额信贷小组的设立让其成为少有的将小额信贷纳入业务战略的银行之一,与此相对应的还有它属下的基金会的关于慈善的举措。

截止到2004年,花旗银行旗下的企业基金会已经长达数十年资助小额信贷。虽然基金会早就涉足这一领域,但是在整个银行集团中小额信贷的价值并没有得到更深一步的重视,尤其是在全球性影响力和银行专业技能方面。

花旗银行为何以及如何将小额信贷作为一个商机?这一决策如何给银行集团在普惠金融产业创造机遇?我们可以从花旗银行这一举动中看到什么挑战和经验教训?

将小额信贷作为一个商业策略

从内部来看,将小额信贷作为一个单独业务单元有以下原因:首先,相对于其他全球金融巨头,花旗银行对于这一市场的形成和发展有着更深的理解。自20世纪70年代,从首次因小额信贷对美国行动

---

① Kamath, K. V., World Economic Forum 2008, videotaped interview, accessed on You-Tube.

② Matthijs Boúúaert, "A Billion to Gain? A Study on Global Financial Institutions and Microfinance; the Next Phase," ING, March 2008, 47.

国际（ACCION International，是全球非营利性组织之一）资助开始，花旗基金就一直为小额信贷机构提供资金支持和银行服务。

此外，尽管企业社会责任已经成为一个明确动机，花旗决策层也认识普惠金融可以成为花旗商业模型中的一部分。花旗银行小额信贷业务全球总监认为，随着小额信贷机构逐渐作为一种可独立发展的、规模化、专业化的机构为社会所认同，商业模式在这之中是可行的。[①] 因为小额信贷机构正在寻求进入金融市场后为客户提供零售金融服务的机会。鉴于此状况，花旗银行认为这里面会有许多新的潜在商业伙伴和客户。

花旗小额信贷的成立似乎预见到联合国把 2005 年定义为"国际小额信贷年"。在 2004 年和 2005 年期间有 6 个国际金融机构都参与到了小额信贷相关的业务操作，包括渣打银行、荷兰合作银行、荷兰国际集团、巴克莱银行和安盛集团。尽管花旗银行早已深度参与小额信贷领域，但建立花旗小额信贷这一决策仍反映出国际银行集团对此业务的态度转变，他们不再单纯以慈善角度，而是以商业角度看待小额信贷业务。

花旗高层建立花旗小额信贷主要是为了和重要的小额信贷机构建立长期商业合作关系。花旗银行在 2005 年年报中着重强调了这一倡议。该业务单元由设在多个国家的团队组成，例如伦敦、纽约、印度、哥伦比亚等。该业务单元利用花旗的产品组合和遍及全球的分支机构来与小额信贷机构实现项目合作。这些分支机构提供当地情况和当地资金筹措，包括当地资本市场的准入许可等。由于当地货币相比硬通货更适合于小额信贷机构，所以其他国际投资者相比有明显的竞争优势。小额信贷机构也可以获得广泛的金融服务，如业务处理和套期保值方案、理财产品、零售合作关系和保险业务。

---

① Robert Annibale（global director, Citi Microfinance）, discussions with ACCION, December 19, 2007.

花旗小额信贷早期的任务之一是增加内部各业务单元对小额信贷业务的兴趣，以促使花旗众多的各种分支机构愿意将小额信贷纳入主流业务。于是，关于小额信贷的指导被纳入信贷政策，同时建立的特殊的评级模型对小额信贷机构进行评级以及评估他们的负债和资产能力。这些措施为分支机构职工与小额信贷部门的合作铺平了道路，他们可以根据需要向小额信贷部门寻求帮助。

花旗小额信贷寻找各种各样在整体和零售服务中的商业机会。同时，花旗基金继续支持小额信贷行业，通过捐款来支持那些不具有商业意义的活动。这其中包括产业发展，如能够增强国家小额信贷机构联系的项目，教育活动（尤其是金融行业知识），以及试验产品（如关于小额信贷在可再生能源领域的贷款）。花旗小额信贷并不和花旗基金会一起工作，但是它们会共享行业信息。

全面金融服务

花旗银行在小额信贷领域最突出的作用在于持续性地资助小额信贷机构，从非政府组织到小额信贷银行。它已经和领先的小额信贷机构进行过很多知名的交易。花旗银行提供全面的银行服务，从现金管理到人寿保险合作关系，这是它运营策略的一个显著特点。

风险共担的融资项目。2007 年，花旗小额信贷宣布了一项4 400万美元（18 亿卢布）对 SKS 小额信贷融资项目。印度花旗银行与 SKS 一起承担信用风险，格莱珉基金会提供一定限度的保证，以更广泛地分散风险。

联合贷款。2006 年，花旗小额信贷与 ProCredit（罗马尼亚小额信贷银行）联合发放了第一个地方货币贷款。[①] 同样是在 2006 年，

---

① "Microfinance: Building Domestic Markets in Developing Countries," brochure, Citigroup Inc., www.citigroup.com.

花旗集团帮助孟加拉农村发展委员会实现了首个 AAA 级的小额贷款应收账款证券化（BRAC 是世界上最大的国家的非政府组织，位于孟加拉国）。这一证券已经存续了 6 年，价值 1.8 亿美元，赢得了良好的口碑。[①]

当地货币结构，投资型债券。 2004 年，花旗集团和其墨西哥子公司墨西哥国家银行发行了第一只投资型基金，来为康帕多银行（墨西哥客户量最多的小额信贷机构）募资。五年来，以比索计价的债券价值已达 5 000 万美元，[②] 并由国际金融公司提供 34% 的保证金。[③] 在募集资金的帮助下，这一小额信贷机构快速增长，并于 2007 年举行了首次公开募股。

花旗小额信贷希望成为客户的金融顾问，这需要深度的行业知识。一些花旗银行曾经资助过的机构（如 BRAC，SKS 等）是非常成功的大型独立运营机构，也有一些是中小规模的机构（如菲律宾的 CARD Bank，乌干达的 Pride，墨西哥的 FinSol）。花旗的资助选择同时考虑规模和可持续性。

花旗小额信贷向小额信贷机构的财务结构上建议：只需将整体金融市场筹资作为小额信贷资金基础发展方向的选择方案之一即可。并非每一个小额信贷机构都适合贷款证券化。花旗小额信贷全球总监安尼巴列认为，"证券化应当非常有选择性地使用，它可以缓解资金压力和实现多元化融资。若机构不需二者，就应当寻找另外的筹资方式。"[④] 通过帮助客户机构采用更为成熟的融资策略，花旗小额

---

① "Microfinance: Building Domestic Markets in Developing Countries," brochure, Citigroup Inc., www.citigroup.com.

② "Microfinance: Building Domestic Markets in Developing Countries," brochure, Citigroup Inc., www.citigroup.com.

③ "Citigroup/Banamex Leads Financiera Compartamos Bond Issue in Mexico with a Partial IFC Credit Guarantee; Standard and Poor's, Fitch Assign Investment – Grade Country Rating," press release, Citigroup Inc., August 2, 2004.

④ Robert Annibale, discussions with ACCION.

信贷推动了小额信贷行业的发展。花旗小额信贷必须关注每一笔交易的管理成本和交易细节，比如调整利率，证券化过程中分配风险，或者在融资项目中将数据从小额信贷机构传输到花旗银行。这些细节需要复杂的操作程序和高度关注。

零售金融服务

相对于整体性业务，花旗小额信贷的面向金字塔底部市场的零售业务是一个新的前沿。花旗小额信贷正在发展，向穷人提供创新性小额保险、储蓄和汇款服务，这一业务往往通过与领先的小额信贷机构的伙伴关系来开展。

小额保险。2005 年，花旗小额信贷与其保险子公司合作，为康帕多银行的客户提供一个人寿保险产品。产品策略很简单，没有特殊条款，特点在于是市场中索赔付款时间是最快的。[1] 康帕多银行客户的家庭是此产品的获益者。简单和快速赔付有利于消除潜在顾客对于保险的普遍不信任感。通过此举，花旗银行为客户提供了金额超过 100 万美元的政策服务。[2]

储蓄。花旗小额信贷将识别技术是推动普惠金融的措施之一。在 2006 年，花旗在印度安装自动取款机设备以方便其小额信贷机构合作伙伴的客户使用。这些设备为拥有花旗国际展览中心储蓄账户的客户提供服务，解决了小额信贷客户普遍的存款需求，也可以用来进行付款交易。

作为第一批的储蓄账户，花旗国际展览中心没有最低存款限额要求和其他相关费用，这非常适合小额信贷客户。这里面的自动设

---

[1] "The Financial Times Sustainable Banking Conference and Awards," Financial Times, The Landmarke, London, June 7, 2007, www.ftconferences.com.

[2] Matthijs Boúúaert, "A Billion to Gain?" 17.

备具备生物特征识别能力并提供 8 种不同语言供用户选择，有效地降低了普惠金融中由于的语言和读写障碍带来的问题。除了使用合作伙伴小额信贷机构分支机构的具备生物特征识别的自动取款机，客户还可以使用任何花旗银行的自动取款机和印度银行共享网络中超过 15 000 个自动取款机。[①]

汇款。2006 年，近 3 000 亿美元的汇款通过世界各地的 1.5 亿移民汇往发展中国家。[②] 据估计，这之中约 1/3 的汇款是由非正式渠道汇往。[③] 根据花旗银行 2004 年的调查，印度和墨西哥是两个接收此种类型汇款最多的国家，而拉丁美洲这一增速最快的汇款市场预计在 2001 年到 2010 年期间将会产生 5 000 亿美元的汇款。[④]

2005 年，花旗小额信贷和厄瓜多尔的专门从事小额信贷的银行 Banco Solidario 合作，为住在美国的厄瓜多尔移民提供一种新的汇款产品。这一产品允许汇款人每日进行 3 000 美元以下的汇款汇给厄瓜多尔的受益人，只收取 5.14 美元的固定费用，[⑤] 这远远低于当时资金转移组织的现行费率。收款人可以在 Banco Solidario 的分支机构（汇款 24 小时后），或者农村分支机构（汇款 72 小时后）取款。[⑥]

产品营销是第一个挑战。花旗集团那些隐晦的、标新立异的广告可以得到都市人的称赞，但只能让拉丁美洲大众抓耳挠腮而不得

---

① "Citibank India Unveils Biometric ATMs with Multilanguage Voice Navigation Features for Microfinance Customers," press release, Citigroup Inc., December 1, 2006, www.citigroup.com.

② "Sending Money Home: Worldwide Remittance Flows to Developing Countries," International Fund for Agricultural Development, 2007.

③ Dilip Ratha et al., "Migration and Development Brief 3," Remittance Trends 2007, November 29, 2007.

④ Robert Annibale, "Remittances: More Than a Transfer—Valuing the Strengthening Customer Relationships," presentation, Citigroup Microfinance Group, December 2004.

⑤ "Citibank Announces Pioneering Program to Ecuador," press release, Citigroup Inc., December 7, 2005, www.earth.columbia.edu.

⑥ "Citibank Announces Pioneering Program to Ecuador," press release, Citigroup Inc., December 7, 2005, www.earth.columbia.edu.

其意。花旗集团通过当地报纸和社区活动创造了适应当地文化的市场营销和金融教育活动。

花旗集团及其合作伙伴，希望以汇款为起点为客户提供更广泛的银行服务，所以他们要求汇款人在花旗银行开立储蓄账户。但是，对于大多数的汇款人，他们的汇款和平时所用的银行账户是各自分开的。为取得成功，花旗银行必须劝服顾客改变他们的这一习惯。它告诉客户，通过花旗银行汇款是他们获得全面银行服务的开端。然而，这一要求减缓了吸收汇款的速度，即使开户后账户到账户的汇款更容易。花旗集团考虑后决定拒绝为没有银行账户的汇款人提供汇款业务。因为提供此种业务也许可以更快地带来汇款，但是这与花旗银行和客户进行长久的合作关系的理念相违背。

"了解你的客户"规定在客户开户之前需要进行相关的身份确认。但是很多潜在客户并不清楚什么样的证件是合适的，以及出示证件对于作为移民的他们意味着什么。花旗集团对这个问题采用了积极主动的方法，鼓励分支机构的工作人员为客户解释多种不同的身份证明都是可以的。工作人员会到厄瓜多尔领事馆提供银行开立账户所需信息的讲解。

所有这些措施都增强了这项产品对于厄瓜多尔移民的吸引力。在逐渐摸索中建立这套投资方案后，花旗银行已经扩大了汇款项目的范围并打算在其他国家移民中也复制这一模式。

2007 年，花旗集团孟加拉国分部（Citi Bangladesh）和孟加拉农村发展委员会（BRAC）签署了一份分销协议，花旗银行可以将来自世界各地的汇款借由孟加拉农村发展委员会到达孟加拉国的偏远地区。通过孟加拉农村发展委员会 3 090 个分支机构的网络体系，这一伙伴关系可以渗透孟加拉国的各个角落。[①]

---

① Microfinance Network，"BRAC and Citi Sign Remittance Partnership Agreement," press release，July 29，2007.

成功的因素

花旗小额信贷以创新性和开拓性的方式，成功地在小额信贷领域提供整体和零售服务。除了花旗集团在小额信贷领域活动的历史因素，这一成功更是来自于具体的业务决策。在保持花旗小额信贷业务单元小规模的基础上，花旗银行将小额信贷制度化纳入信贷政策和体制基础建设，利用其全世界范围内分支机构的人员了解当地情况和建立合作关系。花旗银行每一个小额信贷服务都适合当地客户、法律、语言和金融行情，若没有花旗当地分支的协作和花旗小额信贷与分支机构在利益战略导向的一致，这是不可能实现的。

然而，花旗小额信贷最重要的成功因素在于其整体业务的方法。如同卡拉齐所言，如果你真的将对方看作伙伴或者客户，其结果比你只见其看作是获取利益的对象时要好很多。

皮钦查银行和服务公司模式

皮钦查银行[1]是厄瓜多尔最大的银行，资产值达 40 亿美元。[2] 历经 1997 年重挫银行业的经济危机之后，它开始筹划重建，银行领导者开始思考可能的新业务。他们认识到厄瓜多尔的非正规经济领域的增长和一些金融机构在此行业的成功，尤其是专门从事小额信贷的 Banco Solidario 以及厄瓜多尔强大的信用合作社网络。他们决定探索这个新领域。

---

[1] This case is partially adapted from Cesar Lopez and Elisabeth Rhyne, "The Service Company Model," ACCION International InSight, no. 6, September 2003.

[2] "Unidad de Planeación Financiera: Balance General," Banco Pichincha, October 23, 2008, www. pichincha. com.

　　从事全球商业小额信贷咨询的专家认为，银行在从事小额信贷业务往往会犯一个普遍的错误：他们没有意识到他们并不知道应当如何做。[①] 皮钦查银行并未犯这个错误，它从美国行动国际寻求技术专长，并花费长达两年的时间来准备，以谨慎的态度尽可能降低进入小额信贷领域的风险。

　　十年后，皮钦查银行已经是商业银行发放小额贷款最成功的典范之一。它下属的从事小额信贷的服务公司 Credifé 正在蓬勃发展，目前有超过 85 000 位的活跃借款人，他们为皮钦查银行利润贡献了一个虽然小但很有意义的部分。对于美国行动国际来说，与皮钦查银行的合作经历也意义重大，有助于美国行动国际学习在协助主流银行推出小额贷款过程中如何缩小设想和现实间的差距。

银行在小额贷款中的优势与劣势

　　商业银行从事小额信贷业务对于金字塔底部人群来说是一个福音。因为和大多数小额信贷机构不同的是，银行可提供全方位的服务，包括信贷、储蓄和支付服务。藉由广泛的物理设施和人力资源以及获得资金的低成本，银行从事小额信贷业务比新建一个独立小额信贷机构所需成本更少。一旦商业银行成为小额信贷的参与者，将会对传统小额信贷机构造成很大的竞争压力。

　　然而又一种可能性，银行进入小额信贷业只是短期行为或是浅尝辄止。如果小额信贷的收回投资的时间超过其投资收回要求的标准期限，银行会选择不进入小额信贷业。即使进入，银行为了寻求利润最大化也可能通过提高贷款额度而转向高端市场，甚至在不满意盈利水平时退出市场。实际上，商业银行进入后退出小额信贷行

---

　　① Marguerite Robinson（Institute fellow emeritus, HIID, Harvard University），discussions with ACCION, September 2008.

业的情况已经出现过。

尽管有这种担忧，对皮钦查银行来说，进入小额信贷市场仍然是合适的。在 20 世纪 90 年代早期，为了巩固在储蓄和消费贷款领域的领导者地位，皮钦查银行曾在全国范围内广开分支网点。然而，厄瓜多尔始于 1995 年的经济危机摧毁了中产阶级的购买力，降低了其对于消费贷款的需求。在这种环境下，它面临两个选择：或者效仿其他银行一样关闭分支网点；或者发掘更多的顾客和服务让网点盈利。

许多皮钦查银行的分支机构周边就是小型企业家所居住的低收入社区。开设小额信贷业务只需要很少的基础设施资金。此外，从事小额信贷业务可以通过提高分支机构职工的生产效率和吸收过剩的流动性来增加收益。由于存在密度较高的潜在客户（甚至在农村亦是如此），在厄瓜多尔从事小额信贷行业有着非常好的前景。当然，若没有美国国际开发署（United States Agency for International Development）最初的补贴，皮钦查银行也是不会下决心进入小额信贷市场的。补贴在探索性阶段涵盖了大部分成本，主要用于说服皮钦查银行小额信贷是一个良好的商业机会以及让美国行动国际为银行提供技术援助。补贴覆盖了部分可行性研究以及开办规划和技术援助的成本，而银行则承担了大部分的工程费用，即员工时间，以及技术援助、股权投资、借贷资本和基础设施建设中的重要部分。

创建服务公司：Credifé

在考虑各种模式之后，皮钦查银行和美国行动国际决定合作建立一个服务公司，因为它启动资金少，拥有精益的组织架构以及可快速获得监管部门的批准。预测表明它将在运作三年后实现盈亏平衡（开始发放贷款 2 年后）且会有非常有吸引力的股东回报率。

小额信贷服务公司是从事贷款和银行信用管理服务的非营利公

司。合作建立的 Credifé 公司承担了推广、评估、审批、追踪和收回贷款的所有工作。但是，这些贷款是记在皮钦查银行的账簿上。作为回报，皮钦查银行向其支付一笔服务费（反之亦然，若其接受皮钦查银行的服务也需要向对方支付服务费）。它负责贷款人员以及其他小额信贷项目所需职工，而皮钦查银行负责支持服务，包括取款交易，因此，人力资源管理和信息技术。

服务公司模式旨在解决银行进入小额信贷行业所面临的普遍问题。服务公司并不需要独立的银行执照许可，不受银行监管部门监管，也不需要巨额的股本投入。因此，它很容易创建和运营。

同时，这是一个长期可持续的结构，其自身的治理和职工使得小额信贷业务有广阔的操作空间并可运用本行业的特殊技术。Credifé 很好地运用了皮钦查银行的有关功能。母银行并不需要熟知具体的小额信贷特殊知识。由于交易并非发生在企业内部单位之间而是两个单独的实体中，所以 Credifé 得以用透明的组织结构运营，这对于吸引投资者和运营参与者作为技术伙伴非常有帮助。

Credifé 是皮钦查银行的控股子公司，而美国行动国际是少数股东及战略合作伙伴。

Credifé 在掌控信用风险和收益分配方面有着谨慎的激励机制。由于它的财务报表最终合并到母银行，而母银行更关注整体运营利润而非各公司间的利益分配。而作为外来投资者，美国行动国际异常关注它的风险与收益计算方式。

Credifé 和皮钦查银行签署协议制定关于提高效率和风险管理方面的激励措施。它处理和客户面对面的业务，但是贷款和利息都直接归于皮钦查银行。Credifé 负责异常信用信息的管理和收集，而银行以贷款组合中的固定百分比作为服务费支付给 Credifé。这个措施，保证了它在做出发放贷款决定的时候能够保持谨慎，因为如果贷款组合质量低于规定的标准，他们可从中获取的收益就会降低。这一收益，是根据贷款组合预期产生的利息收入，减去资金成本，相关扣除规定和银行提供的服务成本之后得到的。费用可以时不时地予以调整。银行承担了短期资金成本波动、资金调配和相关服务风险，而服务公司承担自身运营成本的风险。

运营

Credifé 向小型创业者提供周转资金：家族企业和自营职业者（占据了贷款组合的 71%）。用于经营性资产、购买和扩展商业用房、消费需求、改善住房的贷款随着时间的推移增加并弥补贷款组合的剩余部分。它向客户提供特殊的低费用储蓄账户，也提供汇款服务并且正在开发其他服务（如小额保险）。为了快速构建贷款组合，它直接标识出已拥有皮钦查银行银行储蓄账户的客户，这些客户之中有大约四分之一的客户会进行贷款。

Credifé 采用小额信贷承销技术，这和皮钦查银行向消费者和企业发放贷款所有的技术有很大的不同。这种技术重点在于信贷员。信贷员需要接受培训以能够根据企业情况来分析客户还款能力。信贷员负责从最初推广到最后收款的整个客户关系。相对大多数的零售银行放贷这是一种非常规的做法，然而这样可以保证高质量的贷款组合，甚至可以消除客户对银行的不信任感。最重要的是，这种放贷技术和操作方式是美国行动国际在和皮钦查银行合作中对于小额信贷的贡献。

结果

Credifé 成立于 1998 年，并于 1999 年 7 月发放第一笔贷款。虽然厄瓜多尔的经济危机仍在继续，它仍在运营 18 个月之后实现了月盈亏均衡。这场经济危机导致了厄瓜多尔金融业的美元化，从而大大降低了其所需的金融保证金。大幅度的增长发生在贷款组合达到 78.3 万美元的时候，一年之后这一数值就升至 350 万美元。在这之后，它业务稳步增长，在 2003 年 4 月已收回全部初始投资，并达到较高的投资内含报酬率。来自美国行动国际现担任皮钦查银行专业顾问的洛佩兹回忆道：皮钦查银行职工并未被完全说服，直到两年之后贷款组合开始盈利，那时他们才相信原来从事小额信贷是可以赚钱的。

2004 年，Credifé 通过综合考虑其盈亏数据和皮钦查银行通过它贷款获得的收益来分析服务公司对皮钦查银行底线所作出的贡献。这种整合使得它的成本结构和通过小额信贷获得的净利更加透明。结果显示：虽然 Credifé 贷款仅占银行投资组合的 3.6%，但是它们却生成了 7.6% 的银行净利。这种认识增强了皮钦查银行继续从事小额信贷业务的决心。

如表 1 所示：截至 2008 年末 Credifé 用友 85 000 个活跃借款者，贷款组合数值达 2.54 亿。到 2009 年，他已拥有 101 个分支点。皮钦查银行已经计划将小额信贷业务推广到周边国家。

表 1

活跃客户	85 682
贷款组合（以千美元为单位）	253 682
平均贷款数额（美元）	2 961
过期超 30 天的贷款组合	1.5%
信贷员人数	368
信贷员人均客户	233
信贷员人均负责贷款数额（美元）	689 353
股本回报率	39.8%

经营经验

Credifé 的发展经历为我们提供了很多经验，关于如何将小额信贷业务整合到银行过程中以及存在的公司文化挑战。

高层支持和管理

Credifé 成功关键因素在于得到了银行内部高层的强力支持。从一开始，银行董事之一负责项目，并得到执行官们的支持。一个来自银行经纪子公司的总经理成为了负责它的总经理，并与技术援助小组一起工作。这种支持在克服内部阻力时时必要的。它拥有自己的董事会，定期举行董事会，在会上来自于皮钦查银行的董事会成员做主要决策，美国行动国际的董事会成员主要向皮钦查银行提供项目的总体评估进展。

业务处理。Credifé 的客户可以使用皮钦查银行的设备来支付账单以及其他交易。银行必须具备业务处理能力以应对小额信贷客户带来的巨额交易量的能力。皮钦查银行利用其广泛的营业网点来应对此问题。所有 Credifé 客户都拥有借记卡，此卡可以在皮钦查银行的自动取款机操作，也可在该国其他银行的自动取款机上操作（附加 25 美分的手续费）。与此相反的是，皮钦查银行客户中，只有少于一半的人有借记卡。Credifé 最大限度地使用自动化技术让分支机构所需处理的业务量大大减少，同时降低了运营成本。但是，这种自动化并没有延伸到客户信用卡的使用。

员工。Credifé 拥有独立的招聘，薪金和奖励政策，自主开发所用的运营手册，信贷政策和内部流程。制定政策的独立性是小额信贷运营取得成功的必要条件。同时，它在很多方面使用银行专有技术，如信息服务、人力资源、市场营销、法律问题、内部审计和财务管理。皮钦查银行发现为了高效支持 Credifé，这些部门的工作人员需要学习小额信贷一些专门知识。但同时也出现了一些问题，比如 Credifé 职工有时会抱怨这些部门会优先处理传统银行业务。高层的支持是解决这类问题的关键。

品牌。Credifé 是一个拥有大众认知的品牌，但同时人们看到它时也会联想到皮钦查银行。一方面，与银行的连接提高了其可信度。另一方面，其独立的身份会吸引那些对银行感到害怕的低收入者，同时皮钦查银行的品牌定位不受到干扰。

分支机构。皮钦查银行充分利用分支机构给 Credifé 在成立初期予以助力，使用这些分支机构能极大降低成本并迅速扩大业务活动。Credifé 的分支机构大多位于皮钦查银行分支机构之中，在一些情况下二者处在相近的建筑物中（邻近性可以确保客户能够方便地进行现金交易）。

商业银行的支持让 Credifé 可以专注于完善信贷方法而不用操心资金筹集和开设完善的分支网点。但分离的组织架构还是有些缺点，比如会因为客户服务，变革的阻力，优先级竞争种种问题而减缓扩张的速度，直到这些困难被克服。如今，Credifé 让皮钦查银行具备了根据低收入客户群不同需求而调整产品、业务、人员和处理程序的能力。藉由在面对小额信贷中的勤勉态度，皮钦查银行已经成功建立了一条坚实的新业务线，而这个业务它是不会轻言放弃的。

巴西布拉德斯科银行：21 世纪的邮政银行

巴西拥有发展中国家中较复杂的银行系统，由于 20 世纪 70 年代和 80 年代的经济动荡以及长时期的高通胀使得银行必须具备健全规范的管理。巴西的银行往往高效且提供整体的金融服务。巴西的银行业系统由公有的、国内和外国银行构成，并由中央银行稳健的调控。

巴西也是世界上收入差距最大的国家之一。据世界银行统计，最富裕的 10% 的人口所拥有的财富是最贫穷 10% 的近 60 倍。在美国这一比率是 15，在印度是 7。[①] 2003—2005 年，巴西 1.8 亿人口中的三分之一还生活在国家贫困线以下，这些人很少能够接触到最基本的金融服务。

巴西政府从 2000 年开始，采一系列具有里程碑意义的管理措施，允许银行通过中介机构提供金融产品（如零售网点），这些中介机构被称为银行代理，这些中介机构是帮助银行降低昂贵的分行建立成本，使它更容易服务绝大多数没有银行账户的巴西人。

布拉德斯科银行和邮政网络

布拉德斯科银行（BRADESCO）是银行代理项目的先驱企业之一。自从于 1940 年在圣保罗州建立之后，布拉德斯科银行开始为小型企业和农民提供服务。[②] 如今，它已经成长为巴西第二大私有银行，[③] 服务涵盖所有主要的个人和企业银行部门。

2001 年，布拉德斯科银行投标 9 000 万美元，用几乎是对手两倍的价格竞价成功，获得巴西国有邮政系统网点中的独家渠道以提供服务，这一举措已被证明是一个明智的社会和商业投资。布拉德斯科银行成立一个专门的子银行：邮储银行（Banco Postal）来管理这部分业务，并投资 1.1 亿美元来构建基础设施。[④] 邮储银行工作量不大，因为绝大多数的工作已由现有的邮政人员来承担。在日常操作之外，邮政人员也担任银行出纳员的角色，直接与客户进行交流来提供所有银行产品。邮储银行工作人员提供对邮政人员的培训，

---

① Data on Poverty and Inequality, World Bank, www. worldbank. org.

② "Banco Bradesco," www. wikipedia. com.

③ Anjali Kumar et al. , "Expanding Bank Outreach Through Retail Partnerships: Agent Banking in Brazil," World Bank Working Paper No. 85, 2006.

④ Anjali Kumar et al. , "Expanding Bank Outreach Through Retail Partnerships: Agent Banking in Brazil," World Bank Working Paper No. 85, 2006.

并监督他们处理银行业务。

客户在邮储银行可获得全套的银行产品，包括支票和储蓄账户、存款、取款、转账、纳税、缴纳社保、领取福利和支付账单。小额贷款也可以通过此银行获得。作为一个细分市场的策略，邮储银行提供的产品都比布拉德斯科银行稍微便宜一些。邮储银行的客户实际上也成为布拉德斯科银行的客户，可以在任何布拉德斯科银行的分支网点、销售终端机或代理机构中进行交易。

布拉德斯科银行与邮政系统合作并不需要太多的成本，因为只需要投入相对较少的基础性技术设施。并未像很多银行代理模式一样通过安装销售终端机来实现，布拉德斯科银行利用已有的计算机终端机，直接在邮政电子系统上安装自己的出纳员程序来实现对接。此外，邮政服务已通过卫星技术构建通讯网络系统。邮储银行进入这种系统，让资金收付结算信息能够实时传输。

"双底线"（Double bottom－line）的效果

邮储银行的努力在多个方面取得了显著成功，从2002年3月开始第一批运作，邮储银行已经拓宽提供的产品，到2008年末，已经有5 924个邮局作为银行代理点。[1] 截止到2007年，它所覆盖的客户数量已达550万（相当于布拉德斯科银行1 700万客户的33%），且以每日新增4 500个客户的速度不断增长。客户月交易量达到3 000万笔。[2]

邮储银行也在5年内持续高增长，且这种增长具有良好的社会价值。2002年，巴西5 561个自治市中，有1 590个只有邮局而没有银行提供服务，在这之中，405个离最近的银行也超过100千米远且

---

[1] Banco Bradesco, www. bradesco. com.

[2] José Nivaldo Rivera（manager, Banco Postal department of Banco Bradesco）, discussion with ACCION, September 2006.

交通极为不便。① 如今这些地区都已经能够享受银行服务。② 此外，银行估计在其550万客户中约有60%的客户并无其他银行账户，这意味着"让本无银行账户的人能享受银行服务"③ 这一目标已成功达成。最重要的是，银行客户主要来自于低收入者：58%的月收入在130美元以下，32%月收入在130~400美元之间，10%的人月收入在400美元以上。④

邮储银行的客户交易涉及广泛的业务（见表2），在2006年它制定了大约6.4亿美元的贷款组合，包括近170万美元的贷款。这些贷款都是每笔约370美元的小额贷款。⑤

当然，主要的问题还是是否能够盈利。虽然实际数字难以获得，但是答案似乎是肯定的。根据2007年8月的报道，邮储银行已产生2.55亿美元的收入。巴西通讯部部长声称邮储银行从政府分销网络中赚了太多钱。⑥ 鉴于此以及对于此途径其他盈利的看法，促使政府考虑打破与布拉德斯科银行的10年期协议，建立一家国有邮政银行以从银行业务中获取更多利润。⑦

表2　　　　　　　　　　邮储银行的交易按类型分布情况

交易类型	所占百分比
支付账单	29
账户	23

① José Nivaldo Rivera（manager, Banco Postal department of Banco Bradesco）, discussion with ACCION, September 2006.

② Anjali Kumar et al. , "Expanding Bank Outreach. "

③ José Nivaldo Rivera, discussion with ACCION.

④ Anjali Kumar et al. , "Expanding Bank Outreach. "

⑤ José Osvaldo Carvalho, "Mind the Gap: Bankable Approaches to Increase Access to Finance," presentation at conference, Netherlands Financial Sector Development Exchange, November 2006.

⑥ www. bnamericas. com. Subscription required to access.

⑦ Hannah Seidek, "A Joint Venture Gets Disjointed. Will Banco Postal Customers Suffer?" CGAP Technology Blog, September 10, 2007.

交易类型	所占百分比
查询清单	18
存款	13
取款	6
卡	1
其他	6

打开入口的价值

邮储银行最突出的贡献在于对无银行服务区的渗透，而邮局系统的使用是进入这些地区的关键。由于银行代理项目，到 2003 年巴西所有自治市都已能享受到银行服务。邮储银行正是负责许多最后那些得不到银行服务地区的主力，全国邮政网络与一家大型银行的连接，已经成功打开了金融服务的入口。

为了突出对全国各角落的渗透力，邮储银行为其最偏远的分支之一（位于圣塔罗萨做普鲁斯，深藏在于秘鲁接壤的亚马逊河流域）举行了一个正式的开幕式。虽然这一举动是为了新闻性（因此开幕式中充满了高尚的情操），但在这个场合的发言表明此金融服务入口的开放对这个偏远地区 2 000 位居民意义重大。一位参议员声称，这个开幕式是"民族融合，社会包容和文明整合的象征"。该市市长详细描述了它带来的好处，除了提高了自治市发放政府雇员薪金和征收税收的能力外，也使退休人员免于长途跋涉就可以领取到退休金。除了帮助当地经济之外，邮储银行网点的开设基本消除了当地的闭塞情况。①

---

① Anjali Kumar et al. , "Expanding Bank Outreach. "

趋势与可复制性：当地与全球

在巴西，邮储银行在银行代理模式中的成功并非个例。国有银行巴西联邦经济银行在 2000 年率先使用 11 000 杂货店作为银行代理来发放政府补贴。西班牙大众银行（ Banco Popular） 也有近 5 000 个代理网点。基于这种成功，私有银行 Lemon Bank 成立，这家银行并没有真正的分支机构，而是通过使用 6 000 多家银行代理提供账单支付和其他服务。[①]

巴西的成功可在其他地方复制吗？许多欧洲国家和日本都有大型邮政银行，由邮政系统自身来提供金融服务。世界银行估计，在发展中国家有比商业银行分支机构数量几乎多一倍的邮局站点，这之中蕴藏着巨大的商机。在印度，150 000 个邮政营业网点是该国监管机构允许提供银行代理服务的少数商业类型之一。

在埃及，邮政网络有大约 3 700 个分支，这一数量超过商业银行所有分支机构之和，其中大多数以电子方式连接。这一网络已经用于分发政府养老金（每月发放 2.4 亿美元给 300 多万领取人），同时还提供邮政网络的资金转账，银行存折储蓄和账单支付服务。商业银行埃及银行已与埃及邮政合作提供附息账户。[②]

巴西中央银行在允许符合成本效益的银行代理模式举措中，体现了其对预见性和谨慎性的完美平衡。在过去的几年中，这种模式正在蔓延。智利、秘鲁、玻利维亚、哥伦比亚和危地马拉政府都通过了了有利于银行使用零售代理商网点的法律条文。

---

① Anjali Kumar et al. , "Expanding Bank Outreach. "
② Egypt Post, www.egyptpost.org.

参考文献

印度工业信贷投资银行

［1］Annual Report, ICICI Bank, 2008.

［2］Banerjee, Gargi, "Rural Banking with ICICI Bank," *Businessworld*, September 8, 2006.

［3］Chopra, Parveen, "ICICI Bank Opens First U. S. Branch," *Nerve News of India*, March 1, 2008.

［4］"Crisil, IFMR Trust, ICICI Foundation Work Together for Social Betterment to Jointly Develop Markets for Under – Served Asset Classes," press release, ICICI Foundation, Crisil, and IFMR Trust, July 17, 2008.

［5］Duflo, Annie, "ICICI Banks the Poor in India: Demonstrates That Serving Low – Income Segments Is Profitable," Microfinance Matters, no. 17, October 2005.

［6］"FINO, a Shared Technology Platform," ICICI Bank case study, www. icicicommunities. org. "ICICI Bank in Microfinance," presentation, ICICI Bank, Geneva Conference on Microfinance, October 2005.

［7］"ICICI Bank in Microfinance," presentation, ICICI Bank, March 15, 2005, www. adb. org.

［8］"ICICI Bank's Microfinance Strategy: A Big Bank Thinks Small," CGAP.

［9］ICICI Foundation Web site, www. icicifoundation. org.

［10］Kamath, K. V. (CEO, ICICI Bank), videotaped interview, World Economic Forum 2008, accessed on YouTube.

［11］M., Raja, "It Hurts When an Indian Bank Loan Goes Bad," *Asia Times*, November 8, 2007.

［12］Mor, Nachiket, "ICICI Bank in Microfinance: Breaking the Barriers," PowerPoint presentation, December 2004.

［13］Panda, Debadutta Kumar, and Jasmine Mohanty, "Product Mix and Product Innovation of Microfinance in India."

［14］Preamble on ICICI Pru's Rural Business Inititive, www. iciciprulife. com.

［15］"Rural and Agri Banking," *ICICI Bank—Banking Services*, ebusiness. icicibank. com.

［16］Sriram, M. S., "Expanding Financial Services Access for the Poor: The Transformation of Spandana," Indian Institute of Management, Ahmedabad, working papers, April 2005.

［17］Thorat, Usha, "Financial Inclusion—The Indian Experience," speech, HMT - DFID Financial Inclusion Conference, London, June 19, 2007.

花旗集团

［18］Annibale, Robert (global director, Citi Microfinance), discussions with ACCION, December 19, 2007.

［19］—, "Remittances: More Than a Transfer—Valuing the Strengthening Customer Relationships," presentation, Citigroup Microfinance Group, December 2004.

［20］Boúúaert, Matthijs, "A Billion to Gain? A Study on Global Financial Institutions and Microfinance: the Next Phase," ING, March 2008, 47.

［21］"Citibank Announces Pioneering Program to Ecuador," press release, Citigroup Inc., December 7, 2005, www. earth. columbia. edu.

［22］"Citibank India & SKS Announce USD 44 Million Rural Microfinance Program," press release, Citigroup Inc., May 9, 2007, www. citigroup. com.

［23］"Citibank India Unveils Biometric ATMs with Multilanguage Voice Navigation Features for Microfinance Customers," press release, Citigroup Inc., December 1, 2006, www. citigroup. com.

［24］"Citigroup/Banamex Leads Financiera Compartamos Bond Issue in Mexico with a Partial IFC Credit Guarantee: Standard and Poor's, Fitch Assign Investment - Grade Country Rating," press release, Citigroup Inc., August 2, 2004.

［25］"The Financial Times Sustainable Banking Conference and Awards," *Financial Times*, The Landmarke, London, June 7, 2007, www. ftconferences. com.

［26］Jaramillo, Maria (senior director, ACCION International), discussions with ACCION, September 2008.

［27］"Microfinance: Building Domestic Markets in Developing Countries," brochure, Citigroup Inc., www. citigroup. com.

［28］Microfinance Network, "BRAC and Citi Sign Remittance Partnership Agreement," press release, July 29, 2007.

［29］ Ratha, Dilip, et al. , "Migration and Development Brief 3," *Remittance Trends* 2007, November 29, 2007.

［30］ "Sending Money Home: Worldwide Remittance Flows to Developing Countries," International Fund for Agricultural Development, 2007.

皮钦查银行

［31］ Lopez, Cesar, and Elisabeth Rhyne, "The Service Company Model," AC-CION International InSight, no. 6, September 2003.

［32］ "Unidad de Planeación Financiera: Balance General," Banco Pichincha, October 23, 2008, www. pichincha. com.

布拉德斯科银行

［33］ Banco Bradesco, www. bradesco. com. br/ri/eng.

［34］ "Banco Bradesco," www. wikipedia. com.

［35］ Carvalho, José Osvaldo (CFO, Banco Postal), "Mind the Gap: Bankable Approaches to Increase Access to Finance," presentation at conference, Netherlands Financial Sector Development Exchange, November 2006.

［36］ Data on Poverty and Inequality, World Bank, www. worldbank. org.

［37］ *Egypt Post*, www. egyptpost. org.

［38］ Kumar, Anjali, et al. , "Expanding Bank Outreach Through Retail Partnerships: Agent Banking in Brazil," World Bank Working Paper No. 85, 2006.

［39］ "Mind the Gap: Bankable Approaches to Increase Access to Finance," Banco Bradesco presentation, May 2007.

［40］ Rivera, José Nivaldo (manager, Banco Postal department of Banco Bradesco), discussions with ACCION, September 2006.

［41］ Seidek, Hannah, "A Joint Venture Gets Disjointed. Will Banco Postal Customers Suffer?" CGAP Technology Blog, September 10, 2007.

［42］ www. bnaamericas. com.

案例 2　新的参与者：
零售商、保险公司和通信公司

墨西哥阿兹台克银行（BANCO AZTECA）：一个震惊了墨西哥金融巨头的零售商

对于墨西哥来说，其专属银行体系长期忽略了 7 000 万美元低收入的潜在客户。直到墨西哥电器集团（Grupo Elektra）创立了墨西哥阿兹台克银行之后，低收入人群的市场才得到了开发。集团针对低收入人群开展了一项银行业务，凭借着这项银行业务他们迅速掳获数百万的客户。难道连大型零售商都知道金字塔底部人群金融服务（BOP finance）而墨西哥的大银行却不知道呢？结果证明在墨西哥的确有很多银行都不了解这种金融服务。

作为拉美地区领先的专业零售商，墨西哥电器集团已经向低收入消费者销售家用电器长达数十年。在销售商品的过程中集团逐渐向消费者们提供购买商品的短期贷款。事实上墨西哥电器集团从信贷操作中获得了比商品销售更多的利润。这一项设备融资业务为之后阿兹台克银行的成功打下了基础。

墨西哥电器集团在 2002 年推出了阿兹台克银行，它通过商业银行的形式成为第一个在墨西哥能够提供全方位金融服务的零售商，五年后，阿兹台克银行管理着超过 810 万活跃储蓄账户和约 830 万美元的贷款①。到 2007 年为止，它已售出了超过 1 030 万份的保单，② 同时还提供一些其他服务。然而，这些服务在其他墨西哥银行看来是不值得推行的。事实上，阿兹台克银行是自该国 1994 年金融危机以来第一个获得银行牌照的新型墨西哥银行。如今，用客户的数量来衡量的话它已经是全美的第二大银行，同时它每年能够给墨西哥电器集团带来大约 10 亿美元的收入。③

是否对墨西哥的低收入人群提供金融服务

墨西哥由于其不平等的收入分配一直困扰着经济政策的制定者。世界银行称，在墨西哥，最富有的 20% 人口占有一半以上的国家财富，而最贫穷的 20% 人口却只占有国家财富的 4%。④ 而银行服务往往是以利润为导向的。多年来，在所有国际银行当中超过四分之三的国际银行都是以社会精英和公司为导向的。例如，汇丰银行（HSBC），毕尔巴鄂比斯开银行（BBVA），花旗银行旗下的墨西哥国家银行（Citibank's Banamex）和西班牙桑坦德银行（Santander Serfin）等。而超过总人口三分之二（约 1 600 万）的墨西哥中低收入家庭，很少或根本没有获得过金融服务。⑤

但是墨西哥电器集团已经对这些低收入人群开展了金融业务。其位于 Salinasy Rochas 的专卖店自 1906 年已经在用信贷的方式销售

① "Grupo Elektra Announces Revenue Growth of 16% to Ps. 10, 185 Million in 1Q08," Reuters, www. reuters. com. And Sara Miller Llana, "Micro Coverage a Big Help for Mexico's Poor," Christian Science Monitor, July 13, 2008.

② Helen Coster, "Mexican Maverick," Forbes, October 29, 2007.

③ Keith Epstein and Geri Smith, "The Ugly Side of Microlending," Business Week, December 13, 2007.

④ World Bank Development Data Group, World Development Indicators 2007 (Washington, D. C.: World Bank, 2007).

⑤ Geri Smith, "Buy a Toaster, Open a Bank Account," Business Weekonline, January 13, 2003.

家具了。早在 20 世纪 50 年代，墨西哥电器集团已经开始制造并且以信贷的方式销售收音机和电视机。如今，墨西哥电器集团为中低收入家庭销售计算机、手机、家具、家居、家电、摩托车和汽车等电器。这为公司带来了超过 30 亿美元的年收入，即使集团的主要客户每月的收入仅仅只有 250～3 200 美元之间。[①] 到 90 年代末，墨西哥电器集团所售出产品的一半以上都建立在信贷之上。另外还有针对商品购买的分期付款计划，同时公司通过商店还向顾客提供储蓄账户、汇款服务以及一些其他服务。

一种充分利用现有的知识与基础设施的模式

墨西哥电器集团极好地利用它的市场定位为公司争取到一个巨大的、尚未开发的银行服务市场。

1. 作为一个零售商有半个世纪服务于低收入市场的经验

2. 在它的目标区域以及目标人群中享有较高的品牌知名度和客户忠诚度

3. 拥有现成的基础设施和相关的零售业务

4. 在银行业务的开展中部署了先进的数据系统

墨西哥电器集团知道，它现有的客户经常无法得到正规金融部门服务，因为它们缺乏信用记录、收入证明或相关的抵押物品。很多墨西哥电器集团的客户往往都是在非正规部门工作的穷人。阿兹台克银行为这些客户处理各种特殊的金融需求。阿兹台克银行为他们提供了一个申请程序简单并且要求较少的，快速且容易获得的消费信贷产品。例如，银行仅要求客户提供居住地址证明和收入证明或家访信息的其中之一即可。阿兹台克银行分行都位于靠近商业中

---

① Luis Niño de Rivera (vice chairman, Banco Azteca), discussion with ACCION, November 5, 2007.

心或公共交通枢纽这类人流量和车流量都十分密集的区域。它们每天营业至晚上 9 点，一年 365 天无休。

同时，阿兹台克银行的成功也是依靠它的一些创新得来的。例如：独特的交付机制、一流的技术平台、与客户无缝对接的交流和多样化的产品组合。

丰富的接触点和完善的技术平台

从成立之初，阿兹台克银行就认识到，需要通过低收入客户来拓宽自己取得收益的渠道，而且管理其庞大的小额交易量需要"功能强大的机器设备和足够多的银行网点。"[①] 所以其增长模式结合了墨西哥电器集团门店的庞大网络和公司先进的技术平台与信息系统。

墨西哥电器集团所属的 Salinas y Rochas、Bodega de Remates 等商店大大减少了银行分支机构启动所需的基础设施成本并且通过这些商店能够让阿兹台克银行迅速的获取目标客户。很少有哪一家金融企业能够仅用一天就成立 815 家分支机构的。[②]

同样，银行也能够充分利用零售连锁企业的管理信息系统（MIS）和现有的客户数据。这种技术基础设施和信息管理能力为阿兹台克银行提供了一个良好的开端。同时阿兹台克银行还与埃森哲公司（Accenture）及其西班牙子公司 Alnova 合作，连接公司现有的数据和系统、店内终端和零售终端系统到该国顶级银行正在使用的银行系统中去。

所有的阿兹台克银行分支机构、互联网亭以及销售点的终端设

[①] Luis Niño de Rivera (vice chairman, Banco Azteca), discussion with ACCION, November 5, 2007.

[②] Lucy Conger, "A Bold Experiment at Banco Azteca," Accenture case study, Outlook Journal, May 2003.

备都相互连接以提供客户账户的实时信息。阿兹台克银行为它能通过先进的客户关系管理（CRM）来挖掘客户数据的能力感到自豪。当银行的前端系统在其目标市场处理数以千万计的交易数据时，客户关系管理系统就已经把市场扩大到了几百万客户。2005 年，墨西哥电器集团通过创建信用中介机构来补充和储存客户信息，公司还预计在 2006 年达到一个拥有注册 1 250 万客户的数据库。[1]同时集团还要创建一个能够从其他非银行渠道收集贷款客户信用的信息系统。

该银行还通过摩托车向外派出信贷员和托收代理人。这些人都配备包含客户信息、财务模型以及抵押品价值表的掌上电脑。通过公司特定的网站，这些代理人可以访问和发送更新信息以此来对贷款进行有效的处理和收集。

在管理信息系统推出半年后，其每月处理超过 1.5 亿美元的销售和存贷款交易。有时，阿兹台克银行每天增加 10 000 个新的储蓄账户。[2] 总体而言，该系统每天处理超过 700 万美元与零售、金融、储蓄相关的交易。而平均每次的交易费用仅需 0.03 美元。[3]

客户的获取和多样化的金融产品

为了扩大客户群体，阿兹台克银行整合墨西哥电器集团现有的金融相关业务，包括名为 Credimax 的一款消费者贷款产品、客户储蓄计划以及正在蓬勃发展的资金转移业务。公司在 2002 年向所有用户敞开了大门并拥有近 300 万活跃账户。[4]

---

① Lucy Conger, "A Bold Experiment at Banco Azteca," Accenture case study, Outlook Journal, May 2003.

② Lucy Conger, "A Bold Experiment at Banco Azteca," Accenture case study, Outlook Journal, May 2003.

③ Keith Epstein and Geri Smith, "The Ugly Side of Microlending."

④ Lucy Conger, "A Bold Experiment at Banco Azteca."

从商品信贷开始，阿兹台克的产品线扩展到一般消费者和个人贷款、储蓄账户、定期存款、借记卡和信用卡、汇款、保险和养老基金的业务。与此同时小企业也可以通过阿兹台克银行取得固定资产的贷款。阿兹台克银行为客户提供全套的支付服务，包括互联网银行、电话银行、自动取款机银行、公用事业费及银行同业支付。事实上，阿兹台克银行已经可以声称，低收入和中等收入的客户在阿兹台克有机会获得比任何传统银行或当地小额信贷机构更多的金融产品和服务。

储蓄。在阿兹台克银行开设之前，除了有一个 210 万美元的分期购买储蓄计划，另外有 83 万的客户曾在墨西哥电器集团有储蓄计划，因为他们中许多人在传统银行没有资格获得银行账户。阿兹台克银行最低的开通储蓄账户的条件是 50 比索，约 5 美元。在银行开业后的两个月里，阿兹台克银行累计开通了 40 万新账户。[①] 到 2007 年，阿兹台克银行管理着超过 810 万活跃的储蓄账户。[②]

消费信贷。据阿兹台克银行表明，其贷款只有 10% 用于购买墨西哥电器集团的产品，其余 90% 用于个人消费和家庭用品。阿兹台克银行每年只收取社会平均利率的 50%。80% 经批准的贷款在 24 小时内会被支付。凭借其数字化系统，阿兹台克银行每天批准约 13 000 笔贷款，在繁忙的假日期间可处理多达 30 000 笔贷款。在 2008 年初，主要的信贷资产组合的平均期限为 60 周。

信用卡。阿兹台克银行招牌产品之一是阿兹台克信用卡，这种创新型的维萨信用卡主要是针对月收入在 250 美元到 2 700 美元之间客户开发的。该卡可用于购买与阿兹台克银行或维萨信用卡合作商店的商品。该卡采用生物识别技术，利用卡中微芯片所储存的客户指纹和照片，并且通过电子身份证进行身份认证来达到防止身份盗用的目的。因为墨西哥人已经开始使用指纹进行投票注册，所以这

① Lucy Conger, "A Bold Experiment at Banco Azteca."
② "Grupo Elektra Announces Revenue Growth," Reuters.

种生物识别卡很容易被阿兹台克银行的客户所接受。该卡在 2006 年推出，目前阿兹台克银行在生物特征识别系统中的注册的用户已经超过 800 万。[①]

保险。早在 2004 年，墨西哥电器集团收购了一家私人墨西哥保险公司并为它改了名字同时开始向它的客户开始提供保险服务。现在，当墨西哥电器集团的客户在阿兹台克银行进行消费或个人贷款时就可以购买阿兹台克人寿保险。这些保单的成本每周只需 0.46 美元到 4 美元左右，而收益的范围为 692 美元到 8 300 美元不等。阿兹台克人寿保险在前三年的运营中，共发出了 1 030 万份保单，平均每周 5.5 万份保单。[②]

汇款。在墨西哥，墨西哥电器集团曾是西联汇款（Western Union remittances）最大的经销商，承诺 3 分钟就能完成一项交易。从 1994 年到 2006 年，墨西哥电器集团已经完成了超过 3 600 万笔价值共计 90 亿美元的支付服务。2006 年，墨西哥电器集团处理超过 760 万笔汇款交易，总值达 24 亿美元，相当于 2005 年汇入墨西哥总金额的 10%。[③]

增长、盈利能力和扩展

阿兹台克银行已经推翻了先前有关向墨西哥对低收入和中等收入客户提供资金和服务是不可行的假设。其净资产收益率比一般的正规银行和部门都高（2006 年的 27% 与 2005 年的 21%），并且自 2003 年第四季度以来它一直取得着 2.9% 到 4.5% 左右的资产回报

① "Grupo Elektra Announces Revenue Growth," Reuters.
② Helen Coster, "Mexican Maverick."
③ Luis Niño de Rivera, discussion with ACCION, November 5, 2007.

率。^① 其增长是强劲和平稳的，每年大约保持 42% 的增长率。阿兹台克银行还公布了其 2007 年净利润增长 196%，2008 年第一季度收入约为 3.4 亿美元，同比增长 17%。^②

2007 年，阿兹台克银行在注册账户总数上超过西班牙对外银行成为第二大银行，根据墨西哥银行监管机构的跟踪数据。在短短五年间，阿兹台克银行的贷款从 1.06 亿美元上升至 20 亿美元。2002 年 12 月阿兹台克银行只是管理着 37.5 万活跃的贷款账户，截止到 2007 年 6 月阿兹台克银行已经管理着 740 万活跃的贷款账户。存款账户的增长也是类似的，从 2002 年总额为 1.23 亿美元的 100 万个账户到 2007 年 6 月总额为 40 亿美元的 1 200 万个账户。另外 2005 年，其旗下保险公司的利润也达到 1 260 万美元。^③

扩展和新的交付渠道

阿兹台克银行最近集中于多样化的分销渠道，客户不仅可以在墨西哥电器集团的商店内，也可在独立商店和第三方分店内进行交易（见表 1）。

表 1 阿兹台克银行分支机构的增长

阿兹台克银行分支机构（个）	2004 年	2005 年	2006 年
在墨西哥电器集团商场内的分支机构	973	995	1083
独立的分支机构	33	87	192
在联盟店中的分支机构	351	395	405
分支机构总数	1 357	1 477	1 680

① Adalberto Palma, Banco Azteca presentation, Cartagena, Colombia, September 2007.

② "News Wire: Banco Azteca Exports Microfinance Formula from Mexico Southward," Micro-Capital Monitor, July 28, 2008. And Reuters, "Grupo Elektra Announces Revenue Growth."

③ Author's calculations based Banco Azteca presentation by Adalberto Palma, Cartagena, Colombia, September 2007.

阿兹台克银行继续在墨西哥电器集团开设新的分支机构以及在墨西哥开设联盟店和独立的分支机构。在一个试点项目中，阿兹台克银行2008年为49个规模较小的夫妻商店提供以佣金为基础的销售终端设备，使当地的夫妻商店能够获得额外的交易渠道。① 分销渠道的多样化使得阿兹台克银行即使不利用原先的那些分支机构也能够进入社区。

地区战略

阿兹台克银行和阿兹台克保险公司已通过全资子公司的形式向阿根廷、萨尔瓦多、危地马拉、洪都拉斯和巴拿马注入它们的商业模式。同时它们还打算在哥伦比亚、哥斯达黎加、巴拉圭和乌拉圭等国家进一步扩大它们的市场。墨西哥电器集团早在2008年初就宣布，其银行业务将通过33个城市的120个分支机构扩张，最先在秘鲁开始。之后，它通过在奥林达和累西腓的第一个网点，开始在巴西的商业和银行业务，阿兹台克银行还打算用一种在当地普及率低的消费贷款和金融服务来扩大在巴西的市场份额。②

在每个国家，墨西哥电器集团都把阿兹台克分支机构墨西哥电器集团的卖场内的代理机构和销售终端设备结合起来运营。这种灵活性使阿兹台克银行在不同地区都能够获得大量的客户，特别是在一些像巴西和阿根廷这类幅员辽阔的国家。在某些情况下，销售战略和金融产品需要做一些调整来适应文化差异或监管框架。但是，墨西哥电器集团对客户深刻的了解和它在整个拉丁美洲几乎同质的服务使得它形成了一种容易扩张和有效的商业模式。

---

① Banco Azteca presentation, Grupo Salinas, September 2007.
② "Grupo Elektra Announces Revenue Growth," Reuters.

监管与竞争

墨西哥电器集团推出阿兹台克银行最大的挑战并不是如何赢得客户，而是如何争取到银行监管机构的支持。自 1994 年墨西哥金融危机以来，财政部尚未批准一个新的银行牌照。像许多在世界其他地区开展金字塔底部金融的公司一样，墨西哥电器集团发现，对于支持低收入客户的金融服务监管环境是毫无准备的。阿兹台克银行曾与政府合作修改相关法律法规，允许客户不用收入或信用记录证明就能获得金融服务，监管机构还允许零售商店提供银行服务以及在周末和节假日银行分行也能够提供银行服务等事项。这项由阿兹台克银行担保的监管改革使得其他零售商也能够在相似市场提供金融服务。

看到阿兹台克银行利用这种模式快速成长并取得成功后，墨西哥北方银行、IXE 银行、汇丰银行和皇家社会信贷银行（Bansefi）等银行在墨西哥也已经开始把经营的重点放在同一领域。小额信贷先驱康帕多银行也在许多相同的地区提供类似的服务。

同时，其他的零售商也已经注意到这个市场。2006 年，墨西哥财政部给 12 个零售连锁店发放了银行牌照，如 Autofin、Bancoppel 和 Famsa 去发展金融服务。墨西哥最大的零售商沃尔玛，在 2006 年获得银行牌照。总的来看，在沃尔玛平均每天有 250 万个客户通过墨西哥的 997 家门店提供信贷。虽然在金融服务方面，阿兹台克银行由于其率先发展的优势和对低收入市场金融行为的了解，它在今后的一段时间仍将占主导地位，但阿兹台克银行仍然对市场保持着警惕。

漏洞：透明度和消费者权益保护

正是这样令人惊讶的成功导致阿兹台克银行受到了审查。而且，也有证据表明阿兹台克银行可能在有关于其透明度和客户管理等重要领域存在漏洞。许多报告都想要寻求真相，看看阿兹台克银行是否在掩饰这方面的问题。其一，可能是其贷款的违约率。阿兹台克银行的报告相比主流银业平均 5.3% 的贷款违约率，只有1% 的贷款违约率。[①] 这低违约率是反映阿兹台克银行的商业本质就是如此还是银行通过严厉的收款手法达到的，这两种情况是难以确定的。阿兹台克银行还声称，他炒掉了那些用羞辱客户的方法来收款的代理人。

媒体也批评阿兹台克银行不愿披露利率的做法。当一个新的法律规定有关总融资费用需要向社会披露时，阿兹台克总能够成功提出请求豁免披露相关内容。阿兹台克银行指出其贷款实际利率为55%。然而，商业周刊使用美国独立分析师的年利率计算公式，得出其贷款利率为110%，二者的差异是阿兹台克银行在估算贷款利率时运用全部贷款金额，而没有考虑贷款余额递减因素造成的。[②] 然而阿兹台克银行的高利率与现在高利率的墨西哥市场并不脱节，尤其是针对低收入市场。墨西哥其他贷款商，如小额信贷银行，康帕多银行，也被指出存在高利率的问题。

[①] Keith Epstein and Geri Smith, "The Ugly Side of Microlending."

[②] Ibid. When comparing reports on loan interest rates in Mexico it is important to ask whether the rate cited includes the 15 percent tax on financial services that all lenders must collect, which goes to the Mexican government. Customers pay this tax, but banks cannot use the funds. Azteca's quoted rate does not include the tax; the rate quoted by BusinessWeek may or may not.

阿兹台克银行的挑战

阿兹台克银行因其增长和盈利能力给由于错误地认为小额贷款不能带来盈利而丢失潜在市场的主流银行带来了巨大的挑战。萨利纳斯集团（Grupo Salinas）公司董事长里卡多·萨利纳斯（Ricardo Salinas）认为阿兹台克银行的成功是对墨西哥"银行业寡头垄断"的挑战。

阿兹台克银行自诩为承担社会责任而感到自豪的小额信贷机构。然而一些社会机构也经常批评阿兹台克银行的纯商业方法。不过，阿兹台克银行在利润、规模、市场需求的驱使下提供更广泛的产品来使它为更多的人服务，其产品比其他社会机构拥有更高的质量（在客户服务、及时性和便利性方面）。[①]

对于其他零售商而言，阿兹台克银行的挑战是因为其在市场上具有主导地位。对于其他的竞争者来说，他们可能没有墨西哥电器集团那种迅速地了解低收入和中等收入的人群的能力，但由于仍然存在数以千万计未被开发的客户，如果其他金融机构决定作出努力，需求还是存在的。

沃达丰公司（VODAFONE）：为肯尼亚的穷人获得金融服务的一个大胆的行动

在过去二十年，所有已初具规模的技术进步当中，都没有一项技术进步像手机那样广泛地影响发展中国家的低收入人群。随着低至 25 美元的廉价手机和预付费手机的问世，低收入的人群渴望能使

---

① Luis Niño de Rivera, discussion with ACCION, November 5, 2007.

用到这项新的技术。据国际电信联盟估计，世界上超过60%，约40亿部手机可以在发展中国家找到。[①] 在这些国家中，手机对于富人与穷人来说都是生活中都不可缺少的一部分。

正因为在中低收入人群中有这么多的手机，就使手机为金融服务的想法成为可能。所以在肯尼亚有一种名为"移动的钱"（M – PESA）的移动支付方式就从中脱颖而出。

起源：英国国际发展部（DFID）和沃达丰

2003 年，在其伦敦总部外，沃达丰社会责任小组的一位高管尼克·休斯（Nick Hughes），相信他的公司能凭借其全球广泛性地存在对社会的承诺以及英国国际发展部的支持可以创建一个移动支付平台。[②] 英国国际发展部的金融深化挑战基金能够为企业拓宽金融服务渠道提供配套的启动资金。

英国国际发展部和沃达丰最初设想是创造一个不通过银行，而是通过移动运营商的另一种货币处理手段，因为使用手机中的短信功能对大部分的客户来说都十分普遍。该试点项目的重点是小额贷款的还款功能，目的是让小额信贷客户通过自己的手机发送信息来偿还他们每周的分期付款。这一个举措可以让资金的转移变得更加的简单方便。

虽然该计划的商业经济效益不那么明朗，但是通过沃达丰当地的子公司萨法利通信公司（Safaricom），休斯还是得到了沃达丰高管的同意。他们同意把肯尼亚作为挑战基金的目标国家进行试点，萨

---

① 1. "Worldwide Mobile Cellular Subscribers to Reach 4 Billion Mark Late 2008," ITU press release, 2008.

② "M – Pesa: Mobile Money for the ' "Unbanked,' " Microfinance 2.0, Innovations, vol. 2, issue 1/2, MIT Press, spring 2007.

法利通信公司是在肯尼亚最早也是最大的移动电话公司，公司在1999 年就拥有 1 100 万用户。到 2008 年，公司就已经占据着该国家四分之三（约 1 430 万）的移动用户市场。[①] 沃达丰和英国国际发展部为这个项目各提供约 180 万美元的资金。[②]

2005 年 10 月"移动的钱"（M - PESA）试点（"PESA"是斯瓦希里语意为"钱"）正式拉开序幕。由于项目启动之后在运营和技术上的成功，沃达丰在接下来的 3 个月里迅速推出新的服务。在随后的 18 个月中，超过 400 万的用户注册了这项服务，并且保持着一天大约 1 万个新用户的增长速度。[③] 之后沃达丰在阿富汗和坦桑尼亚也推出类似的平台，同时也在寻求进入其他国家的机会。

在短短几年内，"移动的钱"完成了从企业社会责任项目转变为全球化的商业路线。基于产品的成功，休斯现在领导着一个新的、迅速成长的移动支付团队。

移动汇款的机遇

尽管肯尼亚人均收入较低（根据世界银行统计为 680 美元），[④] 但是肯尼亚为移动支付试点提供了一个有利的环境。当时，肯尼亚的国内政治稳定而且移动电话用户也正在大幅增长。如今，近 40%的肯尼亚人拥有手机，而 85% 以上的人口居住在信号覆盖区。国内第二大移动运营商扎因（Zain）调查表明，手机的价格已经下降到25 美元，同时在国内还拥有繁荣的二手手机市场，在二手手机市场

---

①　"Kenya's Mobile Industry Could Turn Orange," October 13, 2008, www. bizcommunity. com.

②　Africa Project：M - Pesa（Mobile Money），Financial Sector Challenge Fund, www. financial deepening. org.

③　Nick Hughes, presentation, World Bank, October 29, 2008.

④　World Bank Development Data Group, World Development Indicators 2007（Washington, D. C.：World Bank, 2007）.

里，购买手机的成本大约相当于一个新手机价格的一半。同时，根据市场研究公司 Finscope 调查表明，在肯尼亚只有约 4 500 万（27%）的居民有机会获得正规的金融服务，因此金融服务市场仍有很大的缺口。[①]

由于肯尼亚快速的城市化进程和其家庭结构，城镇职工经常需要把自己的收入送回自己家庭成员所生活的农村地区。但是，市区和公路沿线的犯罪率使得随身携带现金从市区到农村变得十分危险。Finscope 估计，58% 的国内货币转移是通过自身携带的方式，另有27% 是通过公交公司发送。[②] 萨法利通信公司的团队认识到了由于可选择的途径很少，所以能够安全转移货币的市场潜力是巨大的。然而也有一些正规渠道，如肯尼亚的邮局也提供汇款服务，但这些都被认为是官方的、速度慢的和不可靠的。像西联等汇款公司又是昂贵的，主要服务上层阶级，并且只提供有限的零售业务。非正规渠道，如通过朋友或公共汽车和卡车司机运送都比较便宜，但是速度慢，可靠性差。

第一部分：手机小额贷款

经过大量的研究和准备，萨法利通信公司通过其推出的"移动的钱"（M – Pesa）与当地的小额信贷机构 Faulu Kenya 合作，允许Faulu 的客户通过自己的手机来偿还他们的小组贷款。在内罗毕试点的用户上限为 1 000，所有的人都是当地小型企业的老板和 Faulu 的客户。这些客户可以通过 12 个由萨法利通信公司指定的话费代理点在"移动的钱"上进行现金交易，客户也可以输入他们的 PIN 码，并给 Faulu 发送安全短信就可以显示他们要偿还贷款的金额。当

---

① Finscope Kenya 2006 Brochure, www. finscope. co. za.

② Finscope Kenya 2006 Brochure, www. finscope. co. za.

Faulu安全认证后，客户电话中"移动的钱"的余额将被存到用户的借记卡里。用户也可以查看自己的余额和进行高效率的支付。

为简化试验，萨法利通信公司给所有的用户免费提供一个移动手机，因为能进行这种业务的手机需要一种新一代特殊的带有嵌入式软件的身份模块（SIM）卡，这种 SIM 卡能够增强支付的安全性，同时还能够使手机支持英语和斯瓦希里语作为用户界面。在试点阶段最关键的是为了向客户证明该业务的价值，并测试客户端的应用，服务费用应保持在较低水平。提取现金 0.50 美元，存款免费，而汇款的费用则是在 0.25 美元至 0.50 美元之间，[①] 即遍是低收入的肯尼亚人也能够负担得起。萨法利通信公司还提供查询、投诉、纠纷、挂失 SIM 卡和免费的客户咨询等服务。

从操作的角度来看，为期一年的试验进展顺利，虽然期间出现过几次技术故障问题，但该业务面临的主要挑战还是与小额信贷机构后台信息技术系统的融合问题。从交易数量上来看，包括每周一次的还款支付在内客户平均每星期大约做两到三笔交易。[②] 从交易金额来看，客户平均每次小额汇款的金额大约为 4.50 美元。

像很多村镇银行的小额贷款项目一样，Faulu 的贷款发放给 10 到 20 个属于一个组的团体。并通过强制性的每周小组会议收集需要偿还的贷款。但是，由于"移动的钱"提供了一个更加简单的方法来还款，以至于它的用户觉得没有必要出席还款会议了。Faulu 虽然认识到"移动的钱"能够提供更大的便利，但是会议签到的制度对于维持借贷集团凝聚力来说是至关重要的，同时也是实现金融知识普及和健康教育等社会目标的手段，所以 Faulu 拒绝参加"移动的钱"的推广活动。

---

① M - Pesa Tariffs, www.safaricom.co.ke.
② M - Pesa Progress Report, August 2006, www.financialdeepening.org.

第二部分：现金转移

对于推出的产品，沃达丰决定只专注于国内个人汇款。该服务的工作流程如下：如果一个母亲要寄钱给她的儿子，她可访问经萨法利通信公司所授权的经销商，并支付与转账金额相同数量的现金。经销商会给她一个交易密码，之后她可以以短信的形式将这交易密码发送给她的儿子。她儿子在收到短信后，可以去离他最近的经萨法利通信公司授权的经销商那里通过向经销商发送带有密码的短信（确认他是正确的收件人），然后经销商就会把钱支付给他。[①]

虽然汇款服务不是属于"银行"类型的产品（通常定义为储蓄、贷款、保险等），沃达丰主动与肯尼亚中央银行协调，以确保它遵从所有法规尤其是关于交易安全和反洗钱相关的法规。

2007年3月沃达丰发起"移动的钱"这项服务。根据休斯所说，早期的结果是非常积极的，仅18个月后，公司就拥有超过400万注册用户，并在全国拥有包括提供话费充值的商家、加油站和其他零售网点等一共3 500家代理商。[②] 2008年9月，沃达丰曾与自动取款机宽带网络技术公司PesaPoint合作，允许其用户通过输入他们的手机上生成的代码（因此无须使用银行卡）从自动取款机提取现金。此后，沃达丰又通过"移动的钱"账户发起了直接工资存款和小额贷款发放的试点。沃达丰预计这项服务2008年总收入将达到5 200万美元，这将占到萨法利通信公司非语音收入的近一半左右。[③]在2008年5月这样的收入无疑是萨法利通信公司首次公开募股取得

---

① In this system, Safaricom dealers receive an undisclosed portion of the transfer fee. Pooled M – Pesa balances are held by a local commercial bank, the Central Bank of Africa.

② Nick Hughes, presentation, October 29, 2008.

③ "M – Pesa Will Account for as Much as 49% of Safaricom's Non – Voice Service Revenue in 2008," Pyramid Research, May 22, 2008.

成功的一个重要因素，其规模在东非和中非的同类公司当中也是最大的。迈克尔·约瑟夫，萨法利通信公司的首席执行官，也表达了他对"移动的钱"这项业务的信心，说这将是公司业绩增长的主要来源。[①]

第三部分：展望

沃达丰已与花旗银行合作，试图在英国—肯尼亚走廊利用花旗银行的平台提供汇款服务。根据世界银行的报告，2007年该平台约产生2亿美元的交易流量。如果该平台能够成功的话，复制这种模式的潜力将是巨大的。如果手机在交易的部分或全程使用的话，（参见"移动的钱"的情况）转账费用将会显著降低。

"移动的钱"这个平台是令人兴奋的，主要是因为它提供了具有竞争力的价格和方便低收入客户群的转账系统。该系统不涉及平台银行以外的其他银行，客户也无须为这项服务开设银行账户。虽然"移动的钱"还不是一个移动电子商务服务，但随着移动支付在观念上得到真正的发展，许多在肯尼亚的商家已经开始接受"移动的钱"作为支付的形式。如果代理的网络得到扩展，这将提供一种廉价而有效的结算以及交收系统，从而能够对抗如维萨和万事达卡等竞争对手所设立的支付网络。

但是挑战依然存在，比如客户金融素养和操作的简便性。虽然大多数客户对手机都很熟悉。但是还有很多人，特别是那些受教育较少的人，用手机服务来代替现金会感到不舒服。此外，移动汇款系统还不能完全与其他运营商"互通"。许多经营的产品只有移动运营商自己的客户才能使用。"移动的钱"也是最近才获得批准能够向

---

① "Safaricom Profit Sparks Price War in Voice Telecoms Market," Business Daily Africa, June 25, 2007.

其未在"移动的钱"上注册的用户汇款,比如那些属于萨法利通信公司的主要竞争对手,Zain 公司的用户。

一个模糊的监管环境也许是最大的障碍。不仅是监管机构不确定如何处理手机银行(问题包括最低加密标准和防洗钱的规定),而且他们也不确定如何更好地控制代理商开展类似银行功能的收费问题。抱着对客户、品牌、流动资金负责的态度,尽管只有少数的棘手问题,监管部门也需要去解决。

复制这种业务的前景很好。随着最近在坦桑尼亚和阿富汗该项业务的开展,沃达丰也在寻找其他国家的市场。尼克·休斯对"移动的钱"的全球潜力仍持谨慎乐观态度:"只有当'移动的钱'在两个或三个国家成功推出的时候,我才会说我们拥有这样一个'产品'。"[①]

G－CASH:菲律宾人以短信的方式来推广手机银行服务

菲律宾人自认为他们是很喜欢聊天的,所以利用菲律宾已经存在的手机银行业务以短信的形式在菲律宾取得小额信贷的突破是合适的。移动电子商务的先驱者之一环球电信(Globe Telecom),菲律宾第二大移动服务提供商在 2004 年推出了一款名为 G－Cash 的服务,它允许用户通过他们的手机进行支付交易。只要在用户的手机中装入 G－Cash 软件,用户可以用它们来支付产品和服务,甚至公共服务。

G－Cash 的故事,是一个公司产品如何适应市场特点和需要的一个很好的例子。故事是从手机服务产业中有利于手机银行开展的几个方面开始叙述的。通过让 G－Cash 适应国际汇款和农村金融的

---

① Nick Hughes, discussion with ACCION, January 2007.

具体要求来建立良好的先决条件。这个案例旨在探索使 G – CASH 成功的技术、合作伙伴关系和规律从中得到对未来手机银行发展的启示。

G – Cash 产品

G – Cash 是由菲律宾电信运营商环球电信的全资子公司 G – Xchange 运营的，其服务是提供给环球电信和作为公司基础品牌的"触摸移动"下所有的 1 800 万用户。2007 年，G – Cash 服务着超过 150 万的活跃用户。[1]

为了使用 G – Cash，用户首先应通过一系列短信激活该服务。接下来，需要把钱存在电话里，他可以访问 6 000 个经过认证的能够在 G – Cash 上兑换比索的网点来完成存款。这些场所包括环球电信的办事处和完成认证的约 3 000 家零售商。一旦用户的手机上装上了 G – Cash 程序，用户能通过手机短信的形式把钱转到另一个在安装有 G – Cash 软件的用户账上或者能够在参与这项业务的零售商那支付款项。收费情况是：当转账额度大于 20 美元时收取其百分之 作为手续费（小于 20 美元的情况一律收取 0.2 美元）。[2]

交易过程基于短消息服务（SMS）技术。用户可以通过使用程序中的菜单驱动界面来发送文本消息，说明转账金额，收件人的号码以及他的 PIN 验证号码。然后电子货币将会与包含着确认号码的消息一道发送给收件人。在一天结束的时候，G – Xchange 会结算在各零售商银行账户的应收账款和现金存款的全部余额。

---

[1] John Owens, "Leapfrogging Access to Finance with Mobile Technology: Philippine Rural Banks Offering M – Banking and M – Commerce Services," presentation, slide 4, siteresources. worldbank. org.

[2] "Philippines: Txting 4 cash," Global Technology Forum, The Economist Intelligence Unit, July 16, 2007, globaltechforum. eiu. com.

除了非现金和非卡的支付形式，G－Cash 也是不需要银行的。例如，一个手机用户不需要银行账户就能使用 G－Cash。但是，因为它可以作为一个支付手段和储存手段，所以 G－Cash 也类似于一个银行账户。这对于许多菲律宾人是有利的，因为高达 80% 的人是没有银行账户或无法获得银行服务的。①

虽然这项服务起初进展缓慢，但它已经取得了实质性的收益，在 2007 年环球电信每天约处理 1 亿美元的 G－Cash 交易，远高于一年以前。② 此外，环球电信有证据表明该产品的客户流失率从每月 3% 降低至 0.5%。③

为 G－Cash 的成功构建市场

在 G－Cash 可能会成为一个受欢迎的服务之前，客户必须习惯利用手机、发送短信和无线支付。所有这些前提条件都是引进 G－Cash 之前所必须存在的。

手机渗透。因为技术成本的下降与二手手机市场的实用性相结合，对于几乎所有的菲律宾人来说拥有一部手机是可能的。在环球电信购买新的手机只需花费 15 美元至 30 美元。结果是，在菲律宾手机的平均增长率已达到了 68%，④ 到 2008 年近一半的人口，约 4 000 万人拥有手机。⑤

---

① Paolo Balto, "Mobile Phone Banking: Telecoms Serving the Unbanked and Underbanked," presentation for A New Business Model for Microfinance, ACCION International, October 7, 2007.

② "Philippines: Txting 4 cash," Economist Intelligence Unit.

③ "Micro－Payment Systems and Their Application to Mobile Networks," infoDev report, World Bank, January 2006.

④ Ayesha Zainudeen, "BOP Families to Trigger Mobile Penetration in Asia," Lirneasia, March 28, 2007, www. lirneasia. com.

⑤ "Philippines PLDT: Mobile Subscriber Growth to Slow in 2007," Cellular－News, www. cellular－news. com, and "Mobile Phone Users Seen Hitting 40M; Growth Eases," GMA News, January 9, 2007, www. gmanews. tv.

利用短信的便利性。菲律宾的人均短信数量位居世界第一，每天总共发送约 10 亿条短信，平均每人约 15 条消息。[①] 因为许多移动服务供应商承诺在用户获取服务开始后长达两年允许用户自由且不受限制地发送文本消息。因为发送文本消息的成本远小于打电话所以菲律宾人习惯于利用手机发送短信。

无线支付服务。为了让人们能够在手机服务中使用无线支付功能，作为市场先行者的 G－Cash 开始根据低收入市场的特点开展支付服务。在菲律宾和其他许多发展中国家，低收入的客户更喜欢"香包采购"这种方式。由于他们口袋里的钱不多，即使整批的购买价格更加便宜他们也倾向于购买最小的可用单位。而电信运营商则提供已经打包好并且定好价格的产品。当运营商第一次提供预付费电话服务时，这项服务需要最少花费 6 美元。6 美元对大多数的菲律宾人来说都难以接受。之后，电信运营商改变计费方法，以电子和无线系统为依据，把原有的打包好的业务拆分为不同的功能单元，这样每个功能单元的价格就只需要几美分。其结果是，信任无线付款的客户得到了增长，后来他们对 G－Cash 汇款也感到有信心。

竞争是由环球电信的主要竞争对手 SMART 电信运营商经营的另一种移动货币产品产生的。其产品，"聪明的钱"（SMART Money），其功能是把客户的电话和现金账户相连接，允许用户通过手机传送和处理在该账户的存款。如果环球电信成功引进类似的产品，那环球电信的情况将会变得更好，至少也和现在一样。

针对市场需求

环球电信针对某些市场的特性有所准备从而成功推出 G－Cash

---

① Rosemarie Francisco，"Filipinos Send 1 Billion Text Messages Daily in 2007，" Reuters，August 29，2008，newsinfo. inquirer. net.

服务，其主要的原因还是环球电信敏锐感觉到了国际市场和乡村市场的特性，从而推动产品从单一的支付业务到一个完整的金融服务平台。首先，公司估计该国大部分地区的居民没有正规的银行账户，同时高达80%的居民无法获得正规金融服务。在农村，合作社和村镇银行虽然存在，但是要触及到那些没有银行账户的居民仍然很困难。其次，近10%的菲律宾人在海外工作，他们需要寄钱回家，使国家变成了最大的国际汇款的接收器之一。通过这些人的实际情况了解到他们的需求，环球电信已经挖掘到潜在的商业机会。

通过 G – Cash 的农村小额信贷

农村合作银行是该国金融格局的一大特色。这类银行在菲律宾有750多个并且拥有超过2 100家的分支机构，[1] 在资产方面，这类银行总共占该国银行系统的8.5%，在注册用户方面占总注册用户的15%。[2] 它们多数位于农村地区，为低收入人群提供小额贷款、发放工资、农业贷款、吸收存款、账单支付和给客户汇款等服务。

虽然在菲律宾农村银行与合作社早已存在，但是他们大多以小机构的形式存在，他们面临着推广、运营成本、安全等一系列挑战。认识到 G – Cash 拥有解决这些问题的潜力以后，菲律宾的乡村银行家协会与微型企业合作进入一个通过美国国际开发署资助的、使用G – Cash 的流动银行服务。这项服务将超越支付和转账都需要银行与客户相联系的方式。该协会将会与项目组共同努力，提出一套令环球电信满意的小额信贷产品。

---

① John Owens, "Leapfrogging Access to Finance."

② Celine Crouzille, Alain Sauviat, and Jessica Los Banos, "Philippine Rural Banks and Regional Economic Development," conference paper, 21st Australian Finance and Banking Conference, August 25, 2008.

2004 年，获得来自菲律宾中央银行批准后，该小组把四个村镇银行作为试点，测试了借款人使用的短信还款服务（Text - A - Payment）的性能。这项试验的成功鼓励其他村镇银行也提供这项服务。很快，更多的银行服务出现了，如短信存款服务（Text - A - Deposit）、短信提款服务（Text - A - Withdrawal）和短信工资服务［Text - A - Sueldo（salary）］。通过这项村镇银行计划，G - Cash 从支付转账业务扩展到基于固定银行账户的全面银行服务。

其结果是积极的，近 40 家村镇银行的超过 364 家分行①提供 G - Cash这种小额信贷产品。同时 G - Cash 也降低了这些银行的成本同时也提高了他们的效率。因为 G - Cash 取代了传统人工交易的方式，采用了更快、更便宜的电子商务的方法。曾经需要数百个分支机构参与的后台操作已经不需要了，并且办公场所和工作人员也能够更高效地部署。节省下的成本就可以以较低的贷款利率和交易费用的形式转让给客户。因为移动交易的安全性和透明性，有助于控制银行欺诈和减少手工操作产生的错误。通过提供快速和廉价的分期偿还贷款的方式，G - Cash 还可以帮助降低贷款拖欠率。

G - Cash 小额信贷产品用户的好处也是十分显著的。到最近的银行分行排队等候偿还贷款其机会成本是非常高的。当一个农民站在自己的土地上就能偿还贷款时，它的机会成本将会下降到零。另外，无现金的方式传送货币所带来的物理安全性和其更低的交易费用所带来的成本节约，也都是 G - Cash 的优点。

G - Cash 小额信贷产品的能力不仅仅是满足农村居民的需求，它逐渐转化为推广普惠金融和能够更好地为企业、农村与合作银行服务的一种产品。2006 年，在菲律宾村镇银行处理 4.3 万笔交易，其价值总额为 1.32 亿比索（280 万美元）。一年后，交易数量增加

---

①　John Owens，"Leapfrogging Access to Finance."

了一倍，至8.79万笔交易，3.56亿比索（770万美元）。① 通过G－Cash，村镇银行变得越来越有竞争力。

通过 G－Cash 的汇款服务

菲律宾是世界上最依赖汇款的经济体之一。2007年在美元汇款的数量方面它位于印度，中国和墨西哥之后排名第四，超过800万海外菲律宾工人总共向国内汇款约170亿美元。② 最常用跨境转移资金的方法是通过国际汇款公司和让要回家的朋友帮忙运送。环球电信从中看到了商机，公司想通过G－Cash创造一个更快、更便宜、更安全的汇款服务，并与15个国家的企业合作向它的客户提供这种服务。③

环球电信通过与马来西亚最大的移动业务运营商明讯电讯公司（Maxis Communications Berhad）结成合作伙伴关系进而在汇款服务上取得突破。通过此次合作，两家电信公司成为在世界上第一个提供国际间移动汇款服务的公司，让货币能够在没有任何银行账户存在的情况下进行国际间的流动。由于汇款的受益者一般是无法享受到银行服务的客户，同时，马来西亚通向印尼和菲律宾的这两个最大的汇款渠道（管理着43亿美元）也能表明这项服务拥有着巨大的潜力。④

对于用户来说，国际汇款服务就像在国内发送G－Cash一样。发送者只要在他电话装上M－Money（明讯通讯公司的产品）或G－

---

① John Owens, "Leapfrogging Access to Finance."

② Migration and Remittances Factbook 2008 (Washington, D. C. : World Bank, 2008).

③ "Organization：Globe Telecom, Project Name：G－Cash," ComputeWorld Honors Program—Case Study, 2006.

④ "The World's First International Mobile to Mobile Remittance Service," Maxis and Globe, press release, May 30, 2007.

Cash。用户只需要遵守说明菜单、汇款的数量类型、接收方的号码和验证交易的 PIN 码，并发送短信。这笔钱就会从马来西亚林吉特转换为菲律宾比索，发送者每笔汇款的交易费只需 5 林吉特加上普通短信的费用（0.15 林吉特）。[①] 环球电信的接收方，如果没有完成交易，发送方将会即时接收到短信消息和 G – Cash 提醒，同时发送的款项将由环球电信代为接收，这笔款项可以马上兑现出来或用它来支付账单、进行贷款支付和购买商品。

金融机构对在自己的汇款渠道应用类似的技术越来越感兴趣。花旗银行全球交易服务部（GTS）也计划与 G – Xchange 合作，让 G – Cash用户能够从花旗银行全球交易服务部的任何国家收到汇款。

技术、协作和监管：是朋友还是敌人？

技术、协作和监管都对 G – Cash 的成功作出了贡献。让我们看看 G – Cash 手机银行的国际增长和复制所要面对的挑战。

技术。环球电信和明讯通讯（G – Cash 和 M – Money）的手机银行服务是由同一家专门从事小额支付和小额汇款的移动网络产品技术供应商 Utiba 私人有限公司提供的。Utiba 开发了支持无线技术和预付费电话服务，这些技术都有助于在金字塔底部市场开展移动业务。然后，它为 G – Cash 开发了移动终端对移动终端（mobile – to – mobile）和汇兑（money – transfer）技术。由于环球电信和明讯通信开发产品的技术都是由一家公司提供的，从而可以缓解在国际移动平台之间汇款所遇到的技术难题。如果这种服务在基于不同平台的两个手机上，跨平台的汇款会变得困难得多。

协作和伙伴关系。由于没有分支机构的渠道，拿借记卡来说，

①　"The World's First International Mobile to Mobile Remittance Service," Maxis and Globe, press release, May 30, 2007.

有时会遇到一个先有鸡还是先有蛋的困境。零售商拒绝接受卡，是因为客户不使用它，但客户不使用它，又是因为零售商不接受它。G－Cash 克服了这个最初的挑战，因为它已经建立了一个以零售网络为核心的移动通信业务，这个网络包括公司自有渠道和有着合作伙伴关系的数百名零售商。当 G－Cash 刚被引入时，许多零售商很难理解环球电信的产品以及他们在卖产品时 G－Cash 能够发挥的作用。为了赢得他们的信任，环球电信曾经把这项计划以一个具体的商业计划书的形式呈现出来，同时证明该技术是万无一失的。

截至 2007 年第一季度，环球电信与菲律宾 3 500 多个接受 G－Cash 支付的团体和企业联合在一起，其中包括村镇银行、公共服务供应商、大学和人道主义组织。① 越来越多的企业、零售商和客户也都开始使用 G－Cash。

法规。在环球电信能够提供移动终端对移动终端和汇兑服务之前，它必须获得监管机构的批准。不像提供类似产品的竞争对手 SMART，环球电信需要对管理移动电子商务负全部责任。SMART 与菲律宾金融银行（Banco de Oro）建立合作关系，银行负责处理 SMART 的移动电子商务用户的账户，就像它处理自己的一样。而小额金融机构则负责审计、欺诈管理、账户安全并管理由交易产生的货币。另一方面，环球电信竭尽全力争取监管部门批准关于没有银行牌照的商家执行这些类银行功能的许可。

该公司通过与菲律宾中央银行的对话合作，获得了这一批准。为了减少异常现金流所带来的风险，央行要求 G－Xchange 公司定期提交银行账户中比索之间相互兑换的报告。

2000 年，银行监管当局的动机是利用相关的银行法促进融资渠道，这就要求小额信贷是合法的银行活动。央行设立了一个特别小

---

① "Philippines: Txting 4 cash," Economist Intelligence Unit.

组，负责监督移动电子商务的应用和发展。这种无偏见的态度和与电信的合作相结合有助于监管机构接受 G‑Cash。

同样，设立国际移动终端对移动终端汇款服务的一个关键步骤是为明讯通讯公司获得马来西亚中央银行的批准。在其他国家，如果监管机构关注有关洗钱和资助恐怖主义的情况，移动运营商可能会遇到障碍。在明讯通讯公司和环球电信公司的情况下，供应商设置 1 万比索（约合 208 美元）的现金交易上限，这在菲律宾是不违反法律规定的。[①]

虽然明讯通讯已经与其他汇款公司，如在美国和迪拜的西联汇款合作，但这些合作商不涉及移动终端对移动终端的交易，他们的业务主要是以短信通知收件人钱已存入银行账户这种普通电汇形式。在这些合作伙伴当中，G‑Cash 的参与会降低汇款费用，但又和移动终端对移动终端那样的汇款不太一样。

更广泛地说，G‑Cash 提出了一个重要的问题：在银行的责任水平要求下，非金融企业是否可安全地管理金融交易。在菲律宾的情况下，到目前为止，一切都运行地很顺利。

在菲律宾的条件下非常有利于 G‑Cash 的成功，这些条件包括广泛的基础设施和菲律宾人对发短信有着独特的习惯。即便如此，成功的产品开发还需要环球电信利用这些优势来满足特定的需求。同时环球电信还发现在小额信贷、汇款部门和开发创新相融合之间需要更好的服务。

参考文献

阿兹台克银行

[1] "Banco Azteca Case Study and Commercial Ad," October 20, 2008, www.

---

① Marjorie Rose S. San Pedro, "Money on the Move," Philippine Business Magazine, vol. 11, no. 9, www. philippinebusiness. com. ph.

digitalpersona. com.

[2] Conger, Lucy, "A Bold Experiment at Banco Azteca," Accenture Case Study, *Outlook Journal*, May 2003.

[3] Coster, Helen, "Mexican Maverick," *Forbes*, October 29, 2007, www. forbes. com.

[4] de Rivera, Luis Niño (vice chairman, Banco Azteca), discussions with AC-CION, November 5, 2007.

[5] Dirección General de Análisis y Riesgos, Boletín Estadístico Banca Múltiple, Comisión Nacional Bancaria y de Valores, June 2007.

[6] Epstein, Keith, and Geri Smith, "The Ugly Side of Microlending," *Business Week*, December 13, 2008.

[7] "Grupo Elektra Announces Revenue Growth of 16% to Ps. 10, 185 Million in 1Q08," April 24, 2008, www. reuters. com.

[8] Llana, Sara Miller, "Micro Coverage a Big Help for Mexico's Poor," Christian Science Monitor, July 13, 2007, www. csmonitor. com.

[9] "News Wire: Banco Azteca Exports Microfinance Formula from Mexico Southward," *MicroCapital Monitor*, July 28, 2008.

[10] "100 Percent Intel Architecture: Grupo Elektra Meets Aggressive Deadlines, Cost Objectives for 749 Bank Branches," Intel Corporation, Intel Business Center Case Study, 2003.

[11] Palma, Adalberto, Banco Azteca presentation, Cartagena, Colombia, September 2007, portal. asobancaria. com.

[12] Smith, Geri, "Buy a Toaster, Open a Bank Account," BusinessWeek on-line, January 13, 2003, www. businessweek. com.

[13] Smith, Geri, and Keith Epstein, "Wal – Mart Banks on the 'Unbanked,'" *Business Week*, December 13, 2008.

[14] "Western Union Signs Agreement with Grupo Elektra for Money Transfer Services," press release, Grupo Elektra, January 17, 2006.

[15] World Bank Development Data Group, *World Development Indicators* 2007 (Washington, D. C. : World Bank, 2007) .

沃达丰公司

[16] *Africa Project*: *M - Pesa* (*Mobile Money*), Financial Sector Challenge Fund, www. financialdeepening. org.

[17] Cellular Statistics 2005, International Telecommunication Union, January 2006.

[18] "Dial M for Money," *The Economist*, June 28, 2007.

[19] "Economic Empowerment," Vodafone report, December 2006.

[20] Finscope Kenya 2006 Brochure, www. finscope. co. za.

[21] Global Footprint, Vodafone Web site, September 2006.

[22] Hughes, Nick, presentation, World Bank, October 29, 2008.

[23] "Kenyan Mobile Phone Operator to Upgrade Network," Network World, 2008, www. networkworld. com/news.

[24] "Kenya's Mobile Industry Could Turn Orange," October 13, 2008, www. bizcommunity. com. Lonie, Susie, M - Pesa presentation, Vodacom, November 2005.

[25] "Micropayment Systems and Their Application to Mobile Networks," *infoDev*, January 2006. "Mobile Phone - Based E - banking: The Customer Value Proposition," MicroSave Briefing Note 47, 2006.

[26] "Mobile Technology: A Catalyst for Social and Economic Growth in Developing Countries," speech, Arun Sarin, British Museum, London, February 2006.

[27] "M - Pesa: Mobile Money for the 'Unbanked,'" *Microfinance* 2. 0, *Innovations*, MIT Press, vol. 2, issue 1/2, spring 2007.

[28] M - Pesa Progress Report, August 2006, www. financialdeepening. org.

[29] M - Pesa Tariffs, www. safaricom. co. ke.

[30] "M - Pesa Will Account for as Much as 49% of Safaricom's Non - Voice Service Revenue in 2008," Pyramid Research, May 22, 2008.

[31] Progress Report, August 2006, Financial Deepening Challenge Fund.

[32] "Safaricom Profit Sparks Price War in Voice Telecoms Market," *Business Daily Africa*, 2007, www. bdafrica. com.

[33] "Worldwide Mobile Cellular Subscribers to Reach 4 Billion Mark Late 2008, ITU press release, 2008, www. itu. int/newsroom/press_ releases/2008/29. html.

G – CASH

[34] Balto, Paolo, "Mobile Phone Banking: Telecoms Serving the Unbanked and Underbanked," presentation for a New Business Model for Microfinance," ACCION International, October 7, 2007.

[35] Casiraya, Lawrence, "Globe Telecom Opens Remittance Service in Hawaii," Inquirer. net, newsinfo. inquirer. net, July 29, 2008.

[36] "Citi & GXI Expand Global Remittances Through GCash," Citigroup press release, May 18, 2007, www. citigroup. com.

[37] Crouzille, Celine, Alain Sauviat, and Jessica Los Banos, "Philippine Rural Banks and Regional Economic Development," Conference paper, 21st Australian Finance and Banking Conference, August 25, 2008.

[38] Francisco, Rosemarie, "Filipinos Send 1 Billion Text Messages Daily in 2007," Reuters, August 29, 2008, newsinfo. inquirer. net.

[39] "Micro – Payment Systems and Their Application to Mobile Networks," *infoDev* report, World Bank, January 2006.

[40] *Migration and Remittances Factbook* 2008 (Washington, D. C. : World Bank, 2008).

[41] "Mobile Phone Users Seen Hitting 40M; Growth Eases," GMA News, January 9, 2007, www. gmanews. tv.

[42] "Organization: Globe Telecom, Project Name: G – Cash," ComputeWorld Honors Program—Case Study, 2006.

[43] Owens, John, "Leapfrogging Access to Finance with Mobile Technology: Philippine Rural Banks Offering M – Banking and M – Commerce Services," presentation, siteresources. worldbank. org, 2007.

[44] Owens, John, and C. Balingit, "Philippine Rural Banking Goes Mobile with G – Cash," Mobile Phone Banking for Clients of Rural Banks, www. mobilephonebanking. rbap. org.

[45] "Philippine Regulatory Approach Provides Exemplary M – banking Model," Mobile Phone Banking for Clients of Rural Banks, www. mobilephonebanking. rbap. org.

[46] "Philippines PLDT: Mobile Subscriber Growth to Slow in 2007," *Cellular – News*, www. cellular – news. com.

［47］ "Philippines: Revisiting mobile remittances," Pyramid Research, Global Technology Forum, Economist Intelligence Unit, April 17, 2007.

［48］ "Philippines: Txting 4 cash," Global Technology Forum, The Economist Intelligence Unit, July 16, 2007, globaltechforum. eiu. com.

［49］ San Pedro, Marjorie Rose, "Money on the Move." *Philippine Business Magazine*, vol. 11, no. 9, www. philippinebusiness. com. ph.

［50］ "Utiba: Micro Muscle," *Singapore Business Review*, May 2007.

［51］ "The World's First International Mobile to Mobile Remittance Service," Maxis and Globe, press release, May 30, 2007.

［52］ Zainudeen, Ayesha, "BOP Families to Trigger Mobile Penetration in Asia," Lirneasia, March 28, 2007, www. lirneasia. com.

案例 3　行业开发商

维萨（VISA）：让每人都受益的社会救济机制

在许多发展中国家，政府机构总是以现金或者日常物资的形式来为社会中需要救济的人分发救济。这种社会福利的发放方式是十分麻烦、不经济和存在很大漏洞的。食物援助对一些紧急救援有一定的优势，但这样的救济方式在运输和管理上会吞噬一大部分预算资金，这样食物物资就会相对减少。相比之下，换成用钱救济就会更有效率、更经济。但是对一个没有银行账户的贫苦人来说，他们想要稳定地得到每月的救济金的这种需求是很难得到社会保障的。

综观整个世界，各国政府也正在寻求对这一问题的更好的解决途径。许多国家已经通过做支付系统的私营企业和银行来加速救济金支付的自动化进程。对这些私营企业来说，参与到政府救济金支付项目为他们进入金字塔底部市场提供了一条捷径。政府不仅为这些私营企业提供了连接这些巨大客户群体的桥梁和纽带，还为他们提供建立支付系统所需要的一切费用。

维萨是世界最大的零售支付平台，同时也是救济金支付系统的一大促成者。它拥有 16 600 家金融机构客户，发行了超过 16 亿张信用卡。

每年，维萨管理着全球大约 4 万亿美元的交易资金。[1] 它经在多米尼加共和国、南非、加纳、墨西哥、巴西和菲律宾等国为政府的福利和救济项目建立了电子支付系统。通过电子支付系统，每张卡进行线上交易的边际成本要明显小于用等额现金进行交易的成本。基于维萨信用卡的线上支付被证明是比使用物资和现金救济的一种更高效、实用和经济的选择。我们发现，各国对银行和私营企业进入金字塔底部市场的补贴项目实实在在地节约了纳税人的钱。[2]

共赢

当这种基于维萨卡的社会支付系统成功运行的时候，受助人、政府部门和私营企业等各方参与者都会从中受益。

- 政府部门可以在完成他们的社会责任和义务的同时大大降低人力成本，减少浪费和减少在发放现金时出现的错误几率。

- 受益人得到了便利和保障，他们不需要单独拿出一天时间以及承担失去一天的工资的机会成本来排队领取救济金，不再担心自己刚领到现金遭到抢劫，也不再需要去花钱贿赂那些所谓的实权者才能领到属于自己的那份救济金。

- 包括从从事国际支付网络公司到本地的银行和商人在内的整个环节的私营企业参与者，他们面对的消费者因为得到了政府补贴而产生了新的购买力，同时也为他们开拓了新的商业机会和市场。

所有这些努力使得受益人也逐渐参与到正式的金融业和正式经济的运行当中。当然还有其他的一些好处。基于卡的支付模式，每

---

[1]　Visa Inc., www.visa.com.

[2]　Mark Pickens, "From Hand Outs to a Hand Up: Social Protection Payments Can Also Deliver Access to Finance," CGAP Technology Blog, August 31, 2007, technology.cgap.org.

一位受益人都拥有了自己的银行账户，他们在拥有了自己的银行账户后或许会更偏向于储蓄。每天经过银行等金融企业的来自金字塔底部市场的资金流的份额都在不断增加，政府便可以从中得到国民生产总值的增长和税收收入的增加。基于卡的支付机制有更大的透明度，这就抑制了救济金发放过程中的腐败的滋生。维萨的分析表明：正是这些特点让基于卡的支付机制为这些国家带来了经济上的增长。①

维萨的基本原理

对政府机构和受益人来说，用电子支付系统来发放社会福利和救济的好处是显而易见的。但到底是什么商机使维萨参与到这些国家的社会福利和救济项目中的呢？

维萨的目的是尽可能多的将交易用现金结算转变为用卡结算，建立一个以用卡结算为基础的财务系统代替以前的以现金结算为基础的财务系统。同时，要扩展这一规范的财务系统的覆盖范围，让更多的人成为这一系统的使用者。从短期来看，维萨从与政府合作各类项目的商家那里收取费用。有许多的案例，比如在南非，每位受益人每个月可以免费进行两次交易，如果超过两次，维萨会对每项交易收取一定的费用。从这一基础出发，维萨很轻松地就把维萨卡的使用范围扩展到不用领取社会救济的人群，从中赚取额外的交易费用。就像在南非看到的那样，维萨的目标并不是社会福利和救济的发放，而是另有其目的。

在维萨拥有了不断增长的用户基础和更多的使用其卡的交易时，维萨便能够建立一个可以预期客户的消费行为的信息系统。原先在

---

① "Payment Solutions for Modernising Economies," white paper by the Commonwealth Business Council and Visa Inc. , September 2004.

正式金融业之外的客户开始有了信用记录，基于此，维萨就可以建立信用评分机制。最后，维萨便可以根据客户的信用评级，从而推出更多的适用于不同信用评级客户的金融产品。

多米尼加共和国：团结卡

多米尼加共和国人口稠密，有930万的常住居民，但国民平均收入只有2 800美元，有多达43%的人口生活在贫困线以下。那些处于贫困线下的人们，有16%处于极度贫困之中，其中有很多人有资格领取政府的福利项目发放的救济金。①

过去，多米尼加政府通过支付现金或发放日常生活物资来救济穷苦百姓。其中有一项就是用卡车把物资运往贫民区。发放了多少物资，发给了谁等信息都需要记录在册，这种模式不仅耗费人力物力，并且十分低效和难以管理。甚至经常会出现这样的情况，就是不该领取救济的人领取了救济而需要领取救济的人却没有领到从而挨饿。

多米尼加社会补助管理部（ADESS）和其他政府部门，与联合国开发计划署和一家发行维萨卡的银行发行了名为"团结卡"的预付卡来发放两个福利项目的补助给相应的贫苦受益人，这两个项目分别是科莫·埃斯普里美洛（Comer esPrimero）（民以食为天）项目和不久之后设立的埃斯科拉资助项目（Incentivoa la Asistencia Escolar）（教育激励补助）。

社会补助管理部利用国家统计数据和其他政府信息来确认有资格领取两个项目补助的受益人身份信息。这些受益人的信息被自动登记在案，然后发给他们一张身份证明和一张印有个人身份信息编

---

① Dominican Republic Overview，U. S. Agency for International Development，www. usaid. gov.

号的团结卡，团结卡上还有团结卡的图标和维萨的认证标志。

在 2004 年的试用期内，6 000 名亟待解决温饱问题的受益人收到了内含食物补贴的团结卡，在桑托多明戈附近，14 家食品、杂货商店和市场里安装了特殊的定点销售终端，这 6 000 名受益人可以用团结卡在那里购买政府许可的物品。[①] 社会补助管理部在市场和商店里采用多媒体设备来推广团结卡的使用，同时也用来教授受益人如何使用团结卡。

团结卡的试用取得了成功，因此在 2005 年，多米尼加政府开始在全国向那些处于温饱线上的受益人全面推行这种基于团结卡的支付系统。社会补助管理部还想把这一系统扩展到教育激励补助项目上，这样就能为受益人在药房、杂货店和教育商店买到生活必需品提供了保障。

社会补助管理部选择了储备银行（Banco de Reservas）、国民银行（La Nacional）、大众银行（Popular）和赐宝银行（Cibao）四家金融机构来发行团结卡，并通过多米尼加维萨网（VisaNetDominica-na）和卡德网络（CARDnet）这两家商业数据采集公司来登记和确认商家的信息。每个月，社会补助管理部都会把救济补贴打到发行团结卡的四家银行的户头上，然后四家银行再把救济金分别打入各受益人的卡里。受益人可以在任何指定商店里用卡进行消费。四家发卡银行不向政府和受益人收取任何费用，但他们会向加入维萨支付平台的商家收取一定的网络管理费来弥补自身的成本支出。

团结卡通过集中和自动识别受益人身份并发放救济金，这样使得多米尼加政府的支付过程更加简化。社会补助管理部能够监控全国的资金分配情况，并且可以获取受益人的实时数据。这一模式比之前的实物发放模式的成本更低，分配的结果也更准确。

---

① Laura Cuda, "Advance Your Mission Through Innovation," presentation, Visa Inc., September 2007, siteresources. worldbank. org.

福利项目的受益人也得到了更多实惠。他们通过团结卡每月自动收取自己的救济金，而且电子支付过程减少了救济金被冒领和错领的风险。受益人也不用在浪费时间来排队领取救济物资。低收入家庭先前都被排除在正式的金融机构服务范围之外，而现在，他们有了政府发行的身份卡和新的采购机制，这就为他们进入正式的金融业打下了基础。

消费商家的加盟和接纳维萨卡支付是上述项目成功的一个关键要素。商家提供了团结卡使用的基础设施，同时为受益人提供了刷卡消费的场所。他们甚至还帮助培训受益人如何使用他们的团结卡。

在多米尼加发行的维萨卡在 2004 年只有 6 000 张，到了 2007 年 9 月发行量突破了 300 000 张。在同一期间内，加盟的商家也增加到 1300 家。到 2006 年末，通过团结卡多米尼加共和国共为受益人发放了 4 600 万美元的救济资金。[①]

因为分管社会保障部的多米尼加副总统强烈倡议，社会补助管理部正在评估哪项国家补贴项目还能够引入到团结卡项目中来。

南非：便捷（Sekulula）卡

尽管南非人均年收入能够达到 5 760 美元，但南非的 4 800 万人口中有 40% 不能获得正式的金融服务。[②] 按以往的历史来看，南非政府把财政拨款用于给在农村和乡镇的 900 万居民发放养老金、儿童抚养费和其他一些社会福利。这些福利项目财政拨款都是在乡镇里用现金支付的方式来发放给居民的。这种资金发放模式十分的笨拙，不但耗费大量成本而且效率低下。南非政府希望改进对福利发

---

①　Laura Cuda, "Advance Your Mission Through Innovation," presentation, Visa Inc., September 2007, siteresources. worldbank. org.

②　Alec Russell, "Innovations Target S Africa's Unbanked," Financial Times, July 22, 2008.

放过程的管理，同时希望在低收入人群中普及金融知识。

种族隔离制度废除以后，南非自诩有很大的金融市场，但其社会基础设施建设却比较落后。南非联合银行集团（Absa）是南非国内最大的金融服务组织，它通过自己的控股公司——欧付宝（All-pay）公司拿到了南非四个省份的养老金和教育补贴的发放合同。[1]这时，南非联合银行集团已经设立了大部分的自动取款机和最多的分支机构，占有了借记卡市场份额的60%。[2][3]

2003年，在与南非社会发展部的合作中，南非联合银行集团公司在豪登省推出了便捷卡，并把卡发放给救济金受益人，受益人可以用这张卡领取养老金，残疾补助和孩子的抚养费等社会福利。欧付宝公司专门开设一个接收政府拨款的银行账户，并使用智能芯片技术推出了一张维萨借记卡。便捷卡账户没有最低余额的要求限制，而且每月南非的社会发展部为每个受益人向欧付宝公司支付2.25美元的账户管理费。登记办卡并不是强制的。如果受益人更偏好领取现金，那他们同样可以选择领取现金。

"Sekulula"在祖鲁语中是"便捷"的意思。在每个月的第一个工作日，受益人的便捷卡账户就自动收到了他们的养老金和其他补助。受益人可以在任意的自动取款机上提取不大于卡上余额的现金，也可以在任意一家加盟南非联合银行或者维萨支付平台的商家那里刷卡购买商品。政府支付的账户管理费只能让受益人刷卡的前两次消费免交易费用，如果再进行更多次的消费，那么银行就会向受益人就每次消费收取一定数额的费用。受益人也可以通过转账或存钱到各自在南非联合银行的账户，从而提高他们便捷卡的交易额度。便捷卡是通过设置PIN码和指纹识别来保护受益人账户的安全的。

---

① Absa Group became a subsidiary of Barclays Bank PLC in July 2005.

② "Absa Leads in Online Banking," Fin24, May 7, 2003, www.fin24.com.

③ "AllPay Followed Tender Process," Fin24, August 22, 2003, www.fin24.com.

南非联合银行在每月固定的时间用卡车装载移动设备到偏远的乡村进行服务。卡车上有自动取款机，一间移动办公室和能连到数据中心的卫星网络设备，还有大屏幕的显示设备和音响可以让受益人在排队等候时了解有关便捷卡的知识和便捷卡的使用方法。客户可以通过便携式的电子开户系统开设储蓄账户并拿到自己的借记卡。

便捷卡现在可以关联到手机账户，这样持卡人可以在指定的自动取款机上或者指定商家进行话费充值。这样资金便从持卡人的借记卡账户转到了手机账户上。便捷卡同样可以用来转账。这对那些住在乡下且收入微薄的，而亲属都搬到了相距甚远的城市的家庭来说是十分有利的，因为亲友可以用卡把钱转到他的银行账户上，提高他的消费额度。在豪登省推行的前 18 个月里，约有 50 万人选择加入了便捷卡项目，这大约占到了豪登省领取政府补助人数的三分之二。这一项目现在已扩展到欧付宝公司发放政府补助项目的其他三个省。欧付宝公司还向那些不领取政府补贴且没有银行账户的人群推广便捷卡项目。这些不领取补贴的客户必须每月交 2.25 美元的账户管理费，因此，他们也可以享受到与补贴领取人同样的优惠政策。另外，欧付宝公司还会向这些客户销售其他的金融理财产品。

随着便捷卡项目的开展，南非政府基本免除了发放政府补助时的物资运输、保管的费用，同时也免除了发放实物物资和纸面化管理的人力物力成本。豪登省实施便捷卡项目后，截止到 2004 年末，已经把养老金的管理费用从每人 3.73 美元降到了每人 2.34 美元，大约下降了三分之一。[①] 便捷卡也能够随时一次性支付一定数额的救济金，比如防备灾难的救济金。

教育和金融相关的知识在任何阶段对项目管理人员，政府工作人员，特别是便捷卡的使用者来说都是十分重要的。相当多的持卡

---

① Sasha Planting, "The Wonderful World of Money," Financial Mail, November 5, 2004, free. financialmail. co. za.

人对金融理财产品的好处和风险都缺乏相关的了解。而且他们对金融机构也缺乏信任。这一问题表现为收到政府补贴的受益人往往在收到补贴的一刹那就把卡里的余额全部提成现金，而不是把便捷卡当成现金的替代品来使用。维萨和其加盟银行迅速做出了回应，在索韦托和沙桑谷维开展金融扫盲行动，采取寓教于乐的形式，比如讲故事来教导学生和老师关于如何理财，如何使用便捷卡和如何编制预算等相关知识。[①]

结论：迈向成功的第一步

基础设施不完善和市场化不足成为了世界上许多不发达地区的金融市场发展的主要障碍。开拓市场的成本如果由政府或者私营机构单独承受的话，他们任何一方都难以承受。因此，政府与银行和维萨进行合作，大家来共同负担基础设施建设和市场开发的巨大费用。这表明越来越多的实惠的、便捷的、稳健的技术使得金融市场交付服务的多样化发展迈过了最艰难的一步。

银行业的基础设施建设对金融业的发展就像高速路和铁路对经济发展的重要性一样。用维萨卡来实施社会福利项目创造了一个三方共赢的局面，使金融市场的发展迈出了坚实的第一步。

泰梅诺思（TEMENOS）：为小额信贷建立银行综合系统

随着小额信贷金融机构的发展，它们逐渐成长为了管理规范的正规公司，它们不再仅仅给个人和小团体提供小额贷款，而是开始与商业银行在金融市场上展开竞争。它们需要为客户提供更多的产

---

① Zahid Torres – Rahman et al. ，"Sekulula & Mzansi—Financial Access at the Bottom of the Pyramid," Business Action for Africa Case Study, 2006, www. business actionforafrica. org.

品和服务，包括保险业务、支付业务和储蓄业务。微型金融机构需要扩大它们的网络覆盖区域，并且寻求销售其金融产品的有效途径。基于以上几点，小额信贷金融机构开始把视角集中到了银行综合系统上。

尽管有超过七十五种适用于小额信贷的银行综合系统，但大多数要么适用地域范围很小，要么只提供很小限额的信贷。[①] 小额信贷金融机构需要能够在这一系统内自由添加自己的服务项目和革新自己的业务范围，但只有少数的几个系统能够提供这样的标准化应用程序。

泰梅诺思发现了商机

泰梅诺思也许是第一家重视小额信贷并提供主流银行综合系统的公司。它成立于 1993 年，为全球 120 个国家的 600 家商业银行，100 家小额信贷银行以及小额信贷金融机构提供综合的银行综合系统。公司总部设在瑞士日内瓦，同时还在 33 个国家设有办事机构。Globus 作为第一个针对商业银行开发的银行综合系统，自上线以来，它就一直是银行综合系统行业的重要一员。

在 20 世纪 90 年代末，泰梅诺思公司开始意识到小额信贷的规模不断增长。公司意识到这是个绝佳的市场机遇，然后收购了一家专门为小额信贷金融机构做贷款追踪监管系统的小公司——DBS 公司。泰梅诺思公司运用 DBS 的小额信贷市场的理论架构把小额信贷功能导入了他的 Globus 系统，做成了第一个以小额信贷为主要方向的系统版本，将其命名为 eMerge，随后将 eMerge 推向了市场。不久之后，泰梅诺思公司把 Globus 升级并注册为 T24，同时利用技术平

---

① "Software Listing," Microfinance Gateway, www. microfinancegateway. org.

台升级了 eMerge，然后把 eMerge 重新命名为用于小额信贷和社区银行的 T24 系统（T24MCB）。泰梅诺思公司用 T24MCB 取代 eMerge 为小额信贷金融机构提供服务。T24MCB 系统集成了小团体贷款、乡镇银行贷款、个人微型企业贷款等在内的具有小额信贷功能的银行系统的特征标准。T24MCB 系统为小额信贷金融机构提供了一个名为"盒子里的银行"的概念，并且在系统内预先设定好了一些定义和标准参数。

T24MCB 系统的基本功能等同于商业银行的基本职能，比如存款、贷款、电子支付、信息管理和外币兑换等。随着小额信贷金融机构的发展，它衍生出很多额外的功能，比如债券交易、基金、批量操作和信用评分。泰梅诺思公司把小额信贷整合到银行综合系统中，这样，公司不仅拓宽了系统的功能范围，提高了系统扩展能力，而且银行综合系统能更好地适应不同类型的金融机构。

在创立 T24MCB 的时候，泰梅诺思公司考虑了小额信贷金融机构资源的有限性。T24MCB 的模块化结构就是应对资源有限性的一种系统结构。T24MCB 系统为小额信贷金融机构提供了一个预先配置好的应用程序。这样，应用系统程序办理业务能够更快速，风险更小且成本更低。T24MCB 系统的模块化结构能够降低应用系统的初始价格，因为小微信贷金融机构能选择安装他们想要授权应用的模块。

eMerge/T24MCB 初期遇到的挑战

同其他新企业一样，泰梅诺思公司发展初期也遇到了很多挑战。最初的挑战来自鼓励员工内部持股，这是建立和支撑小额信贷银行的最好的解决方案。泰梅诺思公司有很少的技术人员了解小额信贷产业。因此，尽管小额信贷对公司业务至关重要这一观念得到了公司高层的认可，但是还必须增强内部员工对这一观念的认识。

泰梅诺思公司的销售和服务特别值得信赖。泰梅诺思公司在 120个国家设有办事处和销售合作伙伴，虽然其中很多国家的小额信贷是他们金融领域的组成部分，但向员工和销售合作伙伴推广小额信贷知识仍是一个较大的挑战。起先，泰梅诺思公司与一家经销商合作推广小额信贷业务，但效果并不好，而且最终都没能发挥小额信贷应有的作用。

与此同时，泰梅诺思公司发现一些小额信贷机构正在寻求类似T24MCB 的应用系统。泰梅诺思公司必须让这些小额信贷公司坚信：采用一个稳健的银行综合系统会给公司带来很多优势和好处。最初，小额信贷金融机构短时间内采用银行综合系统有一定的困难，而且总是错误地估计投资在银行综合系统上的潜在回报。泰梅诺思公司发现很多小额信贷金融机构的规模都很小，而且它们只提供单一类型的小额信贷产品，同时它们也没有足够的技术力量来构建和实施一套功能齐全的应用系统来改善他们的境遇。泰梅诺思公司发现那些不受监管的微型金融机构更不愿意购买他们的系统，因为这些小公司不需要 T24MCB 系统提供的如存款和向监管机构报告等功能。

泰梅诺思公司在最初几年销量惨淡。但泰梅诺思随后与机会国际签订了一份全球性的合作协议，机会国际作为一家分支机构遍布全球的专业从事小额信贷的公司，为泰梅诺思公司银行综合系统的销售带来了巨大的突破，并且为泰梅诺思公司进军小额信贷市场打下了坚实的基础。

小额信贷市场的发展

小额信贷市场现在已十分成熟。因为竞争的加剧和扩大服务范围的需要，微型金融机构必须提供更多小额信贷产品服务并通过新的途径获得更多的客户。同时，随着小额信贷金融机构成长为管理规范机构，他们需要向监管机构报告。这些考虑使微型小额信贷机构做出了选择信息技术系统的重大战略决策。

此外，泰梅诺思公司里关于小额信贷的知识理论也已形成体系，也使它对小额信贷的市场价值有了更深层次的了解。T24MCB已然成为了日益重要的产品线，包括面向私人定制的产品，面向普通大众的产品和面向银行企业的产品。

泰梅诺思公司得到的经验教训

微型金融机构和泰梅诺思公司都深深地体会到了小额信贷银行综合系统的用处和价值。

价格。泰梅诺思公司最初调低了系统的价格，没有意识到将软件卖给小额信贷金融机构的后续成本比卖给银行要高，因为需要后续花费大量的时间与小额信贷金融机构沟通这款软件的作用和价值。此外，小额信贷金融机构总是坚持更高要求的系统个性化定制，这样也增加了项目的风险和成本开销。

技术支持。相似的是，泰梅诺思公司还要花费大量时间来求出正确公式进行服务实施后的技术支持。鉴于小额信贷金融机构缺乏维护和支撑整个系统的自身开发能力，因此由泰梅诺思公司提供技术支持就变得十分必要。但如何提供，以什么价格提供？泰梅诺思公司为了减少总部的压力和提供更具竞争力的报价，决定用泰梅诺思的国家支持办公室网络和当地的技术合作伙伴来共同提供技术支持。

了解市场

小额信贷金融机构逐渐成为了管理规范化的机构，小额信贷市场也不断发展。随着这些变化的发生，小额信贷金融机构对银行综合系统的需求日益增加。为小额信贷金融机构提供银行综合系统给泰梅诺思公司带来了巨大商机，由此可见对银行综合系统的需求量是多么的巨大。

泰梅诺思公司对小额信贷产业有长远的规划，将重要的金融资源投资于小额信贷产品的研究和开发，让产品销售缓慢稳定增长。尽管最初销售率低，但泰梅诺思公司很快就收回了投资，这都归功于小额信贷产品从最开始就是盈利的。

作为首批进入小额信贷市场的软件公司之一，泰梅诺思公司意识到小额信贷金融机构的标准化系统需要易于实施，并且能与机构共同成长的特性。泰梅诺思公司在一个模块中可以把新的小额信贷产品接入原有的分销渠道，解决了交易复杂化和小额信贷金融机构容量的问题。因此，现在有 50 个国家的 100 个以上的小额信贷机构使用 T24MCB 系统。

模块化解决方案让泰梅诺思公司树立了企业的社会责任意识。公司内部人士，小额信贷乡镇银行的经理默里·加德纳，他相信泰梅诺思公司通过向微型金融机构提供技术工具，能够开拓小额信贷金融机构的产品范围，帮助他们战胜竞争对手，改善他们的业务操作，并产生了积极的社会影响。

未来的发展空间

由于小额信贷市场已经经历了漫长发展和巨大变化，小额信贷金融机构也意识到银行综合系统的价值，这就为开发银行综合系统的企业带来了更多的商机，泰梅诺思公司就在其中占据了有利位置。泰梅诺思公司的大部分客户都是管理规范的大、中型的小额信贷金融机构。这些机构都有足够的人力资源和资金来支撑银行综合业务系统。

对于未来，泰梅诺思公司的目标是帮助想要缩小规模或建立小额信贷子公司的商业银行，其中的许多银行早已是公司的客户。泰梅诺思公司意识到与大型商业银行合作是个巨大的商机，因为大型商业银行有资金和各种基础性资源来提供更有力的小额信贷服务，但他们缺乏对小额信贷技术的理解和运营管理经验。因此，泰梅诺思公司打算通过与小额信贷公司的合作来为商业银行提供小额信贷技术工具和经营管理方案的综合服务。

CREDITINFO：哈萨克斯坦的第一个征信机构

当2006年第一个征信机构在哈萨克斯坦成立的时候，哈萨克斯坦的报纸和商业杂志的头条都被这一消息占据。[①] 从征信机构的概念第一次在美国国际开发署（USAID）的项目中提出到后来对依法建立征信机构达成一致，再到冰岛的一家小的信用报告机构——creditinfo 的进入成为新的征信机构的所有者和管理者，最后再到第一份信用报告的发布，这整个过程经历了漫长的时间。对大多数人来说，征信机构的建立不具有新闻价值，但是哈萨克斯坦的商业和银行业组织都在全程关注这一消息。

征信机构为什么这么重要

征信机构希望在公众的监督之下展开工作。征信机构对信贷市场的顺利运行十分重要。信贷市场能促进企业的发展并且有助于提升家庭的购买力。受限制的信贷市场将会阻碍国家经济达到最优状态。

---

① Kazakhstan New Bulletin, vol. 6, no. 5, February 2006, www.kazakhembus.com.

征信机构是掌握个人贷款信息和支付记录的巨大的数据库，银行和其他贷款机构利用其中的数据来预测和评定潜在客户是否会归还贷款。从经济学的角度来说，征信机构可以减少"信息不对称"。征信机构能帮助银行降低贷款成本，也可以帮助贷款人以较低的利率取得贷款。征信机构提供的信息能降低银行所承受的如诈骗和贷款人身份造假的风险，同时也能促进贷款的资金回笼。根据征信机构提供的信用信息，银行可以针对信用好的客户放宽对贷款抵押品的要求，银行还会放宽贷款的付款条件。当征信机构发挥作用时，信用贷款的审核发放过程也变得更简短。这些有利于国民经济发展，当然也有利于哈萨克斯坦的国民经济发展。

哈萨克斯坦的经济急速上升但还十分脆弱

就面积而言，哈萨克斯坦是前苏联最大的组成板块，其经济主要依赖于石油和矿产资源的开采，其次是农业。前苏联解体后，哈萨克斯坦政府开始进行经济改革，开放金融市场，同时由资产公有制向私有制转变。2000 年到 2008 年间，哈萨克斯坦的国民经济实现了每年 10% 的增长。哈萨克斯坦经济的快速增长，加上政府在养老金和其他社会福利上投入更多的钱，使得哈萨克斯坦的贫困率从 1998 年的 39% 下降到 2004 年的 20%。[1]

在这段时间里，随着大大小小的商业银行如雨后春笋般不断出现，和随后的一波银行合并和兼并潮，银行业迎来了第一次繁荣。到 2003 年，三大银行占有了 60% 的市场。[2] 虽然商业银行贷款数稳

① Pradeep Agrawal, "Economic Growth and Poverty Reduction: Evidence from Kazakhstan," Asian Development Review, vol. 24, no. 2, 2008, 90–115.

② "Country Report 03/211: Republic of Kazakhstan," International Monetary Fund, July 2003.

步上升，但是有些家庭由于缺乏有价值的抵押品，因而贷款受到限制，并且中小企业的贷款在近三年都连续下降，国际货币基金组织和美国国际开发署的宏观经济学家认为金融机构效率低下，而且金融行业风险正不断增加。[①]

建立征信机构的计划

直到此时此刻，哈萨克斯坦仅有的信用记录数据库是由哈萨克斯坦中央银行——国家银行管理的一个最基础的系统。各个银行的贷款和贷款人信息每月汇集一次。遗憾的是，汇集的信息没有得到信息来源银行的许可，这种做法与发达国家的规范性方法相背离。[②] 在2001年，美国国际开发署约定由Pragma公司来为哈萨克斯坦政府构建征信机构和信用评级机构提供技术支持。Pragma公司最初的可行性研究表明，哈萨克斯坦的金融市场足够大，可以实现征信机构经济地持续发展。

怀疑和竞争

Pragma公司首要任务之一是就征信机构的职能特征与银行组织达成共识。银行之间必须合并他们的数据，但他们却并不乐意把自己的客户信息透漏给自己的主要竞争对手。[③] Pragma公司的专家认为数据共享能帮助银行扩大市场规模，减少不良贷款，让借款人养

---

① "Country Report 03/211: Republic of Kazakhstan," International Monetary Fund, July 2003.

② Wei Li and Bidhan Parmar, "The First Credit Bureau," working paper, Darden School of Business, University of Virginia, 2006.

③ J. Piedra, "Developing a Successful Credit Bureau: Case of Kazakhstan," presentation to the Regional Conference on Credit Reporting in Africa, Pragma Corporation, October 2006.

成及时还款的习惯。① 各方利益相关者对数据共享没有明确的承诺，Pragma 公司试图创建一个征信机构使得银行和政府部门更好地运行。前苏联从未有过独立的、运行有效的征信机构，所以 Pragma 公司四处寻求解决办法。2004 年 5 月哈萨克斯坦的议会代表访问了益百利（Exporian）的伦敦总部。核心代表参加了 2003 年 1 月召开的第一届中亚征信机构会议。② 第一征信公司的总经理艾尼瓦尔·阿赫梅多夫认为，一部分征信机构在项目创立之初便意识到，借鉴相关的国际经验可以让征信机构创始人避免许多阻碍，③ 这些阻碍会影响到项目必要的法律基础和技术基础的快速建立。

建立法律框架

起初，哈萨克斯坦还没有施行关于征信机构的法律。Pragma 公司与哈萨克斯坦金融协会、国家银行 、金融市场和组织监督管理部门一起，着手起草相关法案。④ 他们决定以征信机构标准规范准则为模版：定义什么是征信机构，征信机构的职能、义务和权利；为独立的私人机构确立法律基础；为保护个人和企业的财务信息隐私和机密提供法律保障。⑤ 同时，制定的法律也需要有足够的灵活性，可以适应未来金融体系的演变。

形成的初稿体现出了对私营机构的不信任，他们由于过去进行了过度的调整，从而威胁到了征信机构的财务生存能力，还有就是

---

① Pragma Final Report to USAID on the Financial Sector Initiative in Kazakhstan, February 2006.

② "Credit Bureau Knowledge Guide," International Finance Corporation, 2006, 22.

③ Anvar Akhmedov (general manager, First Credit Bureau), written correspondence with AC-CION, March 2008.

④ Anvar Akhmedov (general manager, First Credit Bureau), written correspondence with AC-CION, March 2008.

⑤ Wei Li and Bidhan Parmar, "The First Credit Bureau."

私营机构对客户的相关信息保护不足。然而，制定和通过这项基于国际标准的法律仅仅花了三年时间，相对其他国家花费的时间，已然创造了历史最快纪录。

另一个关键问题，是所有权属性问题，到底应该是私有属性还是公有属性呢？各方利益相关者都明白，私人机构占有更多的客户资源。政府逐渐接受征信机构由私人和国家共同持股，分散经营。这样，征信机构分为了两个分支，一方负责公司和法人组织的信用信息采集与分析，一方负责个人的信用信息采集与分析，这种分工形式的运营效果并不好。不仅如此，这样还会形成竞争对手相互之间隐瞒信息的情况。[1]

为了促使所有银行更容易地凝聚起来，国家银行提议让其暂时成为大股东。国家银行还承诺三年后会出售其股份使征信机构私有化，[2] 但美国国际开发署和 Pragma 公司提议按照发达国家的支配模型，成立一个拥有稳定私有属性所有权的征信机构。最终，国家银行赞同了这一提议，新的征信法规定征信机构为 100% 的私人所有权。阿赫梅多夫认为，这样的股权结构提升了征信机构快速有效解决问题的能力。[3] 如果是公有制的征信机构，那它能成立的更快一些，但不能满足哈萨克斯坦政府对征信机构所能发挥的作用的要求。

征信法案同样规定了信息共享和消费者权利。它要求共享不论是良好（偿还及时）的还是不好（未及时还款）的历史信用信息。它还规定所有的金融机构必须共享它们的客户信用信息，也允许政府部门、公共事业部门、电信公司在自愿的基础上披露客户信用信息。同时，征信法案允许消费者不参与信息共享。

---

① Wei Li and Bidhan Parmar, "The First Credit Bureau."
② Wei Li and Bidhan Parmar, "The First Credit Bureau."
③ Anvar Akhmedov, March 2008.

投资成本

征集法案在 2004 年一经通过，征信机构的持股银行只花了 23 天的时间就对建立第一资信咨询公司签订了正式协议。第一资信咨询公司的最初创建者是哈萨克斯坦的七大银行，占有信贷市场的绝大部分份额。在第一资信咨询公司成立之初，七大银行商定每家出资 21 万美元作为启动资金。当遇到最糟糕的情况时这些投资是不足的，随即其中五家银行便增加了投资。就在第一资信咨询公司营业前夕，一家非银行机构和 Creditinfo 大量买进第一资信咨询公司的股份，Creditinfo 是一家国际信用报告公司，它想得到第一资信咨询公司的经营控股权。第一资信咨询公司的投资总额大约为 200 万美元，计划到 2009 年的时候，第一资信咨询公司能够收支平衡。

第一资信咨询公司是一家有限责任公司，而不是各银行的合资股份制公司。因此，公司没有董事会，只有管理层和股东委员会。这种结构就是想要防止股东干扰公司事务，并且有效控制客户的信用信息，以便第一资信咨询公司获得更大的公信力。其中内部投资者之一的哈萨克斯坦银行担心数据库的安全性和信息的保密性。因此，股东们决定不再寻求外部投资者的加入。①

Creditinfo 的加入

资信公司需要完善的应用软件来进行信息分享和分析，股东们因为害怕自己开发软件会出现许多问题，因而放弃自己开发应用软件。同样重要的是，因为银行业的急速发展，股东们想要能够尽早

---

①　Anvar Akhmedov, discussions with ACCION, September 2008.

地应用公司需要的软件。^① 因此，他们决定举行一次国际性招标，通过招标来寻求一位技术合作伙伴。相比软件的价格来说，股东们更关心软件的质量和实用性还有与软件相关的后续技术支持。招标吸引了众多国际知名的信用报告公司，比如：邓白氏公司，Creditinfo公司，益百利公司，奥地利的 KSV/SHUFA 公司。第一资信咨询公司的股东们还去其他国家熟悉了系统的实际操作运行的状况。

Creditinfo 是冰岛专门从事新兴市场的一家小信用评估报告公司。虽然在这一领域还是新面孔，Creditinfo 公司一直贯彻在东欧进行并购的核心战略。现在，Creditinfo 公司已经在保加利亚、捷克、塞浦路斯、希腊、立陶宛、马耳他、斯洛伐克、罗马尼亚、冰岛和挪威开展了经营业务。^② 2005 年，Creditinfo 公司中标，与哈萨克斯坦政府签订了合约，合约规定 Creditinfo 公司为第一资信咨询公司提供系统应用软件，并提供软件相关的培训和咨询服务。Creditinfo 公司意识到第一资信咨询公司非常光明的前景，所以它不满足于仅仅成为第一资信咨询公司技术服务的提供者。一整年的时间，Creditinfo 公司一直要求成为股东，提出要购买一半的股份，最终这项提议得以通过。

2005 年 11 月，第一资信咨询公司取得了营业执照。而在取得营业执照几个月前，第一资信咨询公司已经开始从会员银行的数据库中加载数据，这一过程需要几十家机构的几百名员工从现有的数据中取得各个客户的信用信息。^③ 到了 2006 年 9 月，第一资信咨询公司通过 29 家商业银行提供的信息，已经为哈萨克斯坦的 5.5% 的成年人口建立了信用档案。^④

---

① Anvar Akhmedov, discussions with ACCION, September 2008.

② Nicola Jentzsch, "Do We Need a European Directive for Credit Reporting?" Research Report, Centre for European Policy Studies, 2007.

③ Anvar Akhmedov, March 2008.

④ "Doing Business Report" 2007, World Bank, www. doingbusiness. org.

根据 2009 年世界银行的全球经商环境报告显示，从 2004 年，哈萨克斯坦与其邻国在信用信息共享市场上竞争，并取得了明显的进步，如表 1 所示。数据信息中有了涵盖了超过 600 万份信贷合同。

表 1　　　　　　　　**第一信贷公司客户占成年人的比例**

	哈萨克斯坦 2004 年	哈萨克斯坦 2008 年	整个周边区域 2008 年	经济合作与发展组织
国有机构份额（占成人人口的比例）	0	0.0	4.6	5.4
私营机构份额（占成人人口的比例）	0	25.6	17.6	58.4

数据来源：2004 年和 2009 年的世界银行的商业活动报告。

为了刺激内部发展，第一资信咨询公司决定用 2005 年一年的时间专注于加强基础设施建设，在 2006 年实现业务增长。到 2008 年，第一信贷公司已经实现盈利超过了一年。[①] 2006 年，第一资信咨询公司只有 30 000 项咨询业务，到了 2007 年，咨询业务数量上升到约 800 000 项。这一数量相当于每一分钟的工作时间要处理好几项咨询业务。到 2007 年末，已经产生了 300 万条信用记录，其中有超过 1.9 万条是关于法人实体（公司）的信用记录，约 280 万条是关于个人的信用记录。国际上通常用检测率作为数据库对整个市场覆盖程度的衡量指标，而第一资信咨询公司的检测率达到了 70%，已经达到了一个发达国家的水平。[②]

在 2008 年，第一资信咨询公司有 100 位客户使用它提供的信用报告，每周会增加两到三位客户，并且第一资信咨询公司没有竞争者。银行被强制要求共享其客户信用信息等，而诸如租赁公司和小额信贷公司等其他组织则自愿共享客户的信用信息。其中一部分公

---

① Anvar Akhmedov, September 2008.

② First Credit Bureau, March 2008, www.1cb.kz/eng.

司都是第一资信咨询公司的客户，但对包括小额信贷金融机构在内的小公司们来说，信息共享的费用和对基础建设的要求实在是太高了，一个小额信贷金融机构每年的成本大约为 4 000 美元。[①] 另外，小额信贷金融机构需要专门的应用软件用来交换信息，还要有专门的员工来负责传输和接受信息。卡哈利巴瓦，博瑞客小额信贷金融机构的总经理，深知成为第一资信咨询公司的客户好处多多，但眼下成为客户的成本却让人望而却步。[②]

第一资信咨询公司的阿赫梅多夫认为第一信贷公司帮助了低收入人群。他认为公司的信用信息可以帮助防止诈骗和身份盗用，因为低收入人往往是这些犯罪行为的受害者。他还认为第一资信咨询公司的信用报告能用来缩减有不良还款记录的借款人的贷款额度，防止其过度欠债。另一方面，对拥有良好的还款记录的人来说，贷款会更容易，贷款利率也会更低。[③] 阿赫梅多夫在与小额信贷金融机构交涉时表明，那些没有与第一资信咨询公司进行信息共享的公司和机构，最终会倒在不良借款人的手中。小额信贷金融组织受这一观点感染，正在认真考虑以后的打算。[④]

第一资信咨询公司的建立和客户对其服务的大量需求，为 Creditinfo 这一规模不大但是十分有抱负的私营公司提供了一个机会，让 Creditinfo 公司得以在东欧继续扩张。Creditinfo 公司的加入为哈萨克斯坦的第一资信咨询公司的发展带来了技术和资金的支持，也使其在哈萨克斯坦更容易获得信誉保证，取得客户的信任。

---

① Zhumagul Kharlibaeva (general manager, Bereke), written correspondence with ACCION, September 2008.

② Zhumagul Kharlibaeva (general manager, Bereke), written correspondence with ACCION, September 2008.

③ Anvar Akhmedov, September 2008.

④ "The 6th Central Asian Regional Conference on Microfinance Took Place in Astana," Embassy of the United States—Uzbekistan, press release, September 19, 2008, uzbekistan. usembassy. gov.

参考文献

维萨

[1] "Absa Leads in Online Banking," *Fin*24, May 7, 2003. www. fin24. com.

[2] "AllPay Followed Tender Process," *Fin*24, August 22 2003. www. fin24. com.

[3] Cuda, Laura, "Advance Your Mission Through Innovation," presentation, Visa Inc., September 2007, siteresources. worldbank. org.

[4] Dominican Republic Overview, U. S. Agency for International Development, www. usaid. gov.

[5] "Payment Solutions for Modernising Economies," white paper by the Commonwealth Business Council and Visa Inc., September 2004.

[6] Pickens, Mark, "From Hand Outs to a Hand Up: Social Protection Payments Can Also Deliver Access to Finance," CGAP Technology Blog, August 31, 2007, technology. cgap. org.

[7] Planting, Sasha, "The Wonderful World of Money," *Financial Mail*, November 5, 2004, free. financialmail. co. za.

[8] Russell, Alec, "Innovations Target S Africa's Unbanked," *Financial Times*, July 22, 2008.

[9] Torres – Rahman, Zahid, et al., "Sekulula & Mzansi—Financial Access at the Bottom of the Pyramid," Business Action for Africa Case Study, 2006, www. businessactionforafrica. org.

[10] Visa Inc., www. visa. com.

泰梅诺恩

[11] Gardiner, Murray (manager, Microfinance and Community Banking), discussions with ACCION, September 5 and October 26, 2007.

[12] "Software Listing," Microfinance Gateway, www. microfinancegateway. org.

[13] Temenos Web site, www. temenos. com/Sectors/Microfinance—Community – Banking.

CREDITINFO

[14] Agrawal, Pradeep, "Economic Growth and Poverty Reduction: Evidence from Kazakhstan," *Asian Development Review*, vol. 24, no. 2, 2008.

［15］ Akhmedov, Anvar (general manager, First Credit Bureau), discussions with ACCION, March and September 2008.

［16］ "Country Report 03/211: Republic of Kazakhstan," International Money Fund, July 2003.

［17］ "Credit Bureau Knowledge Guide," International Finance Corporation, 2006.

［18］ "Doing Business 2004," World Bank, www. doingbusiness. org.

［19］ "Doing Business 2009," World Bank, www. doingbusiness. org.

［20］ First Credit Bureau, www. 1cb. kz/eng.

［21］ Jentzsch, Nicola, "Do We Need a European Directive for Credit Reporting?" Research Report, Centre for European Policy Studies, 2007.

［22］ Kazakhstan New Bulletin, vol. 6. no. 5, February 2006, www. kazakhembus. com.

［23］ Kharlibaeva, Zhumagul (general manager, Bereke), written correspondence with ACCION, September 2008.

［24］ Li, Wei, and Bidhan Parmar, "The First Credit Bureau," working paper, Darden School of Business, University of Virginia, 2006.

［25］ Piedra, J. , "Developing a Successful Credit Bureau: Case of Kazakhstan," presentation to the Regional Conference on Credit Reporting in Africa, Pragma Corporation, October 2006.

［26］ Pragma Corporation, www. pragmacorp. com/creditbd. htm.

［27］ Pragma Final Report to USAID on the Financial Sector Initiative in Kazakhstan, February 2006.

［28］ "The 6th Central Asian Regional Conference on Microfinance Took Place in Astana," Embassy of the United States—Uzbekistan, press release, September 19, 2008, uzbekistan. usembassy. gov.

案例 4　融资模式

曼氏金融分析和花旗银行：孟加拉农村发展委员会贷款的证券化

从表面上看，这是一个不太可能的组合：孟加拉农村发展委员会（BRAC），成立于 1972 年，某种程度来说它是建立在世界上最贫穷国家之一的世界最大的非政府组织（NGO）；花旗银行，世界上最大的银行之一；而曼氏金融分析公司，是位于马萨诸塞州波士顿的经营了一年的新晋金融服务企业。这些机构促成了一项被世界各地商业媒体，从福布斯到在线经济评论，广为称赞的交易。国际金融评论评定它为 2006 年度最佳证券化交易。[①] 这项交易是关于过去六年对孟加拉贫穷妇女超过 1.8 亿美元的小额信贷的证券化交易。

证券化是个需要能胜任不同角色的多元化实体的复杂融资结构。孟加拉农村发展委员会从事最原始的贷款服务。但该交易同样需要分析师、产品组合经办人、投资人、受托人以及担保人。孟加拉政府也扮演着至关重要的外部角色。作为孟加拉首个该种类的交易，证券化受到各参与实体专长和责任的极大影响。

---

① "BRAC's USD 180mn Microfinance Securitization Wins Recognition from International Financing Review Asia and CFO Magazine," MicroCapital Monitor, December 21, 2006.

发起人

孟加拉农村发展委员会是一个在非政府组织保护伞下的非营利组织和营利性企业的结合体。截止到 2007 年，孟加拉农村发展委员会有超过 100 000 名员工（大部分是女性员工）[①]，以及超过 600 万活跃的借款客户，且资产达到了 6.19 亿美元。[②] 孟加拉农村发展委员会在它开始的地方——孟加拉的联合活动涉及 1.1 亿人。随后，在坦桑尼亚、乌干达、苏丹、斯里兰卡和阿富汗开展了国际性项目。[③]

孟加拉农村发展委员会的主要业务是小额信贷。它的业务主要是通过"乡村组织"、参加分组会议的进行储蓄和借贷的女性（包括一小部分男性）来完成的。大约有 670 万的乡村居民成为其借款人，截止到 2008 年 4 月造就出一项庞大的接近 6 亿美元的投资组合。[④] 贷款人需要支付平均每年 12.5% 的贷款利息，或者承受接近 30% 的年利率。孟加拉农村发展委员会的集成化方式认识到贫穷地区的女性对一系列产品和服务的需求。通过储蓄业务的开展，在 2002 年时一个 82% 人口平均每天的生活花费低于 2 美元的国家[⑤]，其储蓄累计达到了 1.98 亿美元[⑥]。

孟加拉农村发展委员会同时经营了一家银行，旨在提升小额信贷机构的盈利能力。其银行开展国外转账汇款这一业务，使得银行成为在南亚西联汇款的最大分销商之一[⑦]。除提供金融产品外，孟加

---

① Annual Report, BRAC, 2007.

② BRAC profile, Microfinance Information Exchange, www. themix. org.

③ Annual Report, BRAC, 2007.

④ S. N. Kairy, BRAC, presentation, Cracking the Capital Markets South Asia Conference, April 2008.

⑤ "Bangladesh Statistics," Rural Poverty Portal, www. ruralpovertyportal. org.

⑥ Annual Report, BRAC, 2007.

⑦ BRAC Bank, www. bracbank. com.

拉农村发展委员会提供医疗和教育服务，业务技能培训和法律服务。它经营中小学，同时还是一家互联网服务商。目前该委员会在孟加拉所有的 64 个区 70 000 多个乡村有业务开展，是孟加拉发展的主要推动力量[1]。

在 2007 年，孟加拉农村发展委员会把自己的分支机构数量翻了一番，到 2007 年 12 月底达到了 2 867 家办事机构，其中大多数都在偏远地区。小额信贷项目的成员机构从 2002 年开始以每年 14% 的速度增加[2]。从 2006 年到 2007 年，其贷款投资组合总值从 3.5 亿美元增加到超过 5.28 亿美元[3]。

孟加拉农村发展委员会小额信贷项目大量极速的增长，给贷款投资组合项目的资金需求带来了巨大的挑战。2004 年，它开始考虑证券化，与小额信贷机构一起受到来自政府的降低贷款利率的压力[4]。与此同时，捐助资金持续波动，从 2002 年其资金总额的 16% 降至 2005 年的不到 9%[5]。孟加拉农村发展委员会一直在寻求成本更低、更稳定的资金来源，也是为了减少小额信贷机构对于政府捐赠的依赖。[6]

孟加拉农村发展委员会的管理层开始关注证券化。这是一个可以用更低资金成本、更多资金进行扩张的好想法。通过将一部分贷款组合从资产负债表上移除这一方式，能够改善委员会的资产和股本回报率。在长期中，这一成功的想法能够让它在资本市场上以更

---

[1] Annual Report, BRAC, 2007.

[2] Annual Report, BRAC, 2007.

[3] BRAC profile, the Microfinance Information Exchange, www. themix. org.

[4] David Wright and Dewan Alamgir, "Microcredit Interest Rates in Bangladesh 'Capping vs. Competition,'" paper for the Donors' Local Consultative Group on Finance, March 2004.

[5] Ray Rahman. "BRAC Bangladesh: An Experience in Using Securitization as a Tool to Serve the Poorest of the Poor," presentation to SACE Italy Business School Conference on Financing SMEs.

[6] Ray Rahman. "BRAC Bangladesh: An Experience in Using Securitization as a Tool to Serve the Poorest of the Poor," presentation to SACE Italy Business School Conference on Financing SMEs.

低的成本获得更多的资金。同时这还有许多其他好处，比如丰富资金的来源和减少筹集资金所需要的时间①。

产品组合经办人

曼氏金融分析公司是一家年轻的公司，由其首席执行官雷拉赫曼创建。20 世纪 90 年代，在雷曼兄弟公司，拉赫曼创建了商业抵押担保证券的专业知识体系。他在他的祖国——孟加拉国对小额信贷产生了浓厚的兴趣，同时证券化实施的可能性为他进行小额信贷提供了足够的资金支持②。拉赫曼建立了曼氏金融分析公司，为小额信贷机构提供结构化信用服务，特别是进行投资组合的风险分析，其最初就是同孟加拉农村发展委员会开展业务合作。

在孟加拉农村发展委员会的实例中，证券化包含合并大量的小型资产以及成千上万笔小额贷款。这些合并了的资产一次性卖给投资者，用于支付给投资者的贷款现金流就像个人贷款那样被付清了。减少风险和做好现金流预测模型对现在的境遇是至关重要的，而且孟加拉国易受到洪水、飓风、政治动荡和其他一些事件的影响，这些都使得减少风险变得十分重要。另外，孟加拉农村发展委员自身运营也为支付带来了内部风险。

债券购买者关心的是债券的支付时间，他们要求小额信贷机构对债券延期支付和预先支付进行详细建模。贷款支付信息收集与传输的延迟也会带来一些潜在风险。特别是在一个像小额信贷这样的行业中，债券是十分罕见的，投资人更倾向于购买那些能保证像孟加拉农村发展委员会的贷款投资组合（因为这一组合有良好的跟踪

① Joost Zuidberg（FMO）and Andhaje Schütte（KfW），"BRAC Bangladesh：Tackling the Barriers Through Securitisation and Structured Finance?" presentation，no date.

② Ray Rahman，discussions with ACCION，October 15，2008.

记录）一样好甚至更好的证券化贷款。

曼氏金融分析公司开发了一套叫做投资组合分析专家系统的软件，用来分析投资组合的风险并预测偿还贷款时的情况[①]。曼氏金融分析公司坐落在麻省理工学院剑桥学院的校园附近，能够提供强有力的资源和专业技术支持，这就确保了这一分析系统软件的质量。这一软件工具在证券化过程中至关重要。这一工具剔除了潜在的风险，同时测算出 275 000 笔贷款（加上 50% 的额外抵押品），准确反映了孟加拉农村发展委员会的贷款组合[②]。为了进一步让投资人满意，委员会还邀请了普华永道来对曼氏金融分析所用的管理系统和算法进行审计。掌握投资组合分析之后，曼氏金融分析公司开始实施这一想法。

这一事项的正式的牵头人是一家在孟加拉首都达卡的 RSA 资本公司，这个公司是拉赫曼和他的一个合作伙伴一同建立的，在当地有一定影响力。经办人对债券发起人进行鉴别和账务清查，与合伙人合作进行证券化的框架构建，整理文件以供当局查阅，进行相关事项和公司的信用评级，对债券和从业执照的销售进行协调，此外还有一些其他的任务。拉赫曼和他的员工们做了大多数的工作，同时也有三家国际金融机构作为合伙人和投资者进行协助，这三家机构是：花旗银行、荷兰国家开发银行（FMO, Financierings-Maatschappijvoor Ontwikkelingslanden，一家荷兰发展银行）和德国复兴信贷银行（KfW, Kreditanstalt für Wiederaufbau，一家德国发展银行）。这三家合作伙伴都为信贷市场和资本市场所熟悉。花旗银行的核心小额信贷小组与在当地的花旗银行分公司（达卡）通力合作使得花旗银行一下成为了在当地和国际上都有一定影响力的金融机构。

---

① MF Analytics, www.mfanalytics.com.

② Ray Rahman, "BRAC Microcredit Securitization: World's First Microcredit – Backed Security," presentation, September 2006.

寻求政府支持

由于在孟加拉这个大环境中，证券化还是一个新鲜概念，因此这一组织架构还需要得到政府的认可和支持。证券市场这一想法在孟加拉起源于世界银行和孟加拉政府发现非银行金融机构在融合资金方面面临的问题这一症结点①。在世界银行的指导下，孟加拉的第一次资产证券化发生在 2004 年，这时孟加拉的第一家个人金融机构——产业促进和发展公司，通过其投资组合产品融资到了 3.59 亿塔卡②。相继在 2005 年，第二家金融机构也进行了资产证券化。但当孟加拉农村发展委员会开始吸引政府支持的时候，这一概念还是比较新颖的。

该想法后来得到了初步的接受。这一交易结构一旦呈递给政府，想要得到明确的支持和同意会是一个十分漫长的过程，最后经办人不得不重改最初的政策提议③。孟加拉政府十分担心国外投资者的参与，坚持要减少国外投资者的参与度。政府想要在第一年之后取消担保，而且政府担心支付给外部投资者的证券化收入会对塔卡的价值造成影响。因此，这些合伙人也只能重新确定方案结构。

结构

经过了一年的谈判，一项协议终于得到了孟加拉政府的同意和批准。这一结构是一个"真实的出售"而不是抵押贷款，而且这有

---

① "IPDC Securitization of Assets in Bangladesh," World Bank, www. worldbank. org.

② The exchange rate for Bangladesh taka in 2004 was 59. 6 to 1. 00USD, making this securitization worth around $6 million.

③ Ray Rahman, "BRAC Microcredit Securitization."

可能是世界上第一个真正的小额信贷的应收账款销售①。

为了开展这一交易项目，孟加拉农村发展委员会把1 500万美元的资产组合出售给一个特殊目的载体（SPV），这一载体实际上是一个信托基金，孟加拉农村发展委员会还增加了一项750万美元的贷款作为额外的贷款担保。一家当地银行——东方银行有限公司管理着特殊目的载体，把贷款转化成以塔卡结算的债券，然后卖给各个投资者。

在一项类似这样的真正资产证券化交易中，资产的所有权（在这一案例中的贷款支付是由上百万孟加拉农村发展委员会借款人完成的）就转移给了买这项债券的投资者那里。在这一交易结构中有四家投资机构：花旗银行（达卡分行）、荷兰国家开发银行和两家孟加拉的银行——Pubali和城市银行有限公司。荷兰国家开发银行作为唯一一家外国投资机构，要规避自己面临的汇率风险。花旗银行的份额一部分（33%）由荷兰国家开发银行担保，然后由德国复兴信贷银行进行反担保。荷兰国家开发银行购买了500万美元的债券，而孟加拉的投资者购买了剩余的1 000万美元的债券。在六年半的时间里以每年两次出售差不多相同额度的证券投资组合，孟加拉农村发展委员会在这一期间能筹集1.8亿美元。

其他的参与者

另一个至关重要的角色就是信用评级机构。信用评级机构应该为进行证券化的资产质量、风险以及其他因素提供一些独立客观的观点和评价。这项交易的评级是由孟加拉的一家信用评级机构——穆迪公司的一家当地分公司进行的，这家公司对这项债券十分满意，

---

① There is some debate over whether this is the first true sale of microfinance receivables, a claim disputed by ProCredit Bulgaria and its arrangers regarding their securitization deal in May 2006.

给予了 AAA 评级，在孟加拉是第一个 AAA 评级。

花旗银行、荷兰国家开发银行和德国复兴信贷银行同时从发展和商业的角度来看待这项交易，找出潜在的贫穷因素对其贷款的影响，并调整政策来取得风险调整后足够的回报。花旗银行等金融机构的参与加速了小额信贷机构进入资本市场的步伐。

思考未来的证券化

进行一次资产证券化的成本是十分大的。孟加拉农村发展委员会从荷兰国家开发银行和德国复兴信贷银行那里得到资金支持，这些资金能弥补大部分曼氏金融分析的成本。孟加拉农村发展委员会每月支付其维护成本和法律服务的费用，通过后续交易和更有经验的参与者来降低成本。

资产证券化同时也是极其复杂的。经验丰富的经办人和投资者帮助完成了大部分工作，克服了孟加拉农村发展委员会和孟加拉政府的经验不足。这一过程是漫长的，尤其是这次涉及全世界各地的利益相关者（达卡、波士顿、海牙、法兰克福、香港和伦敦）。孟加拉农村发展委员会同经办人一起工作的这一开放性学习过程是其成功的一个关键因素。

小额信贷的证券化只有当小额信贷机构大到有足够的多的且金额大的交易额时，才能使项目得以构建。孟加拉农村发展委员会满足这一条件，但是其机构总数和拥有的贷款数额是有限的。其他小额信贷机构只能以达到临界规模来吸引投资者参与资产证券化，或者与其他小额信贷机构一起汇聚他们的资产，而且它们必须提供具有很低未来风险预期的高质量贷款。

同样重要的是贷款信息数据库和操作这一数据库的信息管理系统。就算是孟加拉农村发展委员会的综合系统——"robust"，用曼氏金融分析公司的话说——仍有数据问题需要克服。在这一情况下，超额抵押使投资人信服这一风险是可控的。正在实施资产证券化的小额信贷机构和他们的投资人需要意识到信息系统的能力不足可能成为证券化交易项目的一大瓶颈。

　　该项目对孟加拉农村发展委员会十分有利。它比银行的融资成本低250个基准点，并保证了有一个稳定的超过六年的资金流。筹集的资金可以用来贷给数量为原先估计的1.54倍的借款人[1]。这一项目还扩展了委员会资金来源，减少了其对政府和捐助人的依赖，同时为委员会打开了通向资本市场的大门。对孟加拉农村发展委员会来说，完成资产证券化的高额开销意味着后续有更大的生意伴随着更大的收益。雷·拉赫曼意识到用债券支付是合理的而且投资人也乐意如此。在2007年底，委员会没有拖欠任何一个投资人的钱。另一个好处是拉赫曼声称他公司开发的资产证券化风险分析系统帮助孟加拉农村发展委员会在过去两年里业务增长超过25%的同时减少了相当多的违约风险[2]。

　　这一项目对经办人和投资者也十分有利。他们在盈利和发展规划上达成了双重共识，同时也能在这一领域处于领导地位。

　　孟加拉农村发展委员会的资产证券化是一座里程碑——小额信贷领域的第一个真正流通的债券，在孟加拉国是第三个。它使资产证券化为那些热衷于融资来进行发展的大型小额信贷机构打开了一扇门，让他们多了一个可行的选择。

瑞士信贷：康帕多银行以一个成功上市的方式进入市场

　　2007年4月20日，墨西哥康帕多银行的股票开始在墨西哥证券

---

① S. N. Kairy, BRAC, presentation, April 2008.

② Correspondence with Ray Rahman, October 15, 2008.

交易所交易。由于瑞士信贷的协助，康帕多银行成为拉丁美洲第一个通过首次公开募股（IPO）出售其股权的小额信贷机构。结果康帕多银行的市场估值，在发行时约为 15.6 亿美元，远超预期，并且股票的成交价格高于股本的价值多达 12.8 倍。这是一个前所未有的小额信贷股权出售。[①]在首次公开募股市场获得的巨大投资者利益标志着小额信贷进入主流资本市场的一个新阶段已经到来。

对于瑞士信贷的银行家而言，过去几年康帕多银行的增长和股本的高回报率暗示着康帕多银行未来的巨大潜力。该公司的内部特征，结合一些外部因素的影响，吸引了瑞士信贷帮助康帕多银行进行首次公开募股，并促成了其最终的成功。

康帕多银行的市场准入路径

康帕多银行的首次公开募股代表了正在进行的小额信贷政策的成功——私营部门的登记。

康帕多银行作为一个 Gente Nueva（在瓦哈卡和恰帕斯的贫困国家提供人道主义援助的青年组织）的乡村银行试点始于 1990 年。其产品和客户基本上同成立之初大体相同：首先，集团有一个贷款给贫困农村妇女的创收计划。目标是在接下来的 17 年里，康帕多银行要把自身建设为在美洲拥有最多客户的小额信贷机构。

2000 年，康帕多银行从一个非营利性组织转化为一个有牌照的信贷公司。在随后六年中它保持着平均 46% 的年增长率。2004 年，花旗集团与墨西哥国家银行在一笔交易中帮助康帕多银行发行总额 5 亿比索的债券（约合 5 000 万美元），以吸引墨西哥的机构投资者。2006 年康帕多银行作为一个成熟的商业银行获得了经营许可证。当年年底，

---

① Elisabeth Rhyne and Andres Guimon, "The Banco Compartamos Initial Public Offering," ACCION International InSight, no. 23, June 2007.

该银行已为超过60万客户提供2.71亿美元的贷款。[①] 其新的法律法规地位，再加上债券的成功发行，为首次公开募股搭建了一个平台。

首次公开募股的过程和结果

首次公开募股对于任何组织来说都是显著的一步。它把有限的、私人的所有权结构转变成一个允许商业投资者进入，能够被广泛接受和交易的所有权结构。它还要求企业满足证券交易所对上市的高透明度的标准要求，这是一个能够将严谨性注入整个组织的过程。

对于康帕多银行，首次公开募股动力的根源在于所有权演变的自然过程。康帕多银行通过首次公开募股完成了30%的发行在外股份的二次销售，帮助发起股东实现了部分退出。[②] 例如，美国行动国际需要在新的小额信贷机构套现所持有的部分资金投资。在小额信贷中拥有退出的机会对于投资者来说至关重要，因为公开市场中的退出在以前还没有发生过。直到最近，小额贷款股份的交易也很罕见，而所有的交易都发生在私底下，一般在一小群的社会投资者之间。此背景下的股票流动性较差。因此，对小额信贷机构的股票估值仍然接近账面价值。公开上市将减少或消除这种非流动性折价。

2008年对瑞士信贷的采访，两个康帕多银行的首席执行官，卡洛斯拉巴德和卡洛斯·丹尼尔，注意到全面促进普惠金融的愿望："我们看到了首次公开募股以另一种方式帮助小额信贷机构和康帕多银行与金融部门相联系，并增强了小额贷款机构的自主权，但是无论是在

---

① Elisabeth Rhyne and Andres Guimon, "The Banco Compartamos Initial Public Offering," AC-CION International InSight, no. 23, June 2007.

② In this respect it differed from the IPO of Bank Rakyat Indonesia, which included fresh equity, and the public listing of Kenya's Equity Bank, which allowed existing shareholders to begin trading publicly. Ira Lieberman et al., "Microfinance and Capital Markets: The Initial Public Listing/Public Offering of Four Leading Institutions," Council of Microfinance Equity Funds, May 2008.

全球规模方面还是在增长方面，小额信贷还有很长的路要走。"①

康帕多银行董事会成员试图找出最好的方法以求在提供流动性的同时保持企业使命、视野，并注重银行运营。他们找了即使有时企业所有权突然发生变更，也不会破坏治理、管理或策略性方向的一个解决方案。董事会还要求有意出售股份的股东采取一致行动。最终，他们决定出售全部股份的30%（每个卖家兑现的只是其持有的部分股份），这将提供一个多样化的所有权基础，同时保留现有股东的治理角色。

康帕多银行根据其提出的销售结构、上市经验和小额信贷行业知识从6家候选的投资银行中选择了瑞士信贷作为它的承销商。瑞士信贷与墨西哥国民银行（Banamex－Accival）和墨西哥北方银行（Banorte）这两名墨西哥承销商合作，它们负责处理在墨西哥的一部分首席公开募股事宜。瑞士信贷新接触小额信贷的同时也是在小范围内在拉美金融机构的背景下走近康帕多银行。

作为承销商，瑞士信贷必须确定本次发行的条款和结构。瑞士信贷全球市场解决方案小组的伊桑得·圣地亚哥·里韦拉回忆起在评估康帕多银行过程中面临的挑战。银行显示出一个巨大的跟踪记录——一个在该地区最高的增长率，以及56%的平均股本回报率。拉丁美洲和墨西哥的平均股本回报率分别徘徊在23%和21%。② 但鉴于不正常的增长率和缺乏可靠的小额信贷行业数据，瑞士信贷团队提出了一个审慎的评估。同时为了引起有兴趣的投资者回应，瑞士信贷公司在国际路演上进行推销活动，瑞士信贷的工作人员意识到，市场的兴趣远远大于最初预计，并由此提高50%的招股价。③

---

① "One of the World's First IPOs in Microfinance Sector," Credit Suisse, www. emagazine. creditsuisse. com.

② Roberto Attuch and Rafael Camargo, "Compartamos," Equity Research report, Credit Suisse, July 16, 2007.

③ Isander Santiago－Rivera（analyst, Global Markets Solutions Group, Credit Suisse Securities USA）, discussions with ACCION, October 8, 2008.

在最后的情况下，如表 1 中可以看出，尽管价格大幅增加，需求的股份总数仍为可供出售股份数的 13 倍。此外，大约有一半的机构投资者要求被限制所允许的最大购买数量。虽然要求的平均订单是总发行量的 6.5%，但是平均订单仅为总发行量的 0.6%，或银行全部股份的 0.2%。[①]

本次首次公开募股所涉及的销售约占公司总股本的 30%，每股初始价格为 3.65 美元。这一提议募集到了 4.68 亿美元，标志着康帕多银行的市值达到了 15.6 亿美元。该股份分两批出售：在墨西哥市场出售 18%，在国际市场上出售 82%。所有上市前的康帕多股东出售部分其持有的股份，最大的单一销售商是美国行动国际，出售 9% 的股份，其次是康帕多 A. C.（原康帕多非政府组织）和国际金融公司，分别占有 7.4% 和 2.7% 的股份。[②] 共有 5 920 位投资者购买股份，其中 158 人是机构投资者，包括大约 90 家对冲基金。此次出售包括来自墨西哥、美国、欧洲和南美洲的投资者。

表 1　　　　　　　　　　康帕多银行首次公开募股结果

上市	近期墨西哥上市的第一家银行
完成时间	17 周
需求	13 倍的超额认购
总资本的百分比浮动	29.9%
股份出售总数	128 308 412
每股开盘价（2007 年 4 月 19 日）	3.65 美元
开盘价/账面价值比率	12.8 美元
开盘价/市盈率（基于 2006 年收益）	24.2 美元
发售价值	468 325 703 美元
组别	18% 墨西哥，82% 国际

资料来源：Elisabeth Rhyne and Andres Guimon：“该银行首次公开招股。”

在首次公开募股之后的几个月中，康帕多银行股表现良好。股

---

① Elisabeth Rhyne and Andres Guimon, "The Banco Compartamos Initial Public Offering."

② Elisabeth Rhyne and Andres Guimon, "The Banco Compartamos Initial Public Offering."

价在交易的第一天上涨了 32%，两个星期后，继续上升了 50%。康帕多银行内在的市场估值超过 22.4 亿美元，这显示出市场对银行未来寄予很高的期望。① 在 2008 年，康帕多银行的股价随着股市整体的下降而大幅下跌，这对银行股来说尤为严峻。然而，在 2008 年，康帕多银行继续展示其强劲增长的盈利能力，其客户超过 100 万，并提高了利润总额。

成功的因素

诸多因素，包括内部因素和外部因素，促成了康帕多银行的成功和瑞士信贷对公司首次公开募股的兴趣（见表 2）。这不仅因为康帕多银行是一个具有独特吸引力的小额信贷机构，而且墨西哥和世界金融状况也创造了极大的需求。

康帕多银行作为该地区增长最快的小额信贷机构之一脱颖而出。在康帕多银行首次公开募股的时候，墨西哥 32 个州中的 29 个有 187 个工作服务机构在运作，并拥有超过 60 万的客户，康帕多银行是（现在仍然是）拉丁美洲最大的小额信贷机构。② 它的历史包含了持续增长、低风险、高收益以及良好管理的社会价值运行体系，主要服务于穷困的女性。除此之外，康帕多银行所持有的银行拍照器，通过储蓄和以费用为基础的活动，使获得未来潜在收益成为可能。通过瑞士信贷的帮助，康帕多银行的管理团队给了投资者一个完美的印象。

毫无疑问，让瑞士信贷被投资者认可的关键因素就是它的高收益性。起初对于瑞士信贷团队来说，向投资者推介康帕多银行，使其从原来的非营利组织转向为股东创造价值的盈利机构，无疑是个

---

① Elisabeth Rhyne and Andres Guimon, "The Banco Compartamos Initial Public Offering."
② Roberto Attuch and Rafael Camargo, "Compartamos."

挑战。"但是到了一天结束的时候,"Santiago – Rivera 解释说,"投资者就开始对投资能带来的价值数量感兴趣了。"①

表 2　　　　　　　　　康帕多银行首次公开招股的成功因素

因素	有利条件
康帕多银行	良好的盈利和增长记录
	极好的未来增长潜力
	优质的管理
	其运营的社会价值
	从银行许可中能够产生潜在的收益
	与大量客户的关系
墨西哥小额信贷市场	大多尚未开发
	竞争还处于早期阶段
	预计市场整体有较高的收益
墨西哥金融市场	发达的股市
	有利的监管环境
	缺乏其他银行的首次公开募股
	在墨西哥首次公开募股的数量较少
	在金融服务方面强大的证券交易
墨西哥国内环境	墨西哥比索的坚挺
	市场对于新总统的积极反应
	良好的市场环境
国际因素	全球市场的高流动性水平
	全球首次公开募股市场的复苏
	对于欧盟和美国的投资者来说金融服务业是一个很热门的行业
	在投资者中小额信贷获得认可
首次公开募股进程	墨西哥作为投资目的地的吸引力
	来自瑞士信贷、墨西哥国民银行和墨西哥北方银行三家公司出色的承诺和执行力
	利用墨西哥和国际市场的能力
	康帕多路演团队有效率的陈述

① Isander Santiago – Rivera, discussions with ACCION.

瑞士信贷团队也在首次公开募股的成功中获得了赞誉。小额信贷市场也有很大的开发空间，其在 2007 年墨西哥融资市场只占了7% 的份额。[①] 竞争仍然不激烈，因而在接下来的几年里，会带来可观的未来收益。从抢占市场的角度来说，对于首次募股的时期把握，康帕多银行相对于他的直接和间接的竞争对手，占据了绝对的优势。墨西哥金融市场是一个比较完善和富有流动性的市场，并伴随着一个流动性很强、发达的货币市场。在国际方面，拥有高流动等级的全球资本市场，世界范围的逐步恢复的首次招股市场，以及一个投资服务的流行趋势。成长中的国际小额信贷产业毫无疑问给予了帮助。除此之外，圣地亚哥·里韦拉指出，有时候，大部分首次公开募股活动发生在巴西。这次的墨西哥招股活动将为投资者提供不同的机会。

最后，瑞士信贷公司的招股活动在执行中很有效率。瑞士信贷和他的合作伙伴在墨西哥承销和发售股票时展现了他们的果断和天赋。

利率争端

瑞士信贷的首次募股活动产生了一些争议，这些争议在招股活动结束的几个月里波及了世界经济。这个实践中的问题是给穷人提供金融服务所获得利润的影响，尤其是这些资源的利率还很高。瑞士信贷的利息收益率在 2006 年降至82%，墨西哥的小额信贷机构对此负主要责任。除此之外，这个利率绝对数量很高，直接推动了投资收益率 56% 的回报率，这些利率深深吸引着投资者。一些批评——主要是由格莱珉银行（Garmeen Bank）的穆罕默德·尤努

---

① Isander Santiago – Rivera，discussions with ACCION.

斯——指出，为低收入者提供高收益的项目是不合适的（不同批评所使用的评论包括"可能不是"、"不公平"和"不道德"）。

瑞士信贷的领导人丹尼尔和拉巴德指出，银行需要由高利率产生的收入以此来不断刺激收入增长，从而使其客户达到成百上千人，并且像 2008 年一样拥有 100 万的申请者。更有甚者断言，在墨西哥的小规模金融市场上，高价招股可以做得比单纯吸引个人资金策略要多得多，所以，这种方式使普惠金融比其他方式都更早地变为现实。[①] 确实，自从首次公开募股以来，很多新的投资者进入了这个市场。

这个解释没有让所有批评者满意，并产生了一个对消费者保护和公平价格调查的需要。服务范围大小的权衡、价格的公平以及产生的收益，是金字塔底部市场的首要挑战。

更多小额信贷首次公开募股将要到来？

瑞士信贷协助康帕多银行首次募股是世界第三次小额信贷机构的首次公开募股，前两次分别是在 2003 年的印度尼西亚人民银行（Bank Rakyat Indonesia），和在 2006 年的肯尼亚公平银行（Equity Bank）。这是由小额信贷作为独立实体的首次公开募股。而且，尽管三个募股活动都成功了，康帕多的首次公开募股使得其拥有更高的回报和更多的国际影响力。

招股过程花费不菲且消耗时间。但这也可以成为很多小额信贷机构的选择。今天，有大概 20 个小额信贷机构在金融市场上公开募股，总共借款组合超过 1 亿美元，一个公开发行的市场开始出现。

既然瑞士信贷和康帕多银行已经展现了公开募股的行为可以成

---

① Carlos Danel and Carlos Labarthe, "What We Believe In," unpublished communications, 2008.

为小微信贷投资的一个选择，那么，缺乏流动性的折扣是一个挑战。当小额信贷的接受程度逐渐上升，小额信贷机构的股票将会有一个更好的价值，在将来，买入和卖出小额信贷机构的股票都将变得更容易，从而吸引更多的投资者。

红杉资本：私募股权和印度小额信贷

红杉资本是一个顶级风险投资公司投资的企业，如同其网站所言，提供了"精彩"的产品和"令人激动"的服务[①]。当然，这些产品和服务都是盈利并发展的。盈利、增长和想要对社会作出贡献的愿景，让红杉资本（印度）将1150万美元（其中它本身投资650万美元）投资于SKS小额信贷有限责任公司[②]。SKS公司的客户通过小额借款为牲畜、小型服务活动、农业和交易筹集资金。2008年，SKS已遍及印度36 000个村庄，为300万妇女提供小额信贷及相关服务[③]。

红杉资本在SKS中看到了什么？

红杉并非一个公益性风险资本公司，而是一个彻底的商业投资者，因此，它选择SKS对于小额信贷业来讲就十分重要。红杉资本投资苹果电脑、甲骨文、思科、雅虎、谷歌和YouTube等，说明它具备发现并扶持那些处在萌芽状态的杰出企业的能力。红杉资本通常为企业投入10万~100万美元初创资本，然后在公司早期阶段资

[①] Sequoia Capital, www. sequoiacap. com.

[②] Mahalakshmi Hariharan, "Sequoia Capital Ventures into Microfinance," Daily News and Analysis, March 29, 2007, www. dnaindia. com.

[③] Mamta Bharadwaj, "Our Latest Initiatives," SKS Microfinance presentation to the Microfinance Network, November, 2008.

本增值到 1 000 万美元，最终成长期的公司资本将从 1 000 万美元增长到 5 000 万美元①。红杉资本喜欢在市场只有少数人涉足时作为第一批投资者进入，以此来确保控制权②。它作为主要投资方在很多交易中持有最大份额并主导公司财务政策③。在很多公司中，红杉资本持有一个董事会席位以帮助公司成长。红杉资本的印度分支在各个行业拥有数个基金池，其总资本金额大约有 18 亿美元④。

　　伴随着许多科技投资（如谷歌），红杉资本在 SKS 展示出其强大盈利性之前已对其产生兴趣。SKS 是印度创立时间最短的大型小额信贷机构之一，1997 年才开始在安德拉邦运营。在 2004 年，SKS 只有 24 800 个客户，然而，这一数字已然在 2007 年迅猛增长到将近 60 万个。SKS 的投资组合收益率在 2006 年超过 100%。当红杉资本和 SKS 的投资协议签署时，SKS 才开始盈利两年（2006 年的 27% 净资产收益率和 2007 年的 4%）⑤。然而，由于其总资产过少，盈利的实际金额微不足道。红杉资本对于 SKS 的兴趣大部分源自于其近期的快速增长趋势而非其目前的盈利能力。

　　SKS 在快速增加客户的同时能够盈利，以及在缺乏金融服务的印度市场中的巨大增长前景给红杉资本分析师留下了深刻印象。快速的增长深受希望短期获利的投资者青睐，他们往往希望能在两三年内快速获利。然而，社会风险投资者往往愿意等待更长的时间。SKS 总裁苏美尔·查达哈认为，之所以公司会获得红杉资本的投资，是因为 SKS 符合红杉资本增长导向的投资哲学。尽管 SKS 的社会价值确实增加了其吸引力，但红杉资本做出这一投资决策主要是认为

---

① "Sequoia Capital Company Overview," *Business Week*, investing. businessweek. com.

② Sequoia Capital, www. sequoiacap. com.

③ VC Experts, vcexperts. com.

④ Kelly Holman, "Sequoia Raises $725 Million for Indian Fund," Financial Planning, August 27, 2008, www. financial – planning. com.

⑤ SKS profile, The Microfinance Information Exchange, www. themix. org.

SKS 具备带来巨大回报的潜力①。

SKS 还有吸引投资者的其他方面。它在印度小额信贷机构运行模式中屡出创新。虽然它使用一种标准的格莱珉银行风格的团体贷款方式，但其为增强产品的商业吸引力和意愿做出了一些改变。SKS 在其产品组合中加入了数额较大和期限较长的个人贷款。它根据客户情况推出人寿保险，并正在开发健康保险产品②。通过将其客户连接到更多的产品（如健康保险），SKS 开辟了广阔的潜在市场。在技术方面，SKS 是印度小额信贷机构中率先在乡村装备掌上电脑的机构之一，同时，在安得拉邦它已经开始启动手机银行交易作为一个试点项目③。

SKS 的首席执行官潘伟迪·阿库拉将他在芝加哥大学博士阶段所学到的知识运用到商业中，建立了 SKS 的三大业务策略：采用盈利型方式，运用最佳的商业策略来克服人力资源的限制，通过技术来降低成本④。他将这一策略运用到工作中，采用一种"工厂式的方式来招聘和培训工作人员"，并将权力下放到区域经理⑤。阿库拉对于美国和印度商业状况的熟悉以及曾在麦肯锡做管理咨询的经历，无疑能在主流投资者考虑与 SKS 合作时提供更强的说服力。

交易

2006 年年初，新成立的社会创投基金 Unitus 股本基金，以及

① Sumir Chadha（managing director, Sequoia Capital India），discussions with ACCION, 2007.

② "SKS Microfinance Looks to Offer Microfinance Products with Bajaj Allianz Life," *Microcapital Monitor*, April 17, 2008, www.microcapital.org.

③ Wharton India Economic Forum 2008, transcript from interview with Vikram Akula, knowledge.wharton.upenn.edu/india.

④ "Vikram Akula—SKS Microfinance," Social Edge, September 23, 2008, www.socialedge.org/blogs.

⑤ Microfinance Grading Report, SKS Microfinance Private Ltd., CRISIL Ratings, October 2007.

SIDBI（印度政府拥有的社会投资者）和硅谷风险资本家维诺德·科斯拉以 250 万美元投资 SKS①。这是截至那时印度小额信贷业最大的股权投资。这一小的数额说明了当时印度小额信贷机构资本严重不足②。SKS 以此来利用更多的商业贷款进行扩张。其成功的运作，导致了有红杉资本参与的第二轮股权融资。Unitus 设在西雅图地区且和科技业有紧密的联系，这在与红杉资本（也位于西雅图）的合作中至关重要。

在第二轮股权融资时，如何评估 SKS 价值仍然很具挑战性。直到那时，除却首轮投资的公司外，印度小额信贷市场上仍然没有可比的私有投资者投资案例。可比性数据的缺乏，让 SKS 担心投资者很可能只是以低廉的价格来提供投资。为了增强自身地位，SKS 通过拍卖来寻求一个主导投资者。最终，虽然红杉资本不是出价最高者，但其支持成功公司的记录使它获得了 SKS 的青睐。

第二轮融资共获得 1 150 万美元新股本，在本次融资中 Unitus、Khosla 和 SIDBI 进行第二次投资，而红杉资本、Ravi Reddy 和 Odyssey Capital 是新的投资者③。虽然红杉资本 650 万美元的投资额相对较小，但这却是一家纯粹的商业风险投资公司在小额信贷业最大的投资之一。SKS 首席执行官阿库拉认为，风投的期望股本回报率为 23%④。投资的约定之一是，在三到五年内，SKS 应当能够进行首次

① "Unitus Announces Equity Investment in SKS Microfinance," press release, Unitus, March 28, 2006, www. unitus. com.

② Government policies mandating banks to lend to disadvantaged sectors resulted in widely available debt but virtually no equity. In fact, the search for equity capital by Indian MFIs was triggered in part by ICICI Bank's reduction in lending, following the termination of its partnership model. See ICICI case.

③ "Unitus Announces Equity Investment in SKS Microfinance."

④ Margaret Brennan, "Sequoia Invests \$11. 5 Million in Microfinance Fund," CNBC News, March 29, 2007, www. cnbc. com.

公开发行（IPO）或者被收购①。首次公开募股被认为是可能的前景之一②。目前有一些小额信贷机构成功实现首次公开募股上市，如墨西哥国民银行（墨西哥）、独立金融公司（墨西哥）、印度尼西亚人民银行（印度尼西亚）和公平银行（肯尼亚），接下来下一批可能会发生在印度。

风险投资与印度的小额信贷

风险投资资本的投资动向说明小额信贷具备很高的增长潜力。像红杉资本这样的投资者具备专业知识、人脉资源和经营规则。对于小额信贷机构的管理来说，如此搭配是天作之合。如同高科技行业一样，风险投资者参与运营管理可以帮助小额信贷机构从创业者主导型成长为分散型管理的大型公司，这正是眼下 SKS 内部进行的工作。风投所具备的公信力打开了小额信贷机构进入国家级和国际级资本市场的入口。

风险投资者将小额信贷视为快速增长的边缘行业之一。目前小额信贷只解决了一小部分潜在的金融需求。在印度大约有 7 500 万潜在客户群③。为了实现在 2010 年达到 500 万客户的目标④，SKS 需要以每年增加一倍规模的速度扩张，风投资本将成为这种扩张的重要资本来源。

在红杉资本的带动下，其他风投资本也开始注意印度小额信贷

---

① Margaret Brennan, "Sequoia Invests $11.5 Million in Microfinance Fund," CNBC News, March 29, 2007, www.cnbc.com.

② "SKS Getting Closer to an IPO?" Think Change India, June 18, 2008, www. thinkchangeindia. wordpress. com.

③ Minakshi Seth, "IFC, FMO, and Deutsche Bank Invest in Aavishkaar Goodwell to Support Growth of Microfinance in India," International Finance Corporation, July 26, 2007, www. ifc. org.

④ E. Kumar Sharma, "God of Small Credit—Vikram Akula," BusinessToday, December 24, 2007, businesstoday. digitaltoday. in.

的潜力。2007 年，Share Microfin 有限责任公司得到了两笔投资：一笔数额为 2 700 万美元的来自 Dubai's Legatum Capital（占据 51% 股权），另外一笔 200 万美元来自 Aavishkaar Goodwell（一个印度小额信贷股本基金）。据 Share 的创始人和管理者尤戴亚·库马尔所言，Share 将在三四年中实现首次公开募股上市[①]。

2007 年 7 月，JM Financial India Fund（一家主流投资基金）和 Lok Capital（一家印度社会性小额信贷基金）投资 1 225 万美元于 SpandanaSphoorty Innovative Financial Services（印度另外一家领先的小额信贷机构）。JM 投资 1 000 万美元，而 Lok 承担了 225 万美元平均投资[②]。Share 和 Spandana 二者都有很高的财务杠杆，并且急需更多的股权资本来得到更多的贷款用以扩张。根据印度银行管理制度，Share 和 Spandana 都无权开设公共存款账户。没有储蓄作为资金来源，他们用商业贷款来实现扩张的欲望会继续增长。

虽然主流风投公司已经开始和小额信贷机构合作，专业小额信贷基金（例如 Lok 和 Aavishkaar）目标却在于开发下一代小额信贷机构。这些基金的资金来源于负责任的投资者和发展银行。拿 Aavishkaar Goodwell 来说，它的资金来源于国际金融公司（IFC），荷兰发展银行（FMO）和德意志银行，而这三者均接受稍低于市场的投资回报率。AavishkaarGoodwell 希望通过 "IntelleCash" 式特许经营的方法能够资助 60 个新的小额信贷组织。"IntelleCash" 式特许经营是指由印度一家社会投资银行企业 Intellecap 和印度小额信贷机构 Cashpor 的合作模式。

---

① "Share Microfin Gets $27 Million Investment from Legatum Capital, Aavishkar Goodwell," VC Circle, May 18, 2007, www.vccircle.com.

② "JM Financial Fund, Lok Capital Invest $12.5 Million in Spandana," VC Circle, July 7, 2007, www.vccircle.com.

新的挑战

在小额信贷机构股权投资中仍存在不少挑战。其中之一是"使命转移",指私有投资者的参与会推动小额信贷机构走向更大、更高收益的贷款,因而从原始目标——低收入人群中偏移。但这尚未有定论,因为调查结果显示多数拉丁美洲的"使命转移"在于用户需求的变化和目标市场的不同[①]。

小额信贷机构提高利率以获得利益最大化还存在其他方面的压力。印度政治环境往往规定了利率上限,同时,激烈的竞争也减少了这种可能性。印度小额信贷机构更倾向于扩大规模以获得更高利润。另外一个值得关注的是发展的质量。随着大量小额信贷机构接受更多的股权投资并以很高的财务杠杆比率来经营,投资者开始担忧这种扩张是否会导致贷款质量、信用和收益损失[②]。

融资交易之后的 SKS

融资之后 SKS 的成长验证了红杉资本投资的正确性。在 2007 年 3 月到 2008 年 3 月期间,SKS 客户群增长为原来的三倍,职工增长到原来的三倍以上,同时贷款组合数额增长为原来的四倍[③]。每月,SKS 都会增加将近 6 万新客户和 30 个分支机构。2008 年 3 月 SKS 的

---

① "Commercialization and Mission Drift: The Transformation of Microfinance in Latin America," CGAP Occasional Paper, no. 5, January 2001.

② 25. P. Ghate et al., "Microfinance in India—A State of the Sector Report," Access Development Services, Ford Foundation and Swiss Agency for Development and Cooperation, 2007.

③ SKS profile, The Microfinance Information Exchange.

贷款组合数额达到 2.6 亿美元，成为印度最大的小额信贷机构①。SKS 贷款组合的违约风险保持在令人羡慕的 0.15%。在其 2008 年 3 月发布的年度财务报表中，SKS 总资产回报率为 2%，股东回报率达到近 12%②。从红杉资本融资以来，SKS 极大地发展了所提供的产品和服务。它人寿和健康保险覆盖范围已达到 150 万人，并大力支持客户群体手机和太阳能照明的使用的普及。预计更多的产品会从 SKS 的创新实验室中诞生③。

私有资本市场仍然对 SKS 的前景保持乐观。2007 年，SKS 将其资产（小额贷款）出售给花旗银行，Centurion Bank of Punjab 和 HDFC Bank，此笔交易部分由格莱珉基金会提供担保。花旗银行也承担了一部分 SKS 贷款的违约风险。2007 年，在第二轮融资数月之后，SKS 获得了第三轮股权融资。此次融资仍包含了以往相同的四个核心投资者，以及红杉资本和两个新的主流投资者：美国硅谷银行和 Columbia Pacific Management④.

小额信贷市场仍存在和需要股权投资，不管是印度还是其他地区。红杉资本在 SKS 的投资说明私有资本市场已经开始认识到小额信贷作为一种成熟商业风险投资的潜力。

参考文献

曼氏金融分析和花旗银行

[1] Annual Report, BRAC, 2007.

[2] "Bangladesh Statistics," Rural Poverty Portal, www. ruralpovertyportal. org.

---

① "SKS Microfinance Ends High Growth Year on Inclusive Note," Yahoo! Finance India, June 12, 2008, in. biz. yahoo. com.

② SKS profile, The Microfinance Information Exchange.

③ Mamta Bharadwaj, "Our Latest Initiatives."

④ "SKS Microfinance Raises Rs 147 cr via Equity Sale," The Economic Times, February 1, 2008, economictimes. indiatimes. com.

［3］BRAC Bank, www. bracbank. com.

［4］"BRAC's USD 180mn Microfinance Securitization Wins Recognition from International Financing Review Asia and CFO Magazine," *MicroCapital Monitor*, December 21, 2006.

［5］Kairy, S. N. , BRAC, presentation, Cracking the Capital Markets South Asia Conference, April 2008.

［6］"IPDC Securitization of Assets in Bangladesh," World Bank, www. worldbank. org.

［7］MF Analytics, www. mfanalytics. com.

［8］Rahman, Ray (founder and CEO, MF Analytics), discussions with ACCION, October 15, 2008.

［9］—, "BRAC Bangladesh: An Experience in Using Securitization as a Tool to Serve the Poorest of the Poor," presentation to SACE Italy Business School Conference on Financing SMEs, December 11, 2006.

［10］—, "BRAC Microcredit Securitization: World's First Microcredit – Backed Security," September 2006.

［11］Rahman, Ray, and Saif Shah Mohammed, "BRAC Micro Credit Securitization Series I: Lessons from the World's First Micro – Credit Backed Security," MF Analytics publication, 2007.

［12］Wright, David L. , and Dewan A. H. Alamgir, "Microcredit Interest Rates in Bangladesh 'Capping vs. Competition,'" Paper Produced for the Donors' Local Consultative Group on Finance, March 2004.

［13］Zuidberg, Joost (FMO), and Andhaje Schütte (KfW), "BRAC Bangladesh: Tackling the Barriers Through Securitisation and Structured Finance," presentation in Frankfurt, Germany, September 21 – 22, 2006.

瑞士信贷集团

［14］Attuch, Roberto, and Rafael Camargo, "Compartamos," Equity Research report, Credit Suisse, July 16, 2007.

［15］Compartamos Banco Profile, Microfinance Information Exchange, www. themix. org.

［16］Danel, Carlos, and Carlos Labarthe, "What We Believe In," unpublished communications, 2008.

[17] Isander Santiago – Rivera (analyst, Global Markets Solutions Group, Credit Suisse Securities USA), discussions with author, October 8, 2008.

[18] Lieberman, Ira, et al., "Microfinance and Capital Markets: The Initial Public Listing/ Public Offering of Four Leading Institutions," Council of Microfinance Equity Funds, May 2008.

[19] "One of the World's First IPOs in Microfinance Sector," Credit Suisse, emagazine. credit – suisse. com.

[20] Rhyne, Elisabeth, and Andres Guimon, "The Banco Compartamos Initial Public Offering," ACCION International InSight, no. 23, June 2007.

红杉资本

[21] Bharadwaj, Mamta, "Our Latest Initiatives," SKS Microfinance India presentation, Microfinance Network Conference, November 2008.

[22] Brennan, Margaret, "Sequoia Invests $11. 5 Million in Microfinance Fund," *CNBC News*, March 29, 2007, www. cnbc. com.

[23] Brookfield, Chris, "Venture Capital for Microfinance," Sramana Mitra., June 21, 2007, www. sramanamitra. com.

[24] Chadha, Sumir (managing director, Sequoia Capital India), discussions with ACCION, 2007.

[25] "Commercialization and Mission Drift: The Transformation of Microfinance in Latin America," CGAP Occasional Paper, no. 5, January 2001.

[26] Ghate, P., et al., "Microfinance in India—A State of the Sector Report," Access Development Services, Ford Foundation and Swiss Agency for Development and Cooperation, 2007.

[27] Hariharan, Mahalakshmi, "Sequoia Capital Ventures into Microfinance," *Daily News and Analysis*, March 29, 2007, www. dnaindia. com.

[28] Holman, Kelly, "Sequoia Raises $725 Million for Indian Fund," Financial Planning, August 27, 2008, www. financial – planning. com.

[29] "JM Financial Fund, Lok Capital Invest $12. 5 Million in Spandana," VC Circle, July 7, 2007, www. vccircle. com.

[30] Microfinance Grading Report, SKS Microfinance Private Ltd., CRISIL Rat-

ings, October 2007.

[31] Seth, Minakshi, "IFC, FMO, and Deutsche Bank Invest in Aavishkaar Goodwell to Support Growth of Microfinance in India," International Finance Corporation, July 26, 2007, www. ifc. org.

[32] Sequoia Capital, www. sequoiacap. com.

[33] "Sequoia Capital Company Overview," *Business Week*, investing. businessweek. com.

[34] "Share Microfin Gets $27 Million Investment from Legatum Capital, Aavishkar Goodwell," VC Circle, May 18, 2007, www. vccircle. com.

[35] Sharma, E. Kumar, "God of Small Credit—Vikram Akula," *Business Today*, December 24, 2007, businesstoday. digitaltoday. in.

[36] "SKS Getting Closer to an IPO?" Think Change India, June 18, 2008, thinkchangeindia. wordpress. com.

[37] "SKS Microfinance Ends High Growth Year on Inclusive Note," Yahoo! Finance India, June 12, 2008, in. biz. yahoo. com.

[38] "SKS Microfinance Looks to Offer Microfinance Products with Bajaj Allianz Life," *Microcapital Monitor*, April 17, 2008, www. microcapital. org.

[39] "SKS Microfinance Raises Rs 147 cr via Equity Sale," *The Economic Times*, February 1, 2008, economictimes. indiatimes. com.

[40] "SKS Operational Coverage," SKS Microfinance, www. sksindia. com.

[41] "Unitus Announces Equity Investments in SKS Microfinance," press release, Unitus, March 28, 2006, www. unitus. com.

[42] VC Experts, vcexperts. com.

[43] "Vikram Akula—SKS Microfinance," Social Edge, September 23, 2008, www. socialedge. org.

[44] Wharton India Economic Forum 2008, transcript from interview with Vikram Akula, knowledge. wharton. upenn. edu.

案例 5　社会责任

澳新银行：如果山不来，我们就到山里去

斐济共和国由 322 座多山的岛屿组成，它的最高峰——Tomanivi 山，高 1324 米。这片山岭地区是 40 万斐济人的家，他们居住在此乡村环境中，缺乏获得银行服务的途径。没有金融机构，地理隔绝，基础设施不完善，以及金融文盲现象，所有这些歧视因素将 50% 的斐济人口排除在金融服务之外。①

正是在这里，澳新银行集团（ANZ）于 2004 年启动了"无银行地区银行化"的项目。澳新银行是澳大利亚的第三大银行，同时也是太平洋和新西兰最大的银行。作为澳新银行和联合国发展计划（UNDP）之间的合作成果，这个乡村项目是迈向 650 万需要银行服务的太平洋岛民的第一步。② 在项目推出的三年后，很容易知晓其成功的原因：对潜在客户的清晰认识，对特定挑战的定制解决方案，和相互支持的合作伙伴关系以及银行领导人的坚定承诺使得一切成为了可能。

在十几个太平洋岛国之中，斐济是最发达的国家之一。2004 年，

① Carolyn Blacklock, "Banking and Educating the Unbanked but Bankable in the Pacific," conference presentation, Global Access to Finance, World Bank, Washington D. C. , May 31, 2006, slide 2.

② Jeff Liew, "Banking the Unbanked in Fiji: The ANZ Bank and UNDP Partnership Model," www. microfinance – pasifika. org.

斐济以 93% 的成人识字率在区域人文发展指数方面位居第三，紧随汤加和萨摩亚群岛。[①] 世界银行 2007 年的统计数据显示斐济的人均国民总收入（GNI）为 3 800 美元。[②] 然而，与汤加和萨摩亚群岛不同的是，斐济有着几十万的人口，这意味着通过斐济的项目启动，澳新银行可确保拥有大量较为活跃且受过良好教育的客户群。此外，澳新银行自 1880 年以来就在斐济运营，这赋予其对该国政治经济条件世纪性的洞察力。有影响力的村领导的需求和斐济浓郁的乡音使得澳新银行十分清楚，农村地区需要更好的银行服务。

为客户提供定制产品

尽管澳新银行在斐济提供金融服务，它也意识到自己不理解农村的潜在客户群；与传统的澳新银行城市客户相比，农村人口不仅仅在平均收入和消费方式方面存在差异也在其他方面有所不同。因此，澳新银行必须准备一系列的新产品。银行工作人员准备了一个简单的含有 10 个问题的调查问卷，并前往村庄以了解居民的理财需求。[③] 该调查结果证实，斐济的农村居民确实持有资金，并且相信自己会从储蓄的机会中获益。调查还揭示了一种对金融机构的普遍不信任，这种现象部分源自一些银行家们根深蒂固的偏见，他们认为农村人口贫困到无缘银行的常规业务。

对于后续产品设计最重要的是，调查揭露了农村人口对例如天气灾害等外部风险的敏感性。如果洪水突然淹没了村庄，对于没有

---

① Sakiko Fukuda – Parr, "Human Development Report 2004," United Nations Development Program, 147.

② World Bank, "Gross National Income Per Capita 2007, Atlas Method and PPP," World Development Indicators database, World Bank, September 10, 2008.

③ Carolyn Blacklock (manager, Rural Banking, ANZ Bank) in discussion with ACCION, August 6, 2007.

储蓄的居民，其后果将是灾难性的。澳新银行认识到了应对此类冲击的保险需求。澳新银行负责"无银行地区银行化"项目的领导，卡罗琳·布莱克洛克解释说，"在进行了上千次调查后，我们希望帮助他们做好应对灾难的准备。目标是能储蓄下相当于一个月副食品价值的资金。"①

澳新银行开发了在目前金融形势下涉及居民的三个专门产品。这些产品遵循"储蓄第一，贷款第二"的银行模式，② 为人们遇到灾难时提供保护，且直接解决了居民们自己的储蓄愿望。每日农村银行账户解决资金的管理需求，频繁的存取款正是这种需求的常态。其唯一的费用是每月 3 美元的管理费。第二个产品是③农村银行储蓄账户，旨在鼓励更长期限的长期储蓄，它配有每笔取款 3 美元的费用。④ 第三个产品是于 2005 年推出的小额贷款。主要针对有 6 个月定期存款，且有一名社区领袖为其担保的客户。⑤

这三类产品只提供给生活在乡村地区的斐济居民，因为他们有着定制功能，如较低的最低期初余额和更少的交易手续费。对于小额贷款，申请资格则有所放宽。最重要的是，通过前期调研了解他们的潜在客户，然后开发出特定产品以满足客户的金融需求，澳新银行展示了如何转变根深蒂固的观念，即农村居民并不需要银行服务。

---

① Carolyn Blacklock (manager, Rural Banking, ANZ Bank) in discussion with ACCION, August 6, 2007.

② Carolyn Blacklock, "Banking and Educating the Unbanked but Bankable in the Pacific."

③ Pacific Sustainable Livelihoods Programme, UNOPS and UNDP, "ANZ's Bank on Wheels," Pep Talk, special issue, September 2004, waterwiki. net/images/8/8a/Fiji_ partner shipnewsletter. pdf.

④ Pacific Sustainable Livelihoods Programme, UNOPS and UNDP, "ANZ's Bank on Wheels," Pep Talk, special issue, September 2004, waterwiki. net/images/8/8a/Fiji_ partner shipnewsletter. pdf.

⑤ Jeff Liew, "Banking the Unbanked in Fiji," 3.

山地攻坚

一旦澳新银行发现可供无银行账户的斐济人群使用的正确产品组合，它就必须找到创造性的方案来解决阻碍业务发展的偏远的地理位置和基础设施的障碍。澳新银行创建了一个移动的银行系统以便为这些人提供银行服务。这些"车轮上的银行"包括六辆装甲货车和12名会讲英语、斐济语和印度斯坦语的工作人员。[①]

每天晚上，货车返回银行分部进行充电和同步的簿记。澳新银行的工作人员每天的行程遍及斐济，接待超过1 600个社区，有时要乘飞机和船只达到极端孤立的定居点。[②] 尽管大多数村庄两周内都会走访一次，一些较大的城镇，例如Korovou和Navua每周会走访一次，而一些小的定居点则每月走访一次。同时，向客户提供时间表，以使他们可以预期澳新银行前来服务的时间。因为货车是自给自足式，所以普遍的电力短缺绝不是问题。此外，由于手机银行系统是由斐济储备银行监管，因此有着严格的要求以确保资金时刻安全，这即是采用装甲货车的原因。

金融扫盲——与联合国开发计划署合作

在创造出定制的产品和找到创新的方式来提供服务后，澳新银行必须确保其客户能够很好地利用服务。鉴于农村人口对银行服务不熟悉，金融扫盲对于项目成功是不可或缺的。这是联合国开发署

---

① Carolyn Blacklock, "Big Banks, Small Customers: ANZ Bank's Microfinance Experience in the Fiji Islands," Finance for the Poor, vol. 6, no. 2, June 2005.

② Pacific Sustainable Livelihoods Programme, UNOPS and UNDP, "ANZ's Bank on Wheels," and "Financial Literacy Training and Banking Service for Rural Fiji," Pep Talk, special issue, September 2004.

首次承接与商业机构的合作，它同意与澳新银行携手进行调研，设计并资助金融扫盲计划。

澳新银行的项目设计者认为，金融教育会提高效率，降低炫耀性消费并鼓励投资。此外，金融教育的重要性与收入成负相关；收入越少，资金管理不善的代价越大。通过为村干部到中小学生的每一个人提供金融培训，该计划确保当前和未来的领导人都有能力促进在整个农村社区推行健全的财务决策。[①]

如今联合国开发计划署训练有素的教育工作者们与车轮上的银行同行，为居民们讲授储蓄和预算的知识。联合国开发计划署的国际地位使它非常适合扮演提供金融教育的角色。布莱克洛克解释说，金融素养应该是"与银行无关"的，即不得倾向于对任何一家银行有利。因而，由第三方来进行提供就尤为重要。[②] 通过允许提供各自最适合的服务，澳新银行和联合国开发计划署的合作伙伴关系结合了二者的优势。

成果和挑战

在项目启动 18 个月后，已开立了 54 000 个农村账户，总存款余额为 200 万美元，平均账户为 40 美元左右。[③] 这些农村居民中，98% 的人是首次存款，这表明了澳新银行在从未享受过银行服务的人群中的影响力巨大。[④] 在提供小额信贷产品五个月后，400 项贷款获得批准，共贷出 20 万美元并且其欠款率低于 2%[⑤]尽管这些数据显

---

① Pacific Sustainable Livelihoods Programme, UNOPS and UNDP, "Financial Literacy Training."

② Carolyn Blacklock, August 6, 2007.

③ Carolyn Blacklock, "Banking and Educating the Unbanked."

④ Jeff Liew, "Banking the Unbanked in Fiji," 4.

⑤ Jeff Liew, "Banking the Unbanked in Fiji," 4.

示出澳新银行在服务农村客户方面的初步成功，但它们还没有实现盈利。

对于澳新银行来说，与运行该项目相关的费用是一项长期投资。伴随着这些村庄的发展，人们的收入将会增加，从而他们也会多多参与银行服务。大多数人会记得是谁为他们提供了首次贷款或第一个储蓄账户，很多人会继续使用澳新银行的服务。作为进入这个市场的第一人，澳新银行希望获得该地区数百万的潜在客户。

提供农村金融服务的高额成本会随着规模效应减少，澳新银行对创造性方法的搜索也在开展，以降低流通成本来服务到更多的人。澳新银行太平洋区域市场总经理约翰·维勒格里尼斯表示，依靠"车轮上的银行"只能服务到这么多人，但如果我们找到一个更加广泛的基础方法，我们就可以扩大规模和途径。[1] 非银行用户银行化需要靠盈利来得以持续。降低手机银行成本的研究进展将会影响非银行用户银行化，在澳新银行宏伟增长战略中将起到很大的作用。维勒格里尼斯解释说，该项目目前由澳新银行的其他银行业务支持，但这种支持是有限的。[2]

非银行用户银行化在服务边远地区人口上的成功运用到了澳新银行在所罗门群岛、巴布亚新几内亚、萨摩亚和瓦努阿图的分支机构上。[3] 当项目扩展至所罗门群岛时，澳新银行采用了创新技术——太阳能供电的自动取款机，来解决基础设施的不足。能源自给自足的自动取款机使客户可以在任意时间存款和提款。其他技术也已投入使用，例如网上银行和"箱中银行"——一个将偏远地区的数据连接到主银行分行的设备。这种扩张表明，澳新银行认为该项目是

---

① John Velegrinis (general manager of regional markets in the Pacific, ANZ Bank) in discussion with ACCION, November 7, 2007.

② John Velegrinis (general manager of regional markets in the Pacific, ANZ Bank) in discussion with ACCION, November 7, 2007.

③ Carolyn Blacklock, August 6, 2007.

一项值得商业运作的事业。

柬埔寨可能成为下一个非银行用户银行化的国家。布莱克洛克解释说，虽然柬埔寨农村居民的需求和态度都与斐济相似，然而国家的大小和人口使得手机银行的使用低效。① 澳新银行必须创建另一套新的分销策略。

此外还有内部的挑战需要解决，必须解决这些问题以确保银行的运行得以持续。为规范银行职员轮换惯例，每三年任命一次新的非银行用户银行化经理。因为其仍然是该银行相对较新的一个领域，这意味着每一位新经理都可能面临着一条陡峭的学习曲线。随着时间的推移，更多银行高管将逐渐了解普惠金融，使其成为澳新银行文化的核心业务。通过将其看作一项业务而非慈善来运营，普惠金融可以充分发挥其潜力。布莱克洛克说，"我们是来这里做生意，并不是为了讨好您。"②

通过学习有关农村岛屿市场的社会、文化和经济需求，并通过能力所及的投资来服务市场，澳新银行显示出其主动性和决心。然而，为了促进普惠金融在亚太地区的真正成功，其他银行也必须接纳那些得不到周全服务的人。

肯尼亚公平银行开始进入学校

肯尼亚人重视教育，而且低收入的肯尼亚人经常为使他们的孩子去上学而做出巨大的牺牲。然而学校的学费很高，尽管如此，许多学校很难保持财政上的收支平衡。

公平银行，一个成功的肯尼亚银行，迎合流行的趋势开发了一系列产品以满足超过 3 000 的客户学校所有者、教师、家长和学生的

---

① Carolyn Blacklock, August 6, 2007.

② Carolyn Blacklock, August 6, 2007.

需求。这些产品是盈利的，因为对于学校和与其有联系的人来说，它们是有价值的。公平银行的教育活动证明了社会和经济目标相互促进的作用，使得其通过战略方针实现社会责任成为可能。

该事件展现了三个步骤。第一，银行发现了贷款给计划创建数百个私营经济学校的企业家的过程中不断增长的业务。第二，它将这些学校发展成为向教师、家长和学生提供金融服务的节点。这是接触新客户的有效方法，而且也有助于学校财务的活力。第三，该银行使用分支机构对学校和学生给予更大的支持。公平银行行为的最终结果是赢得了客户对其的忠诚度和好感，同时也拥有了业务盈利线。最终结果是肯尼亚具有更强大的学校和受教育程度更高的青少年。

类似的情况也存在于许多发展中国家银行对处于金字塔底部人群的教育提供支持的过程。

起点：服务于低收入人群的私立学校

在肯尼亚，人均收入只有 680 美元，近四分之一的成人是文盲，只有42%的孩子上过中学①。过去二十年中肯尼亚的经济停滞造成公共教育事业的急剧恶化。对于想要让其子女接受教育的人口来说，对高质量教育服务的需求已远远超出政府可以供应的范围，这导致私立学校如雨后春笋般涌现——即便是对穷人也一样。

纽卡斯尔大学的教育政策教授詹姆斯·图利记录世界各地为穷人开设的私立学校的发展历程，其已经开始被称为图利学校或私人学校。图利表示私立学校对于低收入家庭的服务往往获得更好的效果。私营经济学校由教育企业家经营，使之可以响应父母们渴望投

---

① UNICEF, Kenya statistics, www. unicef. org/infobycountry/kenya_statistics.

资以提高学校的水平的愿望。在基贝拉，在更大规模的内罗毕及非洲的最大的贫民窟，图利发现大部分孩子去私立学校上学。①

但这些学校在财务上并没有比他们的学生好到哪儿去。他们常常由一个单一的教育家创立，作为创业的开始，可见其财务运作步履维艰。肯尼亚的许多私立学校是完全依赖于收取学费来维持生存，而且很难达到起步和成长的资本要求。

公平银行有限公司是肯尼亚最顶尖五家商业银行之一，拥有超过 100 万的客户。它发现其从事经济活动的目标客户是中低收入的肯尼亚人。对教育企业家的首次贷款是个人的小额贷款，因为金融机构不允许银行涉足私立学校。2003 年，当这种限制被更改时，教育部首次提出允许机构为学校提供金融服务。公平银行开始为学校的设立融资和协助学校管理现金流提供更大量的贷款，这些情况往往出现在学年伊始和学费收付之时。今天，公平银行在肯尼亚市场引领了私立学校融资领域。到目前为止，超过 3 000 所的公立和私立学校从公平银行得到金融服务，其中大部分在贫困地区。②

这些私立学校用贷款来改善教学基础设施、购买教材和培训教师。这些贷款的平均规模是 16 000 美元，期限从 1 年至 10 年不等。学校支付 7.6% 至 15% 的商业利率。公平银行的学校贷款组合在 2007 年达到 10 亿先令（1 500 万美元）。这些贷款中几乎没有逾期付款的情况发生。③ 银行经理说，教育中的商机在增长，而且公平银行预计增设了数百所资助学校。

---

① James Tooley and Paulene Dixon, "Private Education Is Good for the Poor: A Study of Private Schools Serving the Poor in Low – Income Countries," Cato Institute White Paper, December 7, 2005.

② Discussions between ACCION and Equity Bank representatives.

③ Discussions between ACCION and Equity Bank representatives.

使学校成为商业节点

公平银行的经办人承认学校为建立一个市场提供了极好的机会。以学校为基础，教师、学生和家长这些所有的潜在客户走到了一起。公平银行专为满足他们的需要而开发不同的产品，包括教师预支薪金、家长储蓄账户和教育贷款。银行在全国各地拥有65个分支机构，由44家村庄移动银行支持（每周拜访农村地区的车轮银行）。它使用日益增长的分支机构提供各种产品来尽可能地满足更多的学校。

- 教师预支薪金专门满足教师在发薪日前基于意外情况而产生的需求，贷款额度达平均净月薪的四倍（见表1）。大多数学校还通过银行支付工资。
- 为帮助低收入父母解决孩子的学费和日常学习费用，公平银行提供根据学年时间的教育贷款。
- 储蓄服务包括一份含有教育账户（Jijenge 账户）和孩童储蓄账户（Super Junior Investment 账户）的储蓄账户合同。

银行的工作人员对其客户学校、学生和他们的家庭有深入的了解，而且这方面的了解有一个数据库来加强，这个数据库是由惠普公司、印孚瑟斯和甲骨文公司合作开发。银行使用此信息来调整其服务，以满足不同的需求，同时定制他们的商业价格。

应用慈善工具

2006 年，该银行建立了一个非营利性组织：公平基金会，以筹集和运用慈善资金。该基金会的主要活动之一是为私营预算学校和低收入家庭的学生提供更多的银行商业服务。

这些活动中最主要的是低收入家庭学生的大学预科赞助项目，

这个项目的数量是员工职业发展计划项目的两倍。自 1997 年以来，银行每年从设有分行的区域中选出成绩最优秀的低收入家庭的学生，并关注那些不能上大学的人。银行提供给学生为期一年至两年的实习机会，优秀实习生毕业后可以在银行工作。该项目在他们于银行任职和学业期间给予财务支持。2007 年公平银行资助了 102 名学生。

表1　　　　　　　　　　　　股票银行教育产品

产品	目的	特征	规模
学校发展贷款	协助学校改善基础设施，购买教材，并提高教学质量	● 14% 的年利率 ● 贷款期限从 1 年至 12 年	● 超过 3 000 所学校 ● 1 500 万美元的贷款组合 ● 平均贷款规模：18 136 美元
工资提前支取贷款	支持教师，以达到无法预知的社会和经济需要	● 平均每月净工资的四倍 ● 15% 的年利率 ● 贷款申请费是 3%	● 在 3 000 所客户学校的大多部分学校
Jijenge 储蓄账户	提供一种父母为孩子们准备未来的项目	● 合同储蓄 ● 在合同内不能撤回 ● 没有期初余额；最低余额 7.50 美元 ● 无财务费用 ● 利率 3% 到 6% ● 最高贷款到 Jijenge 存款的 90%	● 7 121 个账户 ● 总储蓄余额：748 798 美元 ● 平均账户金额：105 美元
超级小少年的投资账户	向儿童介绍储蓄账户和银行业	● 由家长或监护人代表儿童开立和管理账户 ● 每年允许三次取款 ● 不设期初余额；最低余额水平 3.00 美元 ● 无财务费用 ● 利率 3% 到 6% ● 支付学费免银行服务费 ● 与学校学费贷款对接	● 7 572 个账户 ● 总储蓄余额：812 595 美元 ● 平均账户金额：107 美元

续表

产品	目的	特征	规模
教育贷款	在各级教育中资助父母给孩子的学费	• 利息率15% • 贷款申请费3% • 期限为12个月 • 无担保人	• 1655（截止到2003年年底） • 平均贷款规模：1000美元

资料来源：Kibiru P. Irungu（业务关系管理器：股权银行），以及 Graham A. N. Wright 和 James Mwangi 的"公平建设主导小额供资办法的社会市场"，资发，2004 年 9 月和股份银行 www. equitybank. co. ke。

公平银行计划推出等额补助金，通过 Jigenge 合同储蓄账户来节省教育开支。公平基金会将救助金与储蓄账户相匹配。基于家庭的财务状况，该银行可能向上述组合产品中增加贷款。

公平银行的专业工作人员，也通过基金会为学校的建设提供力所能及的服务。金融扫盲和企业管理培训已受到私立学校所有者和管理者的青睐。该基金会还为私立学校建立论坛和网络，分享信息并讨论共同的问题。银行工作人员与学校密切合作，以了解他们在财务、营销和管理方面的主要需求，并帮助他们设定业务发展计划，同时还优先考虑为其建设设施。

在实施所有这些活动时，公平银行当然必须避免慈善和商业的冲突。例如，它不能使用救助金来帮助客户偿还贷款。因为界限并不容易划分清楚所以还需要保持警觉。

衡量社会底线

公平银行对其教育服务进行跟踪，了解到增强青年能力和教育方面的无形社会影响。其监测的项目包括私立小学和两所工业学院在内的几个学校基础金融服务的社会影响。它跟踪银行已经借出了多少钱、多少学生已经毕业、学生在标准化考试中的表现如何、多少学生继续深造以及银行服务是否改善了学校的基础设施、教育能力和教育质量。

成功的因素和结果

公平银行给私营预算学校提供金融服务使其较早地进入市场。大规模的商业宣传，广泛的客户信息、金融产品满足低收入客户的需要都是它成功的因素。商业产品和慈善资金支持的硬件服务设施强化了私立学校的成效。

公平银行的教育计划和服务满足了客户的紧急需求，给银行带来了盈利，同时也为肯尼亚的学校和青年作出了重大贡献。随着那些年轻人的成长，他们自己也为其未来铺平道路。而且作为一家银行，公平银行的地位得到巩固，也满足了一个重要的国家级目标。

特里多斯银行和全球报告倡议组织

追求普惠金融的企业和投资者不妨想办法衡量并报告他们创造的社会价值。特里多斯银行投资管理公司，一家荷兰基金管理公司，以1.4亿欧元小额信贷资金投资组合在发展中国家积极投资于普惠金融机构。通过全球报告倡议，特里多斯银行使用可持续发展报告加强其投资银行和财务公司的社会绩效管理。特里多斯银行帮助其股权投资单位制定小额贷款的年度"可持续发展报告"，详细说明他们的经济、环境和社会表现（见表2）。

全球报告倡议组织：人、地球和利润

可持续发展是指长久的发展，无论是人类、环境或组织。全球报告倡议组织根据三重底线为公司在可持续发展报告中披露其年度活动提供了准则，有时也被称为人、地球、利润。

第一个版本的全球报告倡议是由美国非政府组织对环境负责经济体联盟在 1997 年时提出的，用于回应对更重大的企业责任，特别是在环境领域的各种声音。联合国环境规划署于 1999 年加入成为合伙组织，为其举措提供资金和知名度。利益相关者中包含广泛的群体——企业界、非政府组织代表，以及学术界——研发指导准则。来自 80 个不同的国家超过 30 000 名利益相关者为制定全球报告倡议准则作出了贡献。

表 2　　　　　　全球报告倡议和特里多斯银行主要指标

全球报告倡议组织	
计划开始年份	1997
机构生成报告数量	2000
贡献于报告准则的利益相关者数量	30 000 +
贡献于报告准则的利益相关者所在国家数量	80
特里多斯银行银行运用全球报告倡议	
计划开始年份	2004
机构创建于 2006 年的可持续发展报告数量	11

现今，全球报告倡议组织总部设在荷兰，并与联合国环境计划署和联合国全球契约组织合作，致力于鼓励企业采取可持续和对社会负责的政策。在 2006 年，根据全球报告倡议组织统计，至少有 2 000 个组织发布可持续发展报告（见表 2）。全球报告倡议组织指南涵盖众多行业，融合普通和专业指标。其中人们关注的主要领域是劳工实践，使用和处置的自然资源，以及经济足迹（见表 3）。此外可为金融部门补充专门的指标，包括一套发展普惠金融的指标。

表3 表现类别披露

指标领域	指标覆盖
社会	劳工实践和舒适的工作环境 人权 社会（社区、腐败、反竞争行为） 产品责任
环境	材料、能源和水的使用 生物多样性 废气、废水和废物 产品与服务 合规性 运输
经济	经济绩效 市场占有率 间接经济影响

资料来源：Teodorina Lessidrenska 演讲，GRI，2007 年 10 月 23 日。

特里多斯银行投资和可持续发展报告

特里多斯银行投资管理公司是特里多斯银行的全资子公司，一家拥有 37 亿欧元资产的金融机构。它管理着三只为发展中国家超过80 所小额信贷机构提供债权和股权融资的基金，到 2008 年 6 月总共拥有 1.4 亿欧元的投资组合。[①]特里多斯银行为组织和企业积极履行社会、环境和文化的目标提供银行服务。自 2001 年以来，特里多斯银行根据全球报告倡议指南制定自己的年度报告。它认为全球报告倡议是最知名的和被所有社会报告框架广泛接受的，并建议该系统股权投资单位参与普惠金融。特里多斯银行投资的大多数机构同时

---

① Triodos Bank，www.triodos.com.

追求经济和社会目标，并且他们认同国际公认的框架来报告企业的重要价值。制定和研究机构的具体标准，对现有的框架报告来说是更容易和更经济有效的。如果报告符合公认的过程，他们可能会得到更多的尊重和重视。

提升意识

Marilou van Golstein Brouwers，特里多斯银行投资管理公司的董事总经理指出，创建报告的过程提升了百年银行金融机构的领导人和工作人员的意识，乌干达的一家金融机构同全球报告倡议组织一起工作的时间已经超过两年。史蒂芬·那乌巴，百年银行的首席会计师指出，全球报告倡议组织为银行推出了可持续发展的价值观念，特别是关于环境的。该银行计划把全球报告倡议组织的理念融入到每一个分支机构贷款人员的培训中。随着员工环保意识的提高，百年银行预期运作的改变将会发生，比如帮助客户降低环境对金融产品发展的影响。

BANEX，以前的尼加拉瓜非银行金融机构 Findesa，首先在 2004年发起全球报告倡议报告。盖伯瑞尔·索洛萨诺，BANEX 的董事长和 Findesa 的原总裁解释说，虽然全球报告倡议报告最初是由外部出资者推广和高级管理层规定，但环保意识现在已经渗透到各个层次的员工。"在新的分支机构，我们的员工现在是那些提出有关环境影响问题的人。我们观察其对环境的影响，并尝试使用节能设备。"①对社会和环境指标报告的需求也导致 BANEX 批准其首个环保政策和童工政策。

全球报告倡议组织与 Teodorina Lessidrenska 合作，Teodorina

---

① Gabriel Solorzano（chairman of the board，BANEX），discussions with ACCION，October 2007.

Lessidrenska 曾在许多金融机构实施全球报告倡议。"该报告仅是全球报告倡议组织进程中的一步。它不把重心放在短期效益上；它是关乎改进的潜力。银行先是改变自己的态度，然后他们改变自己的价值体系，最后，年复一年使用这种信息，在运作中发生变化。"[1]

如何撰写全球报告倡议的报告

特里多斯银行合作的小额信贷机构是全球报告倡议组织报告系统的早期采用者。在这个新行业应用该系统需要特里多斯银行和报告机构双方代表的艰苦努力。有意根据全球报告倡议指南报告的机构一般按照下列步骤操作：

- **准备**。机构要分析自己的任务，并确定报告的原因，确保关键利益相关者的支持和参与。

- **决定报告什么**。机构要为自己和自己的利益相关者选择最相关的重点报告主题。这些主题与全球报告倡议组织的领域和指标相匹配。

- **衡量当下表现**。机构要整理和收集数据，并设定下一年的目标。

- **交流结果**。机构要与关键利益相关方协商撰写报告，然后公开发表。

- **计划的改善**。机构要搜集有关本报告的反馈意见，规划一个新的报告，并制订改进行动计划，以解决运营实践的问题和撰写更好的报告。

全球报告倡议组织为小公司提供应用指南手册，从而大大简化报告程序。根据全球报告倡议组织标准，报告是自愿的并每年有所

---

[1]　Teodorina Lessidrenska（associate，GRI），discussions with ACCION，October 2007.

增加；也就是说，每年机构会报告比之前更多的信息，因为他们更加熟悉过程。

特里多斯银行帮助支付全球报告倡议组织访问各报告机构的顾问费，这些帮助有时甚至来源于自己的员工，以他们作为董事会成员的身份在全球报告倡议上提供咨询。这样的全日制支持总计5～10天，以帮助第一次实施全球报告倡议的机构。接受采访的金融机构估计，他们的工作人员每年专门花15～30天在全球报告倡议的过程中，包括报告功能、培训及围绕这一话题的会议。

Van Golstein Brouwers 指出，"特里多斯银行可以帮助它的一些小额信贷机构投资对象做出全球报告倡议组织的报告，但是我们要对所有60个投资对象实现这样的报告系统将是非常困难的。一些基本指标收集和报告、系统地衡量小额信贷机构环境和社会方面表现的问题还有很多。"①

使用全球报告倡议组织报告信息

在许多情况下，全球报告倡议组织的报告会被采纳为一个机构的年度报告。正如表4，它总结了特里多斯银行最成功的投资对象之———柬埔寨 Acleda 银行的环境和社会指标。关于在一个单独全球报告倡议组织报告中更详细地公开个别指标，机构报告那些他们认为关乎他们自己业务的指标。Acleda 报告聚焦在能源的使用上。它显示了每名雇员减少的能量——通过全球报告倡议流程更深刻地认识——虽然能源使用总量随着银行扩大而增长。标准并不适用于金融机构，所以机构目前正在评估针对自己的目标。

---

① Marilou van Golstein Brouwers（managing director, Triodos Investment Management）, discussions with ACCION, October 2007.

目前全球报告倡议组织系统的使用

2007 年，11 家特里多斯银行的投资对象撰写了全球报告倡议组织报告：亚洲 5 家，拉丁美洲和非洲各 3 家。今后，特里多斯银行计划为小额信贷机构提供一系列共享指标，因为小额信贷机构本身已经表示，他们希望比较相互之间的绩效。特里多斯银行召开年度会议，讨论可持续发展报告。在这些会议上与会者交换意见，深化他们围绕社会和环境目标的活动。特里多斯银行也在寻求鼓励不属于投资单位的金融机构更多地了解全球报告倡议的报告，帮助推动位于特定区域的共同报告，使机构间能够更方便地相互学习。

表 4 　　　　　　柬埔寨银行 Acleda：环境和社会信息摘要

FTE = 全职员工		
环境绩效指标		
材料	2006	2005
纸张（kg/FTE）	225.44	38.92
纸巾（kg/FTE）	1.30	1.23
废纸（kg/FTE）	2.32	3.18
能源		
电力（kWh/FTE）	510.44	535.83
汽油（liters/FTE）	96.36	111.56
柴油（liters/FTE）	45.66	40.43
润滑剂（liters/FTE）	4.03	4.54
气（kg/FTE）	0.53	0.78
二氧化碳（当量 千公斤）排放 2		
电力	793	688
汽油	648	621
柴油	354	259
水		

续表

材料	2006	2005
水（m3/FTE）	26.62	30.29
上下班		
乘车（km/FTE）	335.02	
乘摩托车（km/FTE）	4 336.23	
社会绩效指标		
雇佣		
员工人数（FTE）	2 825	2 335
男性	2 151	1 840
女性	674	495
培训和教育		
职业发展培训	950	4 084
入职培训	686	562
外部学生培训	638	282

资料来源：Acleda 银行 2006 年年报。

为普惠金融定制全球报告倡议

全球报告倡议被设计成多部门广泛使用，但它没有解决一些对于普惠金融重要的问题，特别是客户的社会经济特征和他们的金融服务利益的数据。对于从事普惠金融的机构来说，这些信息是评估其任务是否完成的关键。

有些人觉得注重环境绩效——如对企业至关重要的能源、化工和交通——与普惠金融不太相关。全球报告倡议，不像赤道原则，一个为项目融资设计的报告框架，不涉及金融机构出资企业对环境的影响。

全球报告倡议组织的目标是有用的，但它面临着艰巨的任务以达成与业务的相关性。全球报告倡议需要下设一个附属的职能部门来为普惠金融设计一套定制的指标，这项工作由全球报告倡议秘书处协助完成。从事普惠金融的机构能够报告拓展的业务，客户满意度和客户的资料等事宜。为小额信贷机构量身定做的指标将有助于全球报告倡议增强对于普惠金融的有用性和相关性。

参考文献

澳新银行

[1] Blacklock, Carolyn, "Banking and Educating the Unbanked but Bankable in the Pacific," Global Access to Finance Conference, World Bank, May 31, 2006.

[2] —, "Big Banks, Small Customers: ANZ Bank's Microfinance Experience in the Fiji Islands," *Finance for the Poor*, vol. 6, no. 2, June 2005.

[3] —, discussions with ACCION, August 6, 2007.

[4] Fukuda - Parr, Sakiko, "Human Development Report 2004," United Nations Development Program.

[5] Liew, Jeff, "Banking the Unbanked in Fiji: The ANZ Bank and UNDP Partnership Model," 2006, www. microfinance - pasifika. org.

[6] Pacific Sustainable Livelihoods Programme, UNOPS and UNDP, "Financial Literacy Training and Banking Service for Rural Fiji," "Taking Financial Literacy to Countryside," and "ANZ's Bank on Wheels," *Pep Talk*, special issue, September 2004, europeandcis. undp. org.

[7] World Bank, "Gross National Income Per Capita 2007, Atlas Method and PPP," World Development Indicators database, World Bank, September 10, 2008.

[8] Velegrinis, John (general manager of regional markets in the Pacific, ANZ Bank), discussions with ACCION, November 6, 2007.

公平银行

[9] Bauer, Andrew, Frederick Brust, and Joshua Hubbert, "Entrepreneurship: A Case Study in African Enterprise Growth—Expanding Private Education in Kenya: Mary Okelo and Makini Schools," *Chazen Web Journal of International Business*, Columbia Business School, Fall 2002, www. afdb. org.

[10] "Better Education for Children in Africa: IFC's Unique Combination of Investment and Advisory Services Shows Results," International Finance Corporation, www. ifc. org.

[11] Equity Bank, www. equitybank. co. ke.

[12] Hardgrave, Steve (program director, Gray Matters Capital), discussions with ACCION, October 2007.

[13] Irungu, Kibiru P. (business relationship manager, Equity Bank), discussions with ACCION, October 2007.

[14] "Kenya's Abolition of School Fees Offers Lessons for Rest of Africa," UNICEF, www. unicef. org. Kiburu, Lydiah (communications manager, Equity Bank), discussions with ACCION, October 2007.

[15] Tooley, James, and Pauline Dixon, "Private Education Is Good for the Poor: A Study of Private Schools Serving the Poor in Low – Income Countries," Cato Institute White Paper, December 7, 2005.

[16] Turana, Johnstone K. Ole (senior communications officer, Equity Bank), discussion with ACCION, October 2007.

[17] UNICEF, www. unicef. org.

[18] World Bank education statistics, devdata. worldbank. org.

[19] Wright, Graham A. N., and James Mwangi, "Equity Building Society's Market – led Approach to Microfinance," MicroSave, September 2004.

特里多斯银行

[20] Annual Report, Acleda Bank, 2006.

[21] Annual Report, Findesa, 2006.

[22] Global Reporting Initiative, www. globalreporting. org.

[23] Lassche, Hans – Peter, "More Than Cool Hard Numbers," www. triodos. com/com/whats_ new/latest_ news/general/190050.

[24] Lessiderinska, Teodorina, presentation at the Annual SEEP Network Meetings, October 23, 2007.

[25] —, discussions with ACCION, October 2007.

[26] Minnar, Jacco (senior investment officer, Triodos Investment Management), discussions with ACCION, October 2007.

[27] Nnawauba, Stephen (chief accountant, Centenary Rural Investment Bank), discussions with ACCION, October 2007.

[28] Solorzano, Gabriel (chairman of the board, BANEX), discussions with AC-CION, October 2007.

[29] Triodos Bank, www. triodos. com.

[30] Van Golstein Brouwers, Marilou, "Will There Still Be a Role for MFIs? Microfinance Pioneers Aiming to Become Leaders in Socially Responsible Business," *Microfinance Matters*, issue 17, October 2005.

[31] —, discussions with ACCION, October 2007.

致　谢

　　这本书是团队努力的结果，是许多人贡献的结晶。普惠金融这个概念源于联合国普惠金融系统的顾问组，正是这个小组中的私营企业工作团队首先要求美国行动国际定义和传播关于私营企业参与普惠金融的信息。

　　维萨公司很快就通过这个项目并给予慷慨的支持，然后美国行动国际成立一个团队，我们开始投入到工作中。感谢联合国顾问组的所有成员对该项目的支持，特别感谢维萨公司对我们的财政支持。感谢美国行动国际不仅为这个项目提供了基地，而且还提供了额外的财政支持。

　　这本书的许多部分是由普惠金融中心团队的成员编写或起草的。我想要指出并感谢编写案例与编写或起草章节内容的核心成员。项目组中的每一个成员都充满活力和激情地投入到他们的调研中。

- 亚历山德拉·菲奥里洛（Alexandra Fiorillo）写了维萨公司和阿兹台克银行的案例。

- 安妮塔·卡戴娃（Anita Gardeva）写 G – Cash、花旗银行和印度工业信贷投资银行的案例，并且帮助输入了澳新银行的案例。

- 琼·霍尔（Joan Hall）在这本书的很多部分都付出了努力，尤其是第四、五、九、十一和十三章。她编写了 Creditinfo 案例，并且帮助输入了孟加拉农村发展委员会和红杉资本的案例。

- 拉切纳·翰达（Rachna Handa）起草了第九章和孟加拉农村发展委员会、红杉和瑞士信贷案例。
- 艾米丽·豪厄尔斯（Emily Howells）起草了澳新银行案例，并且为第十五章进行了研究。
- 瑞卡·瑞迪（Rekha Reddy）起草了特里多斯银行案例的初稿。
- 克里斯蒂安·罗德里格斯（Christian Rodriguez）编写了第十三章的一部分，还有坦密诺斯案例。
- 阿米塔布·萨克西纳（Amitabh Saxena）起草第八章和第十二章，并且编写了沃达丰和巴西布拉德斯科银行的案例。
- 王丹丹起草了公平银行的案例。

美国行动国际的同事在提供信息和审核部分为我们提供了帮助。包括赫马·邦萨尔（Hema Bansal）、莫尼卡·布兰德（Monica Brand）、斯蒂芬妮·多兰（Stephanie Dolan）、黛博拉·雷克（Deborah Drake）、玛利亚·哈米略（Maria Jaramillo）、索菲亚·利昂（Sofia Leon）、塞萨尔·洛佩兹（Cesar Lopez）、尼诺·米萨瑞娜（Nino Mesarina）、加布里埃尔·托姆钦斯基（Gabrielle Tomchinsky）和杰奎琳·乌尔基索（Jacqueline Urquizo）。我们感谢他们的专业知识和为我们提供的帮助。

我们非常感激很多人同意接受采访或提供自己的公司信息和经验，这些人包括艾尼瓦尔·阿赫梅多夫（Anvar Akhmedov）、罗伯特·安尼贝尔（Robert Annibale）、黛比·阿诺德（Debbie Arnold）、布莱恩·布希（Brian Busch）、卡罗琳·布莱克洛克（Carolyn Blacklock）、苏美尔·布达哈（Sumir Chadha）、劳拉·库达（Laura Cuda）、穆雷·嘉丁纳（Murray Gardiner）、玛瑞路凡·戈尔施泰因·布劳维斯（Marilouvan Golstein Brouwers）、史蒂夫·哈德格拉夫（Steve Hardgrave）、尼克·休斯（Nick Hughes）、可比鲁·伊润古（Kibiru

Irungu)、祖玛古尔·卡里贝瓦（Zhumagul Kharlibaeva）、莉迪亚·柯比茹（Lydiah Kiburu）、西奥多缇娜·莱西德兰斯卡（Teodorina Lessidrenska）、易哈·利伯曼（Ira Lieberman）、雅克·米娜特（Jacco Minnar）、纳克凯特·莫尔（Nachiket Mor）、路易斯·尼诺尔多·里维拉（Luis Niño de Rivera）、斯蒂芬·纳瓦拔（Stephen Nnawauba）、约翰·欧文斯（John Owens）、雷·拉赫曼（Ray Rahman）、拉里·拉德（Larry Reed）、何塞·尼瓦尔多·里维拉（José Nivaldo Rivera）、玛格丽特·罗宾逊（Marguerite Robinson）、伊桑得尔·圣地亚哥·瑞维拉（Isander Santiago – Rivera）、盖博瑞尔·索洛萨诺（Gabriel Solorzano）、约翰斯通·图雷纳（Johnstone Turana）和约翰·威利格雷尼斯（John Velegrinis）。

有几个人在帮助我构思本书并把它们归集在一起等方面功不可没。感谢罗宾·拉特克利夫（Robin Ratcliffe）曾为启动这个项目与 Visa 公司和联合国顾问组一起工作。也感谢霍华德·宇恩（Howard Yoon），是他提供良好的建议帮助这个项目从一系列的研究发展成为一本书籍。我们对金融包容中心的安妮塔·盖特德瓦（Anita Gardeva）和凯利·梅萨（Kelley Mesa）十分感激，她们在项目管理、信息核实还有完成一本书所需顾及的数以千计的细节工作方面发挥了至关重要的作用。从开始到结束，她们都是 100% 地投入。还要特别鸣谢我们的编辑顾问史蒂夫·巴斯（Steve Barth），他相信该项目，并帮助我们开发了现在呈现在您面前的这本书的大致轮廓。史蒂夫在每一章和案例中都提供了重要的反馈，这使我们能够尽量将这本书做得优秀。最后感谢索菲娅·艾弗特米亚图（Sophia Efthimiatou）还有她在麦格劳–希尔（McGraw – Hill）的同事们将这本书带给你们，我的读者。

译者后记

筹资难是制约着全球中小企业发展的一个共性问题，本书试图站在银行家和投资者的视角来寻找解决此问题的良策。本书不仅探讨了从小额信贷到普惠金融的相关理论，而且还分析了全球范围的诸多案例，这些案例大多数来自于发展中国家，因此对我国相关实践具有很强的借鉴作用。本书的内容不仅对相关金融从业者具有很大的帮助，而且有助于中小企业管理者来寻找恰当的融资渠道。

首都经济贸易大学的硕士研究生李雪、张铎翰、廖安然、王珅俣、赵志卜、孙燕娜、杨艺乔和魏云鹤参与了书稿的初步翻译和整理工作，对他们的辛勤工作表示感谢。对中国金融出版社的李融和孙蕊对书稿的编辑和校对表示感谢。

由于译者的专业知识和英语水平有限，本书的翻译难免存在着表述不准确的内容，希望广大读者多提宝贵意见。

责任编辑：李　融
责任校对：孙　蕊
责任印制：程　颖

图书在版编目（CIP）数据

从小额信贷到普惠金融——基于银行家和投资者视角的分析
（Congxiaoe Xindai dao Puhui Jinrong：Jiyu Yinhangjia he Touzizhe Shijiao
de Fenxi）/伊丽莎白·拉尼（Elisabeth Rhyne）著，李百兴译 . —北
京：中国金融出版社，2016.6
（商业银行经营管理人员阅读经典译丛）
书名原文：Microfinance for Bankers and Investors：Understanding the
Opportunities and Challenges of the Market at the Bottom of the Pyramid
ISBN 978－7－5049－8553－8

Ⅰ.①从…　Ⅱ.①伊…②李…　Ⅲ.①信贷管理—研究
Ⅳ.①F830.51

中国版本图书馆 CIP 数据核字（2016）第 110135 号

出版
发行　　**中国金融出版社**

社址　北京市丰台区益泽路 2 号
市场开发部　（010）63266347，63805472，63439533（传真）
网 上 书 店　http://www.chinafph.com
　　　　　　（010）63286832，63365686（传真）
读者服务部　（010）66070833，62568380
邮编　100071
经销　新华书店
印刷　北京市松源印刷有限公司
尺寸　169 毫米×239 毫米
印张　24.25
字数　287 千
版次　2016 年 6 月第 1 版
印次　2016 年 6 月第 1 次印刷
定价　65.00 元
ISBN 978－7－5049－8553－8/F.8113
如出现印装错误本社负责调换　联系电话（010）63263947

Elizabeth Rhyne

Microfinance for Bankers and Investors: Understanding the Opportunities and Challenges of the Market at the Bottom of the Pyramid

ISBN 10: 0 – 07 – 162406 – 6

北京版权合同登记图字 01 – 2012 – 6734